Gilbert A. Jarvis   Thérèse M. Bonin   Diane W. Birckbichler

Et vous?

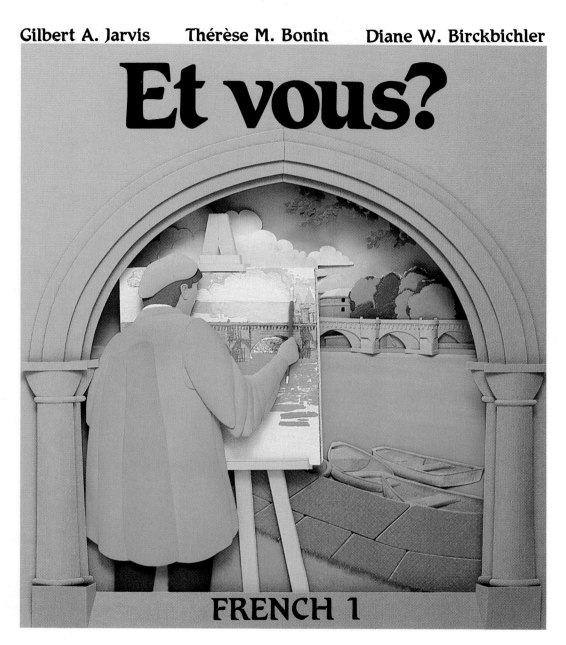

FRENCH 1

HOLT, RINEHART AND WINSTON, PUBLISHERS
New York · Toronto · Mexico City · London · Sydney · Tokyo

ISBN: 0-03-002224-X

78 071 654

FIELD TEST SCHOOLS

We would like to thank the many teachers, administrators, and students who used a preliminary edition of this text for a full school year. Their enthusiastic reception of the materials was very encouraging, and their suggestions for improvements were most helpful. We are very pleased to acknowledge the important contribution of those teachers whose names appear below.

Edward Lessard
Cypress H.S.
Cypress, CA

John Psiahas
Encina H.S.
Sacramento, CA

Robert Sherman
James Monroe H.S.
Sepulveda, CA

Merrie L. Slagley
Marshall Jr.H.S.
Long Beach, CA

Elizabeth Roelle
Rocky Mountain H.S.
Fort Collins, CO

Ralph Fittante
Trumbull H.S.
Trumbull, CT

Karen MacVeigh
Hillcrest Jr.H.S.
Trumbull, CT

Zoltan Toman
Trumbull H.S.
Trumbull, CT

Judith Clark
Chandler Jr.H.S.
Worcester, MA

Mary Gillis
East Jr.H.S.
East Weymouth, MA

Edward Porter
Weymouth South H.S.
South Weymouth, MA

Allen R. Rawson
Chandler Jr.H.S.
Worcester, MA

Yvonne Escolá
Wootton H.S.
Rockville, MD

Genevieve Maloney
Wootton H.S.
Rockville, MD

Renée Schneider
Wootton H.S.
Rockville, MD

Louise Winfield
Montgomery Pub.S.
Rockville, MD

Robert Temple
Harding H.S.
St. Paul, MN

Julia Bressler
Nashua H.S.
Nashua, NH

Judith Fisher
Elm Street Jr.H.S.
Nashua, NH

Nancy Marcoux
Fairgrounds Jr.H.S.
Nashua, NH

Leona Michaud
Spring Street Jr.H.S.
Nashua, NH

Ursula Grossi
Parsippany H.S.
Parsippany, NJ

Hilda Macia
Eldorado H.S.
Albuquerque, NM

Gabrielle Alper
Hillcrest H.S.
Jamaica, NY

John Bergeron
John Jay H.S.
Hopewell Junction, NY

Mary Darcy
John Marshall H.S.
Rochester, NY

Ana Hurd
Bennett H.S.
Buffalo, NY

Paul R. Lussier
John Jay H.S.
Hopewell Junction, NY

Ella Schwartz
Woodlands H.S.
Hartsdale, NY

Arlette Shaw
South Shore H.S.
Brooklyn, NY

Pearl M. Warner
John Bowne H.S.
Flushing, NY

Raymonde Weiser
John Bowne H.S.
Flushing, NY

Alice Wolfson
South Shore, H.S.
Brooklyn, NY

Deborah Ames
Perry Mid.S.
Worthington, OH

Nancy Evans
Worthington Mid.S.
Worthington, O.H.

Phyllis Kadle
Fairfield, Mid.H.S.
Fairfield, OH

Linda Keller
Centennial H.S.
Columbus, OH

Fran Ciotola Nuosci
Worthington Mid.S.
Worthington, OH

Michelle Pringle
Medina Sr.H.S.
Medina, OH

Barbara Romanczuk
West Union H.S.
West Union, OH

Becky Simmons
Bishop Watterson H.S.
Columbus, OH

Frank Warnement
Shaker Heights H.S.
Shaker Heights, OH

Nancy Fisher
Wilson Sr.H.S.
West Lawn, PA

Judith Williams
Wilson Jr.H.S.
West Lawn, PA

Patricia Edwards
Jordan S.Dist.
Sandy, UT

Nedra Sproul
Bingham H.S.
South Jordan UT

Philip Konkel
Franklin H.S.
Seattle, WA

Contents

PHOTO CREDITS

Chapitre Préliminaire x, 1: *b*, Geoffrey Gove/The Image Bank. 1:*tl*, Lisl Dennis/The Image Bank; *i*, John Launois/Black Star; cl, Richard and Mary Magruder; *tr*, Color Library International; *cr*, *br*, © Marc and Evelyne Bernheim/Woodfin Camp. 13: Movie Star News.

Deuxième Chapitre 39: *c*, Santi Visalli. 43: *b*, Jim Elmore, Kaufman & Maraffi, Inc. 48: Courtesy EUROPE 1.

Troisième Chapitre 60: Courtesy Valery Rousselet. 67: *tr*, Helena Kolda; *b*, Leo De Wys. 78: HRW Collection.

Quatrième Chapitre 98: Deauville— © Sabine Weiss/Photo Researchers/Rapho; Nice—Susan McCartney/Photo Researchers; Biarritz, Chamonix, Grenoble, La Baule—French Government Tourist Office.

Cinquième Chapitre 122: Courtesy Centre National Interprofessionnel de l'Economie Laitière, Feldman, Calleux & Associés. 134: *tr*, HRW Photo by Owen Franken. 135: *tl*, © Judy Gurovit, Clement-Petrocik Co.

Sixième Chapitre 148: *tl*, National Basketball Association; *tc*, HRW Photo by William Hubbell; *tr*, National Hockey League by Robert Shaver; *bl*, HRW Collection; *cl*, William Gombocz; *cr*, National Film Board of Canada. 149: *tl*, Rich Clarkson, *Sports Illustrated*; *tr*, HRW Photo by William Hubbell; *cl*, National Film Board of Canada by Wayne Lynch; *cc*, HRW Collection; *cr*, National Film Board of Canada by Bruce Flynn; *bl*, HRW Collection; *bc*, French Tourist Office; *br*, National Film Board of Canada by Pat Morrow. 157: Bruce Flynn/Picture Group. 160: Courtesy Swiss Federal Railroad. 161: *cr*, HRW Photo by Anita Dickhuth. 162: *b*, Jim Amos/Photo Researchers. 163–166: Courtesy *Mic Mac* Magazine, Editions Normédia, Quebec.

Septième Chapitre 171: Patrick Mouly. 179: NBC Photos. 187: *l*, Columbia Pictures; *r*, French Film Office and Cerito Films, Paris. 188: *l*, Courtesy Metro-Goldwyn Mayer; *r*, Courtesy Warner Brothers. 189: Courtesy Walt Disney Productions.

Huitième Chapitre 200: Comité Régional du Tourisme Rhône-Loire, Lyon. 201: © La Librairie de France, N.Y.C. 212: *bl*, Standard Oil of New Jersey; *r*, C.B. Jones/Taurus. 213: *tl*, Marc Bernheim/Woodfin Camp; *tr*, W. Schmidt/Peter Arnold; *c*, Swiss Tourist Office; *bl*, Carlson, Rockey and Associates, Inc.; *br*, HRW Photo by F. Vikar.

Neuvième Chapitre 219: National Gallery of Art, Washington, D.C., Paul Mellon Collection. 229: Swiss Tourist Office. 230: Photo by Giraudon. 231: *both*, Courtesy National Park Service, Statue of Liberty National Monument. 233: HRW Photo by Anita Dickhuth. 237: William Gombocz. 242: French Government Tourist Office. 243: Editeur Officiel du Quebec.

Dixième Chapitre 261: HRW Photo by Ken Karp.

Onzième Chapitre 280: Régie de l'Assurance Maladie du Quebec. 288: *l*, Courtesy La Fondation canadienne des maladies du cœur; *r*, Courtesy PARTICIPACTION ® Le mouvement canadien du bien-être physique. 289: *r*, Courtesy UNICEF.

Douzième Chapitre 300: Courtesy Sibylle Meinelt. 309: Aer Lingus. 310: George Holton/Photo Researchers. 311: Jim Anderson/Woodfin Camp.

Treizième Chapitre 315: Eric Crichton/Bruce Coleman. 317: Michael Melford/The Image Bank. 325: *l*, Rosine Mazin/Photo Researchers; *r*, Photo by Monsieur Vincent. 326: *tl*, Bernard G. Silberstein/Monkmeyer; *tr*, Yan/Rapho/Photo Researchers; *bl*, Georgia Engelhard/Monkmeyer; *br*, Cotton Coulson/Woodfin Camp & Assoc. 330: *tl*, French National Railroads; *tr*, Thomson, Inc.; *c*, *br*,Union Laitière Normande; *bl*, Tifout.

═ART CREDITS

Cover art: Bill Finewood, represented by Evelyne Johnson Associates.

Abbreviations used: *t*, top; *c*, center; *b*, bottom.

Chapitre Préliminaire
Penny Carter: pp. 8, 14
Diane Dawson: p. 3
General Cartography, Inc.: pp. 5, 6, 7
Debby Keyser: p. 13

Premier Chapitre
Frank Daniel: pp. 27, 32, 33
Paul Harvey: pp. 19 (*c*), 21 (*b*)
Debby Keyser: pp. 21 (*c*), 34
Lane Yerkes: pp. 17, 18, 19 (*t*), 21 (*t*), 22, 23, 26, 28, 31, 35

Deuxieme Chapitre
Gary Allen: p. 48
Penny Carter: pp. 44, 45, 46, 51, 52
Frank Daniel: pp. 40, 49, 55
Debby Keyser: p. 47

Troisieme Chapitre
Frank Daniel: pp. 63, 69, 70, 73, 74 (*t*), 79, 80
Pamela Ford: pp. 62, 64, 65, 71, 75
General Cartography, Inc.: p. 82
Debby Keyser: pp. 60, 66, 78
Tom LaPadula: p. 81
Pat Stewart: p. 84

Quatrième Chapitre
Gary Allen: pp. 93, 95, 98
Pamela Ford: p. 94
Debby Keyser: pp. 99, 101, 102
Beverly Pardee: pp. 108, 109
Joel Snyder: pp. 89, 90, 92, 96, 100 (*t*), 104, 107

Cinquième Chapitre
Penny Carter: p. 129
Marie Dejohn: pp. 115, 116, 117, 120
Paul Harvey: pp. 119, 125, 128, 132
Debby Keyser: pp. 114, 118, 134, 135, 136, 137

Sixième Chapitre
Frank Daniel: pp. 144 (*c*), 150, 155 (*b*), 159, 160, 163 (*b*), 164 (*c*), 167
Will Harmuth: pp. 141, 142, 143, 144 (*t*), 145, 146, 147, 154, 155 (*t*), 156, 157

Septième Chapitre
Frank Daniel: pp. 175, 177, 181, 184
Paul Harvey: p. 173
Tien: pp. 172, 173, 176, 185, 186
Diana Uehlinger: p. 180

Huitième Chapitre
Gary Allen: pp. 196, 207, 214 (*t*)
Pamela Ford: pp. 193, 194, 197, 206, 217
General Cartography, Inc.: p. 208
Paul Harvey: p. 204
John Jones: pp. 195, 199, 210
Debby Keyser: pp. 192, 214 (*c*)
Stephen M. Perkins: p. 201

Neuvième Chapitre
Paul Harvey: pp. 222, 227, 233, 236
John Jones: p. 228
Tom LaPadula: pp. 220, 221, 240, 241
Beverly Pardee: pp. 223, 238, 239
Diana Uehlinger: p. 234

Dixième Chapitre
Paul Harvey: p. 253
John Jones: pp. 248, 253 (*t*), 255, 259
Diana Uehlinger: pp. 247, 249, 260

Onzième Chapitre
Frank Daniel: p. 284
Paul Harvey: pp. 275, 278, 281 (*t*), 283
Debby Keyser: p. 273
Tom LaPadula: p. 271
Stephen M. Perkins: p. 283 (*b*)
Tony Rao: pp. 268, 269, 270
Tien: pp. 266, 267, 279, 281 (*b*), 282

Douzième Chapitre
Frank Daniel: pp. 294, 298, 301, 303
Paul Harvey: p. 307
Debby Keyser: p. 305
Diana Uehlinger: p. 293

Treizième Chapitre
John Cordes: pp. 316, 317, 319, 323, 325, 327
Tom LaPadula: pp. 320, 321, 322

Illustrators represented by Evelyne Johnson Associates: Frank Daniel, Will Harmuth, Debby Keyser, Tom LaPadula, Tony Rao, Pat Stewart, Tien

Illustrators represented by Publishers' Graphics, Inc.: Penny Carter, Marie Dejohn, Pamela Ford, Paul Harvey, John Jones, Beverly Pardee, Joel Snyder, Diana Uehlinger

Lane Yerkes represented by Philip M. Veloric

Field Test illustrations by Tom Cardamone Advertising, Inc.

Why Learn French?

LET'S LEARN FRENCH

Beginning to Study French

As you begin the study of French, you will quickly become aware that learning a new language is very different from learning other subjects. The ways you study other subjects are sometimes not the best ways to learn a foreign language. With some subjects, for example, you don't have to study every day, but with French you should study and practice daily. The following suggestions will help you be successful in learning French.

Don't be afraid of the new sounds of French. You will quickly discover that some of the sounds in French are different from sounds in English. At first, they will seem "strange," but as you use them, they will become very familiar, and you will become accustomed to pronouncing them.

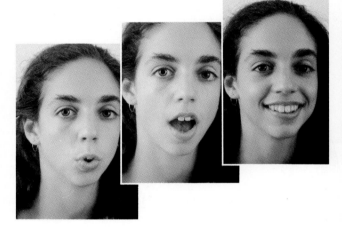

Practice French whenever you can. Most of your class time will be spent practicing French. Learning a language should not be viewed as memorizing new words or grammar rules, but rather as using and hearing them over and over in class activities until they become familiar. Don't be afraid to make mistakes. They are a normal part of practice, and they help you learn.

Don't miss the basic building blocks of French. Learning a language involves building upon words and grammar already learned. Learning to use the material in Chapter 2 requires knowing Chapter 1. The words and sentence patterns learned during the first days of French will continue to be important every day after.

When you are not sure of something in French, go ahead and take your best guess. Sometimes you'll see or hear a word or phrase you don't understand. Think about what word would make good sense in that place. Guess the meaning. At other times you'll be unsure about how to say something. Go ahead, try! You may be right, and even if you aren't, just trying will help you learn faster.

Use What You Know Already

One of the nice things about learning French is that it has many similarities to English. In other words, you will be able to use what you already know about English to make learning French much easier.

A good example of the "head start" you have in choosing French as a new language is the number of French words you can already recognize when you see them written. And some French words, such as **bureau, buffet, boutique, chauffeur, à la carte,** and **à la mode,** are used every day in English. In addition, you probably have the ability to guess the meaning of a large number of *new* French words.

Look at the captions for the photographs below. You'll see much that looks familiar. In fact, you'll be able to *understand* a great deal already.

Georges adore les blue jeans et les tee-shirts.

One of the first things you notice is that French uses the same alphabet as English. That is a tremendous head start, compared with languages that have completely different alphabets. You also notice that some words are spelled just like English words.

Now read the caption below the photograph at the left. You probably guessed that **et** means "and" because you expect blue jeans and tee shirts to be linked together like this. As you will see in Chapter 1, **les** doesn't have an English equivalent here. Your natural tendency to read past it was correct.

Here is another caption that you can easily understand, but which shows how you need to be flexible in understanding the meaning. The subject-verb-object word order is just like English. You also recognize **déteste** as similar to "detest," and **serpents** as "serpents." But an English speaker would probably use different words in expressing the same meaning: *John hates snakes*. Thus, rigid word-by-word translation, though it may help you to understand, does not always give you the words you would use in English. Be flexible. Think of other ways to express the meaning.

Jean déteste les serpents.

Not all French words and sentence patterns will be familiar to you. New words and new grammar must be learned. In the caption at the left, for instance, you will probably be able to guess the correct meaning of **regarde**, but not that **pendant** means "during."

Notice the accent marks. The different accent marks are a part of French spelling. In a sense, **e, é** (**accent aigu**), **è** (**accent grave**), and **ê** (**accent circonflexe**) are four different letters. As you will learn, accent marks are often a clue to the pronunciation of French words.

Agnès regarde la télévision pendant le dîner.

As you have seen, there are many words and sentence patterns in French that resemble English. Other aspects of French will be very different. For instance, when your teacher reads the captions aloud, you will hear sounds different from what you expect. A number of sounds in French are not used at all in English.

At the beginning of your study of French, make a special effort to recognize and to pronounce the new sounds. It will be a big help in learning French, a language now spoken in some thirty-five countries of the world.

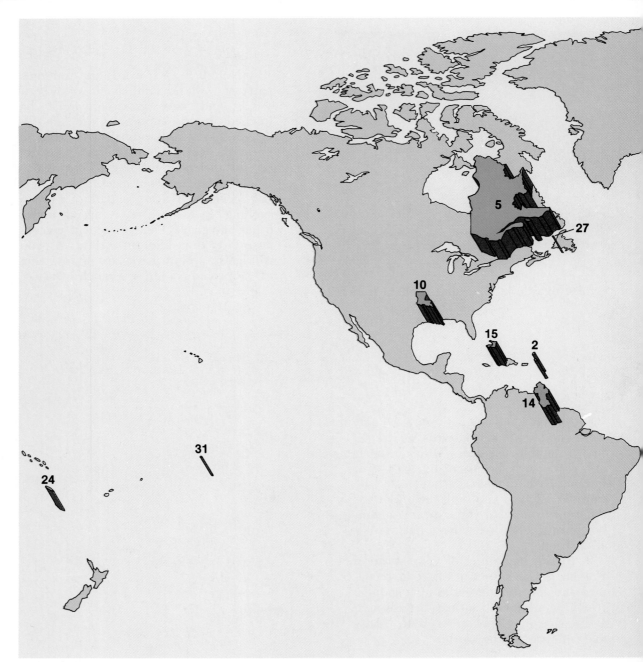

1. l'Algérie	5. le Canada (le Québec)	11. la France
2. les Antilles	6. le Congo	12. le Gabon
(la Guadeloupe,	7. la Corse	13. la Guinée
la Martinique,	8. la Côte-d'Ivoire	14. la Guyane
Saint-Martin)	9. le Dahomey (le Bénin)	15. Haïti
3. la Belgique	10. les États-Unis	16. Bourkina-Fasso
4. le Cameroun		(la Haute-Volta)

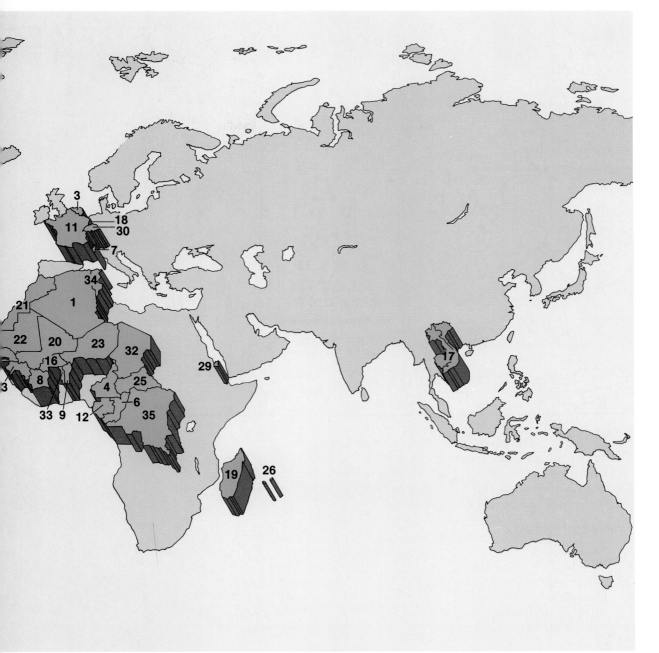

17.	l'Indochine	22.	la Mauritanie	30.	la Suisse
	(le Cambodge,	23.	le Niger	31.	Tahiti
	le Laos,	24.	la Nouvelle-Calédonie	32.	le Tchad
	le Viêt-Nam)	25.	la République Centrafricaine	33.	le Togo
18.	le Luxembourg	26.	la Réunion	34.	la Tunisie
19.	la République Malgache	27.	Saint-Pierre et Miquelon	35.	le Zaïre
20.	le Mali	28.	le Sénégal		
21.	le Maroc	29.	les Somalis (Djibouti)		

Learning the French Alphabet

As you have already learned, the same alphabet is used in French and in English. Learning to say the letters of the French alphabet can help you learn to say French words. Practice pronouncing the alphabet with your teacher.

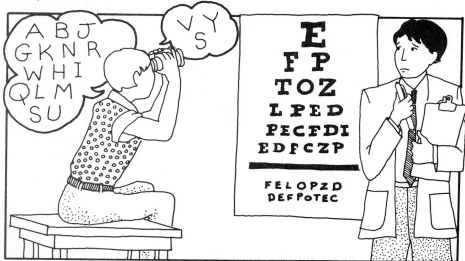

Useful Classroom Expressions

The more you practice French, the better you will be able to communicate. Routine classroom expressions can be said immediately in French. Learn to understand the following expressions your teacher will probably use often, and learn to say those that you will want to use.

Teacher's Statements

1.	Écoutez!	Listen!
2.	Répétez, s'il vous plaît.	Please repeat.
3.	Ouvrez votre livre.	Open your book.
4.	Fermez votre livre.	Close your book.
5.	Allez au tableau.	Go to the board.
6.	Est-ce que vous comprenez?	Do you understand?

Student's Statements

1.	Oui.	Yes.
2.	Non.	No.
3.	Je ne comprends pas.	I don't understand.
4.	Répétez, s'il vous plaît.	Please repeat.
5.	Comment dit-on . . . ?	How do you say . . . ?
6.	Je ne sais pas.	I don't know.

French Names

Study the following French names. Learn to recognize them when you hear them. You may also want to use one of these French names.

Je m'appelle . . .

Alain	Jérôme
Alexandre	Joseph
André	Julien
Antoine	Laurent
Armand	Louis
Bernard	Luc
Bertrand	Marc
Charles	Marcel
Christophe	Mathieu
Claude	Maurice
Daniel	Michel
David	Nicolas
Denis	Olivier
Didier	Patrick
Édouard	Paul
Étienne	Philippe
François	Pierre
Frédéric	Raymond
Gabriel	René
Georges	Richard
Gérard	Robert
Gilbert	Roger
Gilles	Serge
Grégoire	Thomas
Guillaume	Vincent
Guy	Yves
Henri	
Jacques	
Jean	
Jean-Claude	
Jean-Luc	
Jean-Marc	
Jean-Marie	
Jean-Paul	

Je m'appelle . . .

Agnès	Jacqueline	Odette
Alice	Janine	Paulette
Andrée	Jeanne	Pauline
Anne	Liliane	Renée
Annick	Lucette	Simone
Annie	Madeleine	Solange
Bernadette	Marguerite	Sophie
Brigitte	Marianne	Suzanne
Caroline	Marie	Sylvie
Catherine	Marie-Anne	Thérèse
Cécile	Marie-Christine	Valérie
Chantal	Marie-Claire	Véronique
Christine	Marie-France	Yvette
Claire	Marthe	
Claudine	Martine	
Colette	Micheline	
Danielle	Michelle	
Denise	Mireille	
Diane	Monique	
Dominique	Nadine	
Élise	Natalie	
Fabienne	Nicole	
Françoise		
Gisèle		
Hélène		
Isabelle		

Saying Hello

Get to know other people in your class better, and begin speaking French right away. But first, listen carefully to your teacher's pronunciation.

To say hello to another student

Salut, Sylvie.

Bonjour, mademoiselle.

Bonjour, Chantal.   Salut, Marc.

To say hello to adults

Bonjour, monsieur.

Bonjour, madame.

To ask another student's name

Comment t'appelles-tu?   Je m'appelle Jean-Paul.

Bonjour! Say hello to other students in your class. Tell them your name and ask their name.

EXEMPLE   Bonjour. Je m'appelle David. Comment t'appelles-tu?

What to say after saying hello

After saying hello, people usually ask each other how they are. Here are some expressions you'll need to know.

To ask how a friend is

Salut, Jérôme. Ça va?
Oui, ça va bien. Et toi?
Pas mal, merci.

Hi, Jerome. How are things?
Fine. And you?
Not bad, thanks.

To ask how someone is in a more formal way

Comment allez-vous, madame?
Très bien, merci. Et vous?
Oh, pas très bien.

How are you?
Fine, thank you. And you?
Oh, not very well.

To say good-bye to someone

See you tomorrow, Romeo.

Good-bye, Juliet.

Activités

Ask other students how they are and then tell them how you are.

EXEMPLE —Ça va, Jacques?
—Pas mal. Et toi?
—Très bien.

B. **Bonjour et au revoir.** What would you answer if a French-speaking person said the following things to you?

> EXEMPLE Comment t'appelles-tu?
> Je m'appelle Roger.

1. Comment allez-vous?
2. Ça va?
3. Au revoir.
4. Salut.
5. Bonjour. Je m'appelle Solange. Et vous?

C. **À Montréal.** Imagine that you are attending school in Montreal on an exchange program and you meet people who greet you. How would you respond?

1.
MONSIEUR DUVALIER   Bonjour, mademoiselle (monsieur).
VOUS   _____
MONSIEUR DUVALIER   Comment allez-vous?
VOUS   _____
MONSIEUR DUVALIER   Très bien, merci. Au revoir, mademoiselle (monsieur).

2.
ANDRÉ   Salut, je m'appelle André. Et toi?
VOUS   _____
ANDRÉ   Ça va?
VOUS   _____
ANDRÉ   Pas mal, merci.

PREMIER CHAPITRE

Getting to Know Others

INTRODUCTION

Bonjour!

It's the first day of class at Trois-Rivières High School in Quebec. Gilles and Sylvie are introducing themselves.

Bonjour.
Je m'appelle Gilles Simon.
J'adore le rock.   rock music
Mais je déteste la musique classique.   but
Et toi?

Bonjour.
Je m'appelle Sylvie Fontaine.
J'aime beaucoup l'école.   like/a lot/school
J'aime aussi les week-ends.   also

Tell whether Gilles or Sylvie made the following statements.

1. J'aime beaucoup l'école.
2. J'adore le rock.
3. Je déteste la musique classique.
4. J'aime aussi les week-ends.

COMMUNICATION

Introduce yourself to another student. Using the vocabulary below, tell him or her a school subject that you really like (**j'adore**) and a subject you like (**j'aime**). Then, ask about the other person's preferences (**Et toi?**).

EXEMPLE   Bonjour. Je m'appelle Suzanne.
                J'adore les maths, et j'aime l'histoire.
                Et toi?

les maths
(les mathématiques)

l'histoire

la musique

l'anglais

le français

l'éducation physique

les sciences

EXPLORATION

NAMING PEOPLE AND THINGS
USE OF THE DEFINITE ARTICLE

Présentation

When talking about likes and dislikes it is necessary to name people and things. In English we simply say *I like music*, but in French you use a form of the definite article.

- J'aime **la** musique.
- J'aime beaucoup **le** français.
- J'aime **les** week-ends.

In English, only names of people or animals are identified as masculine or feminine. In French, however, all nouns—even names of things—are masculine or feminine. The definite article must match the gender (masculine or feminine) and number (singular or plural) of the noun. Here are the forms of the definite article.

	SINGULAR	PLURAL
Before masculine nouns	**le** professeur	**les** professeurs
Before feminine nouns	**la** classe	**les** classes
Before any noun beginning with a vowel sound	**l'**école	**les** écoles

Vocabulaire | Some things you may want to talk about:

le cinéma

les voitures de sport (*f*)

la télévision

l'argent (*m*)

la radio

les examens (*m*)

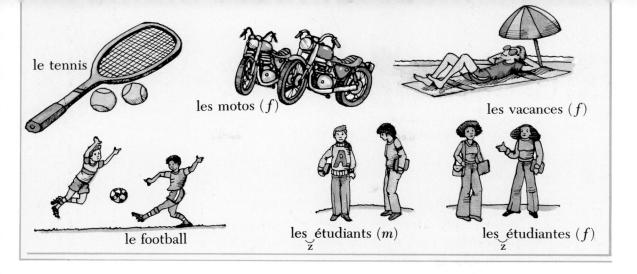

le tennis

les motos (f)

les vacances (f)

le football

les étudiants (m)

les étudiantes (f)

A. To express degrees of liking or disliking:

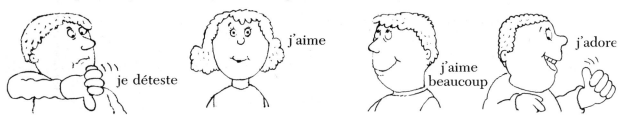

je déteste

j'aime

j'aime beaucoup

j'adore

B. To agree or disagree with someone else's preference, begin your sentence with **Moi aussi** (*Me, too*) or **Pas moi** (*Not me*).

> EXEMPLE   Moi aussi, j'adore le rock.
> Pas moi, je déteste le rock.

Préparation

A. Les Préférences de Danielle. Danielle is talking about some of the things she likes. What does she say?

> MODÈLE   Le tennis?
> **J'aime le tennis.**

1. La télévision?
2. L'école?
3. Les motos?
4. Le français?
5. L'anglais?
6. Les vacances?
7. La musique?
8. Les week-ends?

B. Pas moi! Nicole is talking about the things she dislikes. What does she say?

> MODÈLE La télévision?
> **Je déteste la télévision.**

1. Les motos?
2. Le cinéma?
3. L'histoire?
4. La musique classique?

5. Les examens?
6. L'école?
7. Le football?
8. L'argent?

C. Moi aussi/Pas moi. Luc, Chantal, and Michel are talking about their interests. Chantal always agrees with Luc, but Michel never does.

> MODÈLE LUC J'aime les maths.
> CHANTAL **Moi aussi, j'aime les maths.**
> MICHEL **Pas moi, je déteste les maths.**

LUC J'aime la musique classique.
CHANTAL _____
MICHEL _____

LUC J'aime l'éducation physique.
CHANTAL _____
MICHEL _____

LUC J'aime les motos.
CHANTAL _____
MICHEL _____

LUC J'aime la radio.
CHANTAL _____
MICHEL _____

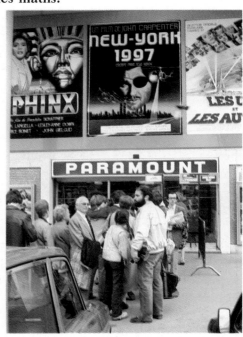

D. J'adore . . . Colette is talking about her favorite things. Tell what she says.

> MODÈLE vacances
> **J'adore les vacances.**

1. musique
2. maths
3. voitures de sport
4. tennis
5. cinéma
6. histoire
7. argent
8. français

Communication

A. **Et toi?** Tell what you like and dislike.

J'adore . . .

J'aime beaucoup . . .

J'aime . . .

Je déteste . . .

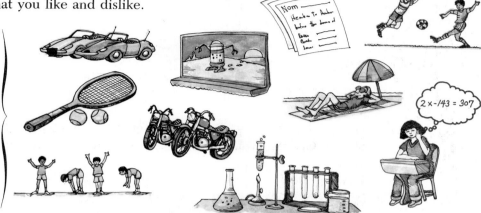

B. **Préférences** Tell another student what you like and then ask whether he or she likes the same thing.

EXEMPLES   J'aime la musique. Et toi?
Pas moi! Je déteste la musique.

J'aime le football. Et toi?
Moi aussi! J'aime le football.

musique   WEEK-ENDS   motos   ?
FOOTBALL   examens
vacances   tennis   CINÉMA
?   école   voitures de sport

Interlude/Culture

Gestures are an important part of communication in all cultures, and each culture has its own particular gestures with their own specific meanings. Sometimes the gesture used to signify the same meaning varies greatly from one culture to another, and sometimes the same gesture has very different meanings in two cultures. Two of the French gestures below are used to indicate liking or approval and one to indicate disliking or disapproval. Can you tell which is the unfavorable gesture?

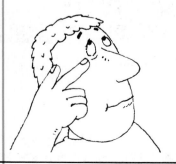  

EXPLORATION

🔹 *TALKING ABOUT THINGS WE DO*
USING -ER VERBS AND SUBJECT PRONOUNS

Présentation

You have already learned how to talk in French about what you like and dislike. But sometimes you will want to tell what you and other people do or like to do. To say this, you need verbs to describe actions and subject pronouns (such as *he, she, it, they*) to tell who does the action.

Most verbs in French end in **er** (**aimer**, *to like;* **détester**, *to hate;* **parler**, *to speak*). This form of the verb is the infinitive. The stem of the verb is the infinitive minus **er** (**parler → parl**). To use a verb in French, you will need to add different endings to the stem of the verb and use the appropriate subject pronoun. The following table shows these subject pronouns and the written endings for **-er** verbs.

parler

SINGULAR			PLURAL		
I	je	parl**e**	*we*	nous	parl**ons**
you	tu	parl**es**	*you*	vous	parl**ez**
he, she or *it*	il/elle	parl**e**	*they*	ils/elles	parl**ent**

Using the Pronouns

A. **Tu** is a "familiar" form of address. It is used with a person you know well (for example, with a family member or close friend), a young child or a pet. **Vous** is a polite form usually used with a person you don't know well, especially an older person. **Vous** is also used whenever you are talking to two or more persons.

Tu aimes les maths?

Vous détestez les examens?

Vous aimez le français?

B. **Il** and **ils** are the singular and plural forms referring to masculine nouns.

Il aime le frisbee.

Ils aiment les motos.

C. **Elle** and **elles** refer to feminine nouns.

Elle aime les voitures de sport.

Elles adorent les sciences.

D. **Ils** is also used to refer to a mixed group.

E. Infinitives can often be used along with other verbs.

Ils détestent les spectateurs.

Nous aimons danser.

Vocabulaire

danser	to dance	**parler**	to speak
écouter	to listen to	**regarder**	to look at, watch
étudier	to study	**travailler**	to work

Préparation

A. Et vous? Monsieur Lamoureux is answering a telephone survey about his weekend activities. What answers does he give?

> MODÈLE Vous regardez la télévision?
> **Oui, je regarde la télévision.**

1. Vous étudiez l'anglais?
2. Vous travaillez?
3. Vous dansez?
4. Vous parlez anglais?
5. Vous écoutez la radio?
6. Vous regardez la télévision?

B. Le week-end. Janine is telling Mireille about some of her favorite things. What does Janine say?

> MODÈLE Le tennis?
> **Oui, j'aime le tennis.**

1. La musique?
2. La radio?
3. La télévision?
4. Les maths?
5. Le football?
6. Les voitures de sport?

C. La famille Grillot. The Grillot family is spending an evening at home. Tell what each family member is doing by using the correct form of the verb and the appropriate subject pronoun.

> MODÈLE Jean-Claude / écouter la radio
> **Il écoute la radio.**

1. Monique / étudier les sciences
2. Monsieur Grillot / regarder la télévision
3. Valérie / travailler
4. Anne-Marie / parler anglais
5. Paul / écouter la radio
6. Paul et Valérie / danser

D. Monsieur et Madame Grillot. Paul Grillot is talking to a friend about his parents. What does he say?

> MODÈLE regarder la télévision
> **Ils regardent la télévision.**

1. travailler beaucoup
2. écouter la radio
3. détester le rock
4. aimer le cinéma
5. parler anglais
6. étudier aussi l'anglais

E. Christine et Jeanne. Christine asks her new friend Jeanne what she does after school. What does she ask?

> MODÈLE étudier les sciences
> **Tu étudies les sciences?**

1. écouter la radio
2. travailler beaucoup
3. regarder la télévision
4. parler anglais
5. étudier l'histoire
6. étudier le français

F. **Et le professeur?** A student reporter is asking a teacher what her interests are. What does the reporter ask?

> MODÈLE   aimer la musique
> **Vous aimez la musique?**

1. étudier la musique
2. écouter la radio
3. regarder la télévision
4. aimer le rock
5. danser
6. aimer le football

G. **Et vous?** Amadou, an exchange student from Senegal, is asking his friends some questions about their activities. What do they answer?

> MODÈLE   Vous étudiez le français?
> **Oui, nous étudions le français.**

1. Vous aimez les voitures de sport?
2. Vous regardez beaucoup la télévision?
3. Vous écoutez la radio?
4. Vous étudiez l'histoire?
5. Vous travaillez beaucoup?
6. Vous aimez danser?

H. **Nous parlons français.** Thérèse has just arrived from Haiti and wants to find out who speaks French. Answer her questions.

> MODÈLE   Je parle français. Et vous?
> **Nous parlons français aussi.**

1. Et Sylvie?
2. Et Georges?
3. Et Jean et Suzanne?
4. Et Paul et Vincent?
5. Et toi?
6. Et le professeur?
7. Et Christine et Anne?
8. Et Richard?

I. **Activités variées.** A group of students is talking about what they like to do. What do they say?

> MODÈLE   Richard / aimer danser
> **Il aime danser.**

1. Je / aimer danser
2. Nous / aimer étudier
3. Tu / aimer travailler
4. Chantal / aimer écouter la radio
5. Les étudiants / aimer la musique classique
6. Chantal et Pierre / aimer écouter la radio
7. Vous / aimer regarder la télévision
8. Les professeurs / aimer parler
9. Paul et Christine / aimer danser
10. Véronique et Claire / aimer étudier

Centre de danse du marais

SIX STUDIOS - 40 Professeurs
Non stop de 9 h 30 à 20 h 30 — Cours à la carte
TOUTES DISCIPLINES
LOCATIONS DE STUDIOS
41, rue du Temple, 75004 PARIS (M° : Hôtel-de-Ville)
(1) 277.58.19

J. **Occupations.** Describe what the people are doing in the following illustrations.

Marie-Claire et moi, nous . . .

Les Régnier . . .

Georges et Danielle . . .

Tu . . .

Jean-Luc et moi, nous . . .

═ Communication ═══════════

A. **Activités.** Using the suggestions provided, make a list of your favorite activities and interests. Then share the list with your classmates.

> EXEMPLE   J'écoute la radio.

Suggestions: parler, écouter la radio, étudier (le français, l'anglais, l'histoire, etc.), regarder la télévision, travailler, danser

B. **Interview.** Using the list of activities that you prepared in *Communication* A, tell another student what you do and ask if he or she does the same thing. Keep track of what your partner says.

> EXEMPLE   J'écoute la radio. Et toi?
> Pas moi!
> Moi aussi!

Then report back to the class the activities that you and your partner share.

> EXEMPLE   Nous écoutons la radio.

C. **Les étudiants américains.** Imagine that a French-speaking student has asked you to describe several typical activities that American students like. What would you say?

> EXEMPLE   Nous aimons regarder la télévision.

Interlude/Culture

What do you think the attitudes and preferences of French teenagers are about these questions?

1. What French teenagers want to buy the most is a . . .

   (a) boat   (b) car   (c) motorcycle.

2. If they had more money, most French teenagers would prefer to . . .

   (a) save money   (b) buy books and records   (c) purchase stereo equipment.

3. In recent years French teenagers' interest in politics has . . .

   (a) increased   (b) decreased   (c) stayed the same.

4. When asked if they hope to marry one day, the majority of French teenagers answered . . .

   (a) yes   (b) no   (c) don't know.

Réponses: 1. b; 2. a; 3. b; 4. a.

EXPLORATION

⚜ **QUALIFYING WHAT WE SAY**
USING ADVERBS

══ Présentation ════════════════════

Often we want to say more than a simple affirmative statement. To do
this we can use adverbs such as *often*, *always*, or *sometimes* to qualify
or modify what we say. You have already learned to use **beaucoup** (*a
lot*). Here are other useful qualifying words.

rarement (rarely)　　**quelquefois** (sometimes)　　**souvent** (often)　　**toujours** (always)

These adverbs usually come after the verb.

- Nous travaillons beaucoup.
- Claude étudie rarement.
- Chantal regarde souvent la télévision.
- J'écoute quelquefois la radio.

Il étudie rarement.

Elle étudie quelquefois.

Il étudie souvent.

Elle étudie toujours.

A. Moi aussi. Marc and Véronique are talking about some of the things they do. Véronique enjoys the same activities as Marc. Tell what she says.

> MODÈLE   Je travaille beaucoup.
> **Moi aussi, je travaille beaucoup.**

1. Je danse rarement.
2. J'étudie souvent.
3. Je regarde souvent la télévision.
4. J'écoute quelquefois la radio.
5. Je parle beaucoup.
6. J'écoute toujours.

B. Et vous? Henri is asking Marie-Lise and her sister what they enjoy doing. What do they say?

> MODÈLE   Je travaille souvent. Et vous? (rarement)
> **Nous travaillons rarement.**

1. Je danse quelquefois. Et vous? (souvent)
2. J'étudie beaucoup. Et vous? (quelquefois)
3. Je regarde rarement la télévision. Et vous? (souvent)
4. J'écoute quelquefois la radio. Et vous? (toujours)
5. Je parle beaucoup. Et vous? (rarement)

Communication

Rarement ou toujours . . . ?   Using the scale below, tell how often you do these activities.

rarement	quelquefois	souvent	toujours

> EXEMPLE   regarder la télévision
> Je regarde souvent la télévision.

1. étudier
2. danser
3. écouter la radio
4. travailler
5. écouter le professeur
6. regarder la télévision

Do you know what the second-largest French-speaking city in the world is? To find out, complete the sentences below and fill in the graph. (Do not write in this book.)

1. Vous _ _ _ _ _ les week-ends?
2. Ils _ _ _ _ _ _ _ _ la radio.
3. J'aime _ _ _ _ _ _, mais je déteste travailler.
4. Elle _ _ _ _ _ _ _ la musique classique.
5. Nous _ _ _ _ _ _ _ _ _ la télévision.
6. J'_ _ _ _ _ _ l'histoire.
7. Tu _ _ _ _ _ _ _ _ _ _ beaucoup.
8. Nous _ _ _ _ _ _ _ anglais.

EXPLORATION

⚜ **DISAGREEING OR EXPRESSING A NEGATIVE IDEA**
THE NEGATIVE

Présentation

Knowing how to disagree or express an idea that is different from someone else's is an important part of communication. In English we usually
use *not* to make a negative statement. In French two words are used:
ne and **pas.** The **ne** precedes the verb and the **pas** follows it.

AFFIRMATIVE	NEGATIVE
Je travaille.	Je **ne** travaille **pas.**
Nous regardons la télévision.	Nous **ne** regardons **pas** la télévision.
Il déteste danser.	Il **ne** déteste **pas** danser.

When the verb begins with a vowel sound, the **e** of **ne** is dropped and
replaced by an apostrophe.

- Chantal **n'**étudie **pas.**
- Jean-Louis **n'**aime **pas** regarder la télévision.
- Je **n'**écoute **pas** souvent.

To communicate the idea of *never,* use **ne** . . . **jamais.**

- Anne **ne** travaille **jamais.**

A. **Pas moi!** Jacques Lesage is the perfect student who always does everything right. Simon is just the opposite. Give Simon's negative answers to Jacques' statements.

> MODÈLE   Je travaille beaucoup. Et toi?
> **Je ne travaille pas beaucoup.**

1. J'aime étudier. Et toi?
2. Je parle souvent français. Et toi?
3. J'étudie beaucoup. Et toi?
4. J'écoute toujours le professeur. Et toi?
5. Je travaille beaucoup. Et toi?
6. J'aime beaucoup l'école. Et toi?

B. **Contradiction.** Richard Malcontent and his friends are in a bad mood. They contradict everything others say to them. How do they respond?

> MODÈLE   Paul aime regarder la télé.
> **Ah, non! Il n'aime pas regarder la télé.**

1. Nous travaillons beaucoup.
2. Le professeur parle beaucoup.
3. Marie-Louise danse souvent.
4. Les étudiants écoutent le professeur.
5. Nous détestons étudier.

C. **Non, jamais!** Laurent is asking about the activities of some friends and finds out that they never do these things. Give their answers to his questions.

> MODÈLES   Vous regardez souvent la télé?
> **Non, nous ne regardons jamais la télé.**
>
> Tu regardes souvent la télé?
> **Non, je ne regarde jamais la télé.**

1. Les professeurs écoutent toujours?
2. Tu travailles beaucoup?
3. Paul parle beaucoup?
4. Hélène travaille quelquefois?
5. Nous regardons souvent la télé?
6. Vous dansez souvent?
7. Elles écoutent souvent la radio?
8. Vous parlez souvent français?

Communication

A. Différences. Imagine that a French-Canadian friend has made the following statements. Do you agree or disagree with them? If you disagree, use a negative expression such as **ne . . . pas** or **ne . . . jamais.** You may also use expressions such as **souvent, toujours, quelquefois,** or **rarement.**

> EXEMPLE   Tu étudies souvent.
> Non, je n'étudie pas souvent; j'étudie rarement.

1. Tu détestes les voitures de sport.
2. Le professeur parle toujours français.
3. Les étudiants adorent les examens.
4. Tu regardes souvent la télévision.
5. Tu aimes l'école.
6. Tu aimes parler français.
7. Tu travailles beaucoup.
8. Tu étudies la musique.
9. Tu adores la musique classique.
10. Tu écoutes souvent la radio.

B. Réactions. Make statements to other students in your class. They will agree or disagree with what you say. (Use the adverbs you know.)

> EXEMPLE   David, tu regardes souvent la télévision.
> Oui, je regarde souvent la télévision.
> Non, je regarde rarement la télévision.

C. Préférences et habitudes. Using the vocabulary you have learned so far, make a list of statements about the things you don't like or don't do often.

> EXEMPLES   Je n'aime pas le tennis.
> Je n'écoute jamais la radio.

D. Jeu. Divide the class into competing teams. Members of one team will make statements about things they don't do or don't like to do. The other team must listen without taking notes and then recall as many of the statements as possible. The team that can remember the most statements about the other team's members is the winner.

PERSPECTIVES

Salut!

In a letter Serge Martin introduces himself to his American pen pal, who is just beginning to learn French.

Cher Robert,

Salut, je m'appelle Serge Martin. J'habite à Toulouse. J'étudie l'anglais, mais je ne parle pas bien. À l'école, nous étudions aussi les maths, les sciences, l'histoire, la géographie et le français. Nous travaillons beaucoup. J'adore l'éducation physique et les sports, mais je n'aime pas beaucoup l'école en général.

Ici, les jeunes aiment beaucoup le rock et nous écoutons souvent Paul McCartney et les Bee Gees à la radio. Je ne regarde pas souvent la télévision, mais j'aime écouter la radio. Et toi?

À bientôt,
Serge Martin

dear

live in

in general
here/young
people

so long

COMPRÉHENSION

Identify each statement about Serge as either true (**vrai**) or false (**faux**). Correct each false statement.

1. Serge Martin habite à Trois-Rivières.
2. À l'école il étudie la géographie.
3. Serge Martin n'aime pas beaucoup le rock.
4. Les jeunes écoutent rarement Paul McCartney.
5. Serge Martin ne regarde pas souvent la télévision.

COMMUNICATION

A. **Serge Martin.** Imagine that you have received this letter from Serge. Tell another student about him.

> EXEMPLE   Il habite à Toulouse.

B. **Et vous?** Using Serge's letter as a guide, write a letter describing yourself, your likes and dislikes, what you study in school, and some of your activities. Then tell another student or the class some of the things that you wrote in your letter.

> EXEMPLE   J'étudie les sciences, les maths, et l'anglais.

C. **Détective.** The following items belong to Marianne Leclerc. Using these items as a guide, write sentences describing Marianne's interests and activities.

> EXEMPLE   Elle aime beaucoup le rock.

D. **Oui ou non?** Try to remember what other students in your class have said about their likes and dislikes, their activities, etc. Then make five statements about different people in your class. The rest of the class will decide whether you are right or wrong.

> EXEMPLE

Suzanne adore les voitures de sport.

Mais non! Elle déteste les voitures de sport. Elle aime les motos.

VOCABULAIRE DU CHAPITRE

NOUNS RELATED TO SCHOOL
la classe class,
l'école (*f*) school
l'étudiant (*m*) student
l'étudiante (*f*) student
l'examen (*m*) test, examination
les jeunes (*m*) young people
le professeur teacher

NOUNS NAMING SCHOOL SUBJECTS
l'anglais (*m*) English
l'éducation physique (*f*) physical
   education
le français French
la géographie geography
l'histoire (*f*) history
les mathématiques (*f*) mathematics
la musique music
les sciences (*f*) science

**NOUNS RELATED TO LIKES AND
DISLIKES**
l'argent (*m*) money
le cinéma movie, show
le football soccer
la moto motorcycle
la radio radio
le rock rock
le sport sports
la télévision television
le tennis tennis
le week-end weekend
les vacances (*f*) vacation
la voiture car
la voiture de sport sports car

PREPOSITIONS
à to, in, at

CONJUNCTIONS (LINKING WORDS)
et and
mais but

ADJECTIVES (DESCRIPTIVE WORDS)
cher (*m*), **chère** (*f*) dear
classique classical

VERBS OF LIKING AND DISLIKING
adorer to really like
aimer to like, love
détester to hate, dislike

VERBS DESCRIBING ACTIVITIES
danser to dance
écouter to listen to
étudier to study
habiter to live, live in
parler to speak, talk
regarder to look at, watch
travailler to work

ADVERBS (WORDS THAT MODIFY)
aussi also
beaucoup a lot
bien well
en général in general
ici here
ne . . . jamais never
ne . . . pas not
quelquefois sometimes
rarement rarely
souvent often
toujours always
très very

EXPRESSIONS
à bientôt so long
moi aussi me too
pas moi not me

DEUXIÈME CHAPITRE

Getting Information

2

INTRODUCTION

À Montréal

Brigitte et Michelle parlent <u>dans un magasin de disques</u>   in/a/record
à Montréal.   store

MICHELLE	<u>Qu'est-ce que</u> tu écoutes?	what
BRIGITTE	<u>Un</u> disque <u>de</u> Paul Piché.	a/of
MICHELLE	<u>De qui?</u>	who
BRIGITTE	De Paul Piché. <u>C'</u>est un <u>chanteur</u> <u>formidable</u>. Il est <u>numéro</u> <u>un</u> <u>au</u> hit-parade.	he is/singer great/number one/on
MICHELLE	Moi, je préfère* les chanteuses <u>comme</u> Diane Dufresne <u>ou</u> comme Fabienne Thibeault.	like or

COMPREHÉNSION

Complete the sentences below with the appropriate word or words from *À Montréal*.

1. Michelle est dans un _____ .
2. Brigitte écoute un _____ .
3. Paul Piché est un _____ .
4. Il est _____ au hit-parade.
5. Michelle préfère les _____ comme Diane Dufresne.

*__Préférer__ is a regular -er verb, except that in writing the second accent changes in all singular forms and in the __ils/elles__ form: __je préfère, tu préfères, il/elle préfère, ils/elles préfèrent,__ but __nous préférons, vous préférez.__

Communication

Préférences. One of the ways to get information about a group of people is by means of a survey. Answer the following questions about what kind of music and entertainment you like. Then compare your answers to the answers given by other students. Do you agree or disagree with the majority?

Qu'est-ce que vous préférez?

☐ écouter la radio
    ou
☐ regarder la télé

☐ le rock
    ou
☐ la musique classique

☐ les chanteuses comme Linda Ronstadt
    ou
☐ les chanteuses comme Diana Ross

☐ les groupes comme Santana
    ou
☐ les groupes comme Pink Floyd

☐ les chanteurs comme Paul McCartney
    ou
☐ les chanteurs comme Kenny Rogers

☐ les disques
    ou
☐ les cassettes

EXPLORATION

FINDING OUT INFORMATION
ASKING YES–NO QUESTIONS WITH *EST-CE QUE*

═══ Présentation ═══════════════════════════════════

When we want to get information, we usually ask questions. You have already seen that you can ask a question simply by raising your voice at the end of the sentence.

- Vous étudiez le français?
- Chantal parle anglais?

Another common way to ask a question when you expect the answer to be *yes* or *no* is to use **est-ce que** before a statement.

Statement	Question
Jacqueline travaille beaucoup.	**Est-ce que** Jacqueline travaille beaucoup?
Vous aimez danser.	**Est-ce que** vous aimez danser?

When the word following **est-ce que** begins with a vowel or vowel sound, **est-ce que** contracts to **est-ce qu'**.

- **Est-ce qu'**il habite ici?
- **Est-ce qu'**Henri aime les maths?

Préparation

A. Répétez, s'il vous plaît. Some friends are talking in a record store. The music is so loud that they have to repeat their questions. What do they say?

> MODÈLE   Tu aimes la musique?
> **Est-ce que tu aimes la musique?**

1. Vous écoutez un disque?
2. Tu préfères les chanteurs ou les chanteuses?
3. Vous regardez souvent la télévision?
4. Vous préférez les cassettes?
5. Christine aime les disques de Paul Piché?
6. Vous travaillez ici?

B. Curiosité. Claudine is curious about Gérard, a new student in the class. Help her decide what to ask another student who already knows Gérard.

> MODÈLE   aimer la musique
> **Est-ce qu'il aime la musique?**

1. habiter ici
2. aimer la musique classique
3. aimer danser
4. écouter souvent la radio
5. travailler beaucoup
6. étudier l'anglais

C. Allô, Allô! Gisèle is phoning some friends to find out what they are doing tonight. Give her questions.

> MODÈLE   écouter la radio
> **Est-ce que vous écoutez la radio?**

1. regarder la télévision
2. étudier
3. travailler
4. écouter un disque de Fabienne Thibeault
5. parler

RAPPEL DU MOIS D'OCTOBRE

Le 3

Le 4

FABIENNE THIBEAULT
CRIC ET CRAC
(par le Théâtre noir)
MOI TARZAN, TOI JANE
L'ORCHESTRE SYMPHONIQUE DE QUEBEC

Les 9-16-23-30
à 20h30

Le Conservatoire de Musique de Québec présente

LES LUNDIS DU CONSER- VATOIRE

Entrée gratuite
Salle Octave-Crémazie

D. Questions. Vincent has just met some French students and wants some information. What questions will he ask?

> MODÈLE   Tu / étudier l'anglais?
> **Est-ce que tu étudies l'anglais?**

1. Michel / parler anglais
2. Tu / habiter à Paris
3. Vous / aimer danser
4. Tu / écouter souvent la radio
5. Vous / travailler beaucoup
6. Les étudiants / aimer la musique classique

Communication

A. Interview. Use the suggestions below to make questions for interviewing another student.

> EXEMPLE   aimer l'école
> Est-ce que tu aimes l'école?

1. aimer le français
2. étudier l'histoire
3. préférer les sciences ou l'histoire
4. écouter souvent la radio
5. préférer regarder la télévision
6. aimer danser
7. travailler beaucoup

B. Et les Français? Imagine that you have just met an exchange student and want to ask the following questions about French teenagers. What would you say?

> EXEMPLE   Do they study English?
> Est-ce qu'ils étudient l'anglais?

1. Do they like rock music?
2. Do they prefer rock or classical music?
3. Do they watch television a lot?
4. Do they like to listen to the radio?
5. Do they like to dance?

French young people were asked to rank the types of music they liked.
Here are the results.

Qu'est-ce que les étudiants français préfèrent?

1. la musique pop
2. les chansons folkloriques américaines
3. les chansons étrangères (*foreign*)
4. les chansons folkloriques françaises
5. la musique classique
6. le jazz
7. la musique folklorique d'Asie et d'Afrique
8. la musique classique moderne
9. la musique de la Renaissance

Et vous, qu'est-ce que vous préférez?

EXPLORATION

IDENTIFYING THINGS
QU'EST-CE QUE C'EST **AND THE INDEFINITE ARTICLE**

═Présentation ═══════════════════════════

When we see something new or we don't know the word for something, we may ask: *What's this?* or *What's that?* In French the question is **Qu'est-ce que c'est?**

If we ask about one object, the question may be answered by **c'est** and the French indefinite article **un** or **une**. **Un** and **une** are the equivalents of *a* or *an* in English. **Un** is used with a masculine noun and **une** with a feminine noun.

Qu'est-ce que c'est?
C'est un disque.

Qu'est-ce que c'est?
C'est une moto.

If we ask about several objects (*What are these?, What are those?*) the question is the same: **Qu'est-ce que c'est?**, but may be answered by **ce sont** and the French indefinite article **des. Des** is often the equivalent of **some** in English.

Qu'est-ce que c'est?
Ce sont des voitures de sport.

Qu'est-ce que c'est?
Ce sont des examens.

	SINGULAR	PLURAL
Masculine	**C'est un** disque.	**Ce sont des** disques.
	Ce n'est pas un livre.	Ce ne sont pas des livres.
Feminine	**C'est une** cassette.	**Ce sont des** cassettes.
	Ce n'est pas une affiche.	Ce ne sont pas des affiches.

Vocabulaire

Préparation

A. **Qu'est-ce que c'est?** Name the items below.

MODÈLE   Qu'est-ce que c'est?
C'est un livre.

1.

2.

3.

4.

5.

6.

7.

8.

9.

B. **Est-ce que c'est . . . ?** It's Marie-Claire's birthday, and she's trying to guess what she is going to get. Give her parents' answers to her questions.

MODÈLE Est-ce que c'est un disque?
Non, ce n'est pas un disque.

Est-ce que ce sont des affiches?
Non, ce ne sont pas des affiches.

1. Est-ce que c'est une voiture de sport?
2. Est-ce que c'est une moto?
3. Est-ce que ce sont des disques?
4. Est-ce que ce sont des affiches?
5. Est-ce que ce sont des livres?
6. Est-ce que c'est une radio?
7. Est-ce que c'est une télévision?

Communication

A. **La salle de classe.** Using the vocabulary in the *Présentation*, point to an object and ask **Qu'est-ce que c'est?** or **Est-ce que c'est . . . ?**. Another student will name the object.

B. **Petit jeu.** Think of an object whose French name you know and write the word down on a piece of paper. The rest of the class will try to guess what the object is.

EXEMPLE Est-ce que c'est un crayon?
Non, ce n'est pas un crayon.

Read the following advertisement for Europe 1, a French radio station. Although you won't be able to understand everything in it, you should be able to understand the key ideas.

LES MINETTES ÉCOUTENT EUROPE 1.

Quand on est gai, dynamique, quand on aime la vie, la fête, les coups au cœur, on écoute EUROPE 1.

EUROPE 1, c'est chaque jour de la musique souvenir, de la musique d'aujourd'hui, de la musique de demain, les tubes qui marchent et qui galopent, de la pop au disco.

EUROPE 1, c'est la vie en musique, non stop!
EUROPE 1, De l'information. De la distraction. De la vie.

1. What type of audience does Europe 1 try to appeal to?
2. What are the main kinds of programs broadcast each day?
3. What kinds of music can listeners enjoy?
4. How long does Europe 1 broadcast each day?

EXPLORATION

🔱 **DESCRIBING PEOPLE OR THINGS**
ÊTRE WITH ADJECTIVES

Présentation

One of the most common ways to describe people or things is to use the verb **être** (*to be*) with an adjective. Unlike the **-er** verbs you have studied, **être** does not follow a regular pattern. Here are the forms of this irregular verb.

	VERB	ADJECTIVE
Je	**suis**	modeste.
Tu	**es**	modeste.
Il/Elle	**est**	modeste.

	VERB	ADJECTIVE
Nous	**sommes**	modestes.
Vous	**êtes**	modeste(s).
Ils/Elles	**sont**	modestes.

Modeste is an example of a large group of French adjectives that end in **e**. The adjective adds an **s** when it describes a plural noun or pronoun, but it does not change to match the gender of the noun.

Vocabulaire

Some useful adjectives like **modeste** appear below.

célèbre	famous	**jeune**	young	**sévère**	strict
bête	dumb	**optimiste**	optimistic	**stupide**	stupid
difficile	hard	**pessimiste**	pessimistic	**triste**	sad
facile	easy	**pauvre**	poor	**timide**	shy
formidable	great, fantastic	**riche**	rich		
irrésistible	irresistible	**sympathique**	nice, friendly		

Il est pessimiste.

Elle est optimiste.

Préparation

A. Elle est formidable! Jean-Luc is talking about his girl friend Valérie. What does he say?

MODÈLE   sincère
Elle est sincère.

1. modeste
2. sympathique
3. jeune
4. riche
5. optimiste
6. formidable
7. irrésistible
8. timide

B. Pauvre Hervé! Hervé is feeling sorry for himself today. What does he say?

MODÈLE   riche
Je ne suis pas riche.

1. célèbre
2. optimiste
3. irrésistible
4. formidable
5. sympathique
6. riche

C. Mais non! Michel disagrees with Brigitte's opinions about school life. What does he say?

MODÈLE   Les professeurs sont sévères.
Mais non, les professeurs ne sont pas sévères.

1. Les classes sont difficiles.
2. Les examens sont faciles.
3. Les étudiants sont bêtes.
4. Les étudiantes sont tristes.
5. Les professeurs sont riches.
6. Les étudiants sont timides.
7. Les jeunes sont pessimistes.

D. Nous ne sommes pas modestes! Several students are bragging about themselves and others. Tell what they say.

MODÈLE   je / modeste
Je suis modeste.

1. tu / sympathique
2. je / riche
3. le professeur / formidable
4. vous / optimistes
5. Élise et Paul / célèbres
6. nous / irrésistibles

E. Contradictions. Suzanne disagrees with Marcel's comments about himself and others. Tell what she says.

MODÈLE   Je suis bête.
Mais non, tu n'es pas bête!

1. Les professeurs sont sévères.
2. Tu es pessimiste.
3. Je suis pauvre.
4. L'anglais est facile.
5. Jeanne est triste.
6. Hervé est bête.
7. Je suis timide.
8. Nous sommes riches.

Communication

A. Interview. Using the words below, make questions to ask another student. Then use your questions to interview a classmate.

> EXEMPLE   professeur / sévère
>   Est-ce que le professeur est sévère?

1. l'histoire / difficile
2. tu / optimiste
3. les professeurs / sympathiques
4. tu / irrésistible
5. tu / triste
6. le français / facile

B. Descriptions. Describe the following illustrations by completing each sentence with the correct form of **être** and a suitable adjective.

> MODÈLE

Robert Lerocher est célèbre.

1.

Antoine . . .

2.

Nous . . .

3.

Monsieur Lavare . . .

4.

Les Dupont . . .

C. **Les classes, les étudiants, et les professeurs.** Tell whether you agree or disagree with the following statements about school life.

EXEMPLE   Le français est difficile.
           Oui, le français est difficile.
           Mais non, le français est facile.

1. Les examens sont faciles.
2. Le professeur est sévère.
3. La classe est formidable.
4. Le français est facile.
5. Les étudiants sont tristes.

6. Les jeunes sont pessimistes.
7. Les professeurs sont sympathiques.
8. Le professeur est jeune.
9. Les maths sont faciles.

Interlude/Communication

Differences between languages are sometimes striking but at other times less obvious. One subtle difference between French and English is the way a French person often uses adjectives. For instance, instead of saying that something is "so-so" or "just okay," the French are more likely to say that it is "not great." Using the words you know, find other ways to express the following thoughts.

EXPLORATION

ASKING HOW MUCH AND HOW MANY
NUMBERS 1–20 AND RELATED VOCABULARY

Présentation

The idea of *how much* and *how many* is closely linked to numbers. Here are the numbers from one to twenty in French.

1	un	6	six	11	onze	16	seize
2	deux	7	sept	12	douze	17	dix-sept
3	trois	8	huit	13	treize	18	dix-huit
4	quatre	9	neuf	14	quatorze	19	dix-neuf
5	cinq	10	dix	15	quinze	20	vingt

To ask how much something costs, use **combien** (*how much*) and the verb **coûter** (*to cost*).

> Combien coûte cette affiche?

> Elle coûte trois dollars.

Combien is also used in basic math problems. Note that the word for *equals* is **font** and that **et** is used for *plus* and **moins** for *minus*.

2 + 2 = ?	5 − 2 = ?
2 + 2 = 4	5 − 2 = 3

Combien font deux et deux?

Deux et deux font quatre.

Combien font cinq moins deux?

Cinq moins deux font trois.

Préparation

A. **Je suis riche!** Students are conducting an auction. Robert always bids a franc higher than the last bidder. Tell what he says.

> MODÈLE dix francs
> **onze francs**

1. deux francs
2. dix-huit francs
3. huit francs
4. douze francs
5. sept francs
6. trois francs
7. dix-neuf francs
8. quatorze francs

B. **Moi, je suis pauvre!** Marlène is bargaining at a flea market. She offers two francs less than the price the merchant gives her. What does she say?

> MODÈLE dix-huit francs
> **seize francs**

1. dix francs
2. quatorze francs
3. cinq francs
4. onze francs
5. vingt francs
6. neuf francs
7. seize francs
8. huit francs

C. **Dans un magasin.** Sylvie is traveling in Canada and wants to know the price of sale items. She asks how much the following items cost. What does the clerk respond?

> MODÈLE un livre de maths / $10
> **Combien coûte un livre de maths?**
> **Dix dollars.**

1. un disque de Paul Piché / $7
2. dix crayons / $2
3. un stylo / $4
4. une affiche de Fabienne Thibeault / $5
5. deux cahiers / $3
6. une radio / $18
7. trois cassettes / $12
8. un livre d'histoire / $11

Communication

A. **Le Problème, c'est les maths!** Students in Monsieur Al Gèbre's class are not very good with numbers. Can you help them out by correcting their answers?

MODÈLE   Trois et deux font six.
Mais non! Trois et deux font cinq.

1. Deux et cinq font quatorze.
2. Douze moins trois font sept.
3. Trois et deux font douze.
4. Dix-huit et deux font neuf.
5. Sept moins six font trois.
6. Quatorze moins sept font dix.

B. **Apprentis mathématiciens.** With another student or group of students, make up and give each other addition or subtraction problems to solve.

EXEMPLES   3 + 3 = ?   Combien font trois et trois?
4 − 2 = ?   Combien font quatre moins deux?

C. **Célébrités.** First, write a list of popular singers or rock groups on the board. Then vote for your favorite singer. Count in French the votes for each singer. You may also want to take a survey of your favorite actors and actresses, cars, or school subjects.

PERSPECTIVES

Interview

Un reporter parle <u>avec</u> Robert Duprès, un jeune chanteur.

with

LE REPORTER	Où est-ce que vous <u>chantez</u> <u>maintenant</u>?
ROBERT DUPRÈS	Dans un club à Strasbourg.
LE REPORTER	Vous <u>espérez</u>* chanter à Paris un <u>jour</u>?
ROBERT DUPRÈS	<u>Bien sûr</u>. <u>Tout le monde</u> <u>désire</u> chanter à Paris.
LE REPORTER	Vous chantez avec un groupe, <u>n'est-ce pas</u>?
ROBERT DUPRÈS	Oui, nous sommes trois. Sophie, Bertrand, et moi. Sophie compose la musique. C'est aussi une chanteuse formidable. <u>Quand</u> elle chante, elle est irrésistible.
LE REPORTER	Vous espérez être célèbre un jour?
ROBERT DUPRÈS	Oui, je suis optimiste.

where/do you sing/
   now

hope/day

of course/everyone/wants

don't you?

when

*__Espérer__ is conjugated like __préférer__:
   J'espère, tu espères, il/elle espère;
   nous espérons, vous espérez;
   ils/elles espèrent.

COMPRÉHENSION

Complete the following statements about Robert and his group.

1. Maintenant Robert chante . . . .
2. Robert espère . . . .
3. Quand elle chante, Sophie est . . . .
4. Robert espère être célèbre un jour; il est . . . .

COMMUNICATION

A. **Portrait d'un chanteur.** Using the interview as a guide, write a paragraph describing Robert Duprès and his group.

> EXEMPLE   C'est un chanteur. Il travaille dans un club
> à Strasbourg.

B. **Vous êtes le reporter.** Imagine that you are interviewing the lead singer of a rock group. You may use the questions used by the reporter in the *Perspectives* interview or questions of your own. Tell also what the lead singer answers.

VOUS	Où est-ce que vous travaillez maintenant?
LE CHANTEUR	Nous chantons dans un club à Québec.
VOUS	_____
LE CHANTEUR	_____
VOUS	_____
LE CHANTEUR	_____
VOUS	_____
LE CHANTEUR	_____
VOUS	_____
LE CHANTEUR	_____

C. **Interview.** Ask questions using the words below. Then use these questions to interview another student or group of students.

> EXEMPLE   préférer écouter des disques ou écouter la radio
> Est-ce que tu préfères écouter des disques ou
> écouter la radio?

1. aimer chanter
2. aimer la musique classique
3. préférer le rock ou la musique classique
4. espérer être riche un jour
5. désirer être célèbre
6. désirer chanter avec un groupe.

VOCABULAIRE DU CHAPITRE

CLASSROOM ITEMS
l'affiche (*f*) poster
le bureau desk
le cahier notebook
la chaise chair
le crayon pencil
la fenêtre window
le livre book
la porte door
la salle room
le stylo pen
la table table
le tableau chalkboard

NOUNS RELATED TO MUSIC
la cassette cassette
le chanteur (*m*) singer
la chanteuse (*f*) singer
le club club
le disque record
le groupe band
le hit-parade hit parade

OTHER NOUNS
le dollar dollar
l'interview (*m*) interview
le jour day
le magasin store
le numéro number
tout le monde everybody

PREPOSITIONS
au to, to the
avec with
comme like, as
dans in, into
de of, from

MATHEMATICAL EXPRESSIONS
font make, equal
moins minus, less

VERBS
c'est it is, that is
ce sont they are, these are
chanter to sing
composer to compose
coûter to cost
désirer to want, wish
espérer to hope
être to be
préférer to prefer

DESCRIPTIVE ADJECTIVES
bête dumb
célèbre famous
difficile difficult
facile easy
formidable great, fantastic
irrésistible irresistible
jeune young
modeste modest
optimiste optimistic
pauvre poor
pessimiste pessimistic
sévère strict
stupide stupid
sympathique nice, friendly
timide shy
triste sad

QUESTION WORDS
combien how much, how many
n'est-ce pas? isn't that so?
où where
quand when
qu'est-ce que . . . ? what . . . ?
qui who

OTHER WORDS
bien sûr of course
des some
maintenant now
ou or
un, une a, an, one

TROISIÈME CHAPITRE

Having and Sharing

3

INTRODUCTION

Moi, je suis contente.

glad, happy

J'ai des amis formidables.
J'ai des parents qui sont assez sympa.
J'ai un frère et deux soeurs.
J'ai un chien.
J'ai une guitare.
J'ai des problèmes de temps en temps,
     comme tout le monde.
J'ai un vélo qui marche bien,
     et un vélomoteur qui ne marche pas!
J'ai des professeurs intéressants.
Et aussi des professeurs qui ne sont
     pas très intéressants.
Mais c'est la vie, n'est-ce pas?

                    Marie-Claire

I have/friends
quite
brother/sisters
dog

from time to time

bike/that runs
moped (motorbike)

life

COMPRÉHENSION

Indicate whether Marie-Claire made the following statements. If she did not, correct the sentence so that it is one of her statements.

1. J'ai des amis formidables.
2. J'ai des parents très sévères.
3. J'ai deux frères.
4. J'ai trois sœurs.
5. J'ai un chien.
6. J'ai des problèmes de temps en temps.
7. J'ai un vélo qui ne marche pas.
8. Je ne suis pas contente.

Communication

A. Qui est Marie-Claire? To find out more about Marie-Claire Laforêt, look carefully at the following photographs. They will show you some aspects of life in a small French town.

Voilà la maison et la famille de Marie-Claire.

Voilà la ville où Marie-Claire habite.

Voilà une rue à Moret-sur-Loing.

Voilà le magasin de Monsieur et Madame Laforêt.

Vocabulaire	**voilà** here is (are)	**maison** house
	ville town	**famille** family
	rue street	

A. **Les Possessions de Marie-Claire.** Identify some of the things that belong to Marie-Claire.

MODÈLE

Voilà le chien de Marie-Claire.

1.

2.

3.

4.

5.

6.

B. **Et vous?** Using vocabulary you know, tell some of the things that you have.

EXEMPLE   Moi, j'ai un chien et un vélo.

EXPLORATION

INDICATING POSSESSION
USE OF AVOIR (TO HAVE)

Présentation

To indicate what you have the verb **avoir** is used. Like **être**, it is an important irregular verb.

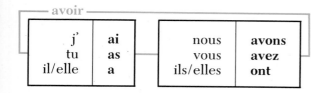

avoir			
j'	**ai**	nous	**avons**
tu	**as**	vous	**avez**
il/elle	**a**	ils/elles	**ont**

Avoir is usually followed by a noun.

- J'ai **une guitare.**
- Est-ce que vous avez **des disques**?

When the verb is in the negative, the indefinite article (**un, une, des**) becomes **de** or **d'**. Compare:

- J'ai **une** radio.   Je n'ai pas **de** radio.
- J'ai **un** ami.   Je n'ai pas **d'**ami.
- J'ai **des** disques.   Je n'ai pas **de** disques.

═Préparation ════════════════════════

A. Pas moi!   Anne-Marie is telling her parents about all the things that her best friend's family has. Tell what she says.

> MODÈLE   un vélomoteur
> **Ils ont un vélomoteur.**

1. une radio
2. une guitare
3. une télévision
4. des disques

5. un chien
6. une voiture
7. un vélomoteur
8. une moto

B. Est-ce que tu as . . . ?   Several students are asking each other if they have certain items. Tell what they say.

> MODÈLE   Michel / un stylo
> **Est-ce que Michel a un stylo?**

1. vous / un cahier
2. tu / un crayon
3. nous / des disques

4. Annette / un livre de maths
5. Jean et Suzanne / une radio

C. Possessions.

> MODÈLE   Based on the illustrations, tell what everyone has.

Je . . . .   **J'ai un chien.**

1.

2.

André . . . .   Les étudiants . . . .

3.

Je . . . .

4.

Vous . . . .

5.

Tu . . . .

6.

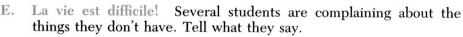

Nous . . . .

D. **Il n'est pas riche!** Alain is feeling sorry for Hervé who does not have some of the things that he would like to have. What does Alain say?

> MODÈLE chien
> **Il n'a pas de chien.**

1. vélo
2. vélomoteur
3. télévision
4. radio
5. guitare
6. disques
7. livres
8. chien

E. **La vie est difficile!** Several students are complaining about the things they don't have. Tell what they say.

> MODÈLE je / chien
> **Je n'ai pas de chien.**

1. tu / voiture de sport
2. Madeleine / vélo
3. je / moto
4. nous / télévision
5. les étudiants / livres
6. vous / guitare

F. **La famille Legrand.** Suzanne is asking Michel Legrand about some of the things that his family has. Give Michel's answers.

> MODÈLE Est-ce que vous avez une maison? (oui)
> **Oui, nous avons une maison.**

1. Est-ce que vous avez une voiture? (oui)
2. Est-ce que vous avez une télévision? (non)

3. Est-ce que vous avez un vélomoteur? (non)
4. Est-ce que vous avez une radio? (oui)
5. Est-ce que vous avez un chien? (non)
6. Est-ce que vous avez un magasin? (non)
7. Est-ce que vous avez des problèmes? (non)
8. Est-ce que vous avez des amis? (oui)

Communication

A. **Moi, j'ai . . .** Using vocabulary that you know, make a list of five things that you have and five things that you don't have.

> EXEMPLE Moi, j'ai une sœur, mais je n'ai pas de frères.

B. **Interview.** Using vocabulary you have learned, make questions to ask other students. Then have them answer your questions.

> EXEMPLE vélo
> Est-ce que tu as un vélo?

1.	vélomoteur	4.	sœurs	7.	radio
2.	guitare	5.	disques	8.	télévision
3.	frères	6.	voiture	9.	moto

C. **Jeu de mémoire.** One student starts by naming a classroom object; the next student repeats what the first student said and adds another item, etc. See how long you can keep the game going.

> EXEMPLE Nous avons un tableau.
> Nous avons un tableau et des affiches.
> Nous avons un tableau, des affiches, et des livres.

Compare the following photos of a typical French school and a typical American school. Then answer these questions.

1. How do students get to school?
2. How are the school buildings different?
3. Are students dressed the same?

EXPLORATION

⚜ **DESCRIBING PEOPLE AND THINGS**
USING REGULAR ADJECTIVES

Présentation

As you saw in Chapter 2, adjectives are used to describe. An adjective in French must agree in number and in gender with the noun that it modifies. Usually the adjective follows the noun.

	SINGULAR	PLURAL
Masculine	un livre **intéressant**	des livres **intéressants**
Feminine	une affiche **intéressante**	des affiches **intéressantes**

As you also saw in Chapter 2, some adjectives change form to agree in number, but do not change form to agree in gender. Most adjectives in French, however, have different masculine and feminine forms.

A. *Adjectives that end in a silent consonant*

The final consonant is pronounced in the feminine form and is silent in the masculine form. Some important adjectives of this type are:

	feminine		**masculine**	
une étudiante	américaine	un étudiant	américain	
	amusante		amusant	(funny, amusing)
	contente		content	
	élégante		élégant	
	embêtante		embêtant	(annoying)
	française		français	
	intelligente		intelligent	
	parfaite		parfait	(perfect)
	patiente		patient	

B. *Adjectives that end in a vowel*

The masculine and feminine forms of adjectives that end in a vowel are pronounced the same.

feminine	**masculine**	
compliquée	compliqué	(complicated)
fatiguée	fatigué	(tired)
jolie	joli	(pretty, good-looking)
polie	poli	(polite)

C. Adjectives that come before nouns

Only a few adjectives in French, such as **petit, grand,** and **joli,** come before the noun they describe.

	feminine			**masculine**		
une	petite	ville	un	petit	magasin	(small)
une	grande	ville	un	grand	magasin	(large, big)
une	jolie	ville	un	joli	magasin	(pretty)

Préparation

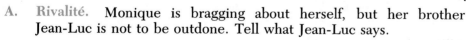

A. Rivalité. Monique is bragging about herself, but her brother Jean-Luc is not to be outdone. Tell what Jean-Luc says.

> MODÈLE   Je suis intelligente.
> **Moi aussi, je suis intelligent.**

1. Je suis polie.
2. Je suis contente.
3. Je suis patiente.
4. Je suis grande.
5. Je suis amusante.
6. Je suis élégante.
7. Je suis intéressante.
8. Je suis parfaite.

B. Comparaisons. Several students are comparing two teachers, Madame Ladouée and Monsieur Cassepieds. Tell what they say.

> MODÈLE   Il n'est pas intéressant.
> **Elle est intéressante.**

1. Il n'est pas intelligent.
2. Il n'est pas patient.
3. Il n'est pas élégant.
4. Il n'est pas amusant.
5. Il n'est pas poli.
6. Il n'est pas content.

C. **Toi et moi.** Vincent and Danielle are talking about some of the things they have and people they know. Using the cues provided, tell how Danielle responds to Vincent's statements.

> MODÈLE J'ai un vélo américain. (français)
> **Moi, j'ai un vélo français.**

1. J'ai des disques formidables. (intéressant)
2. J'ai une petite sœur. (grand)
3. J'ai des amis amusants. (embêtant)
4. J'ai une vie intéressante. (compliqué)
5. J'ai des amis français. (américain)
6. J'ai une voiture américaine. (français)
7. J'ai une grande maison. (joli)

D. **Tout le monde.** Several students are talking and asking questions about their friends. Tell what they say.

> MODÈLE Le professeur est fatigué. Et les étudiants?
> **Les étudiants sont fatigués aussi.**

1. Michel est content. Et les frères de Michel?
2. Le professeur est parfait. Et les étudiants?
3. Paul est embêtant. Et les sœurs de Paul?
4. Christine est intelligente. Et les parents de Christine?
5. Hélène est patiente. Et les frères d'Hélène?
6. Sylvie est française. Et Jacques et Nicole?

═ Communication ═══════════════

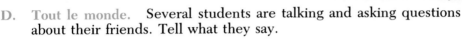

A. **Descriptions.** What do you think about the following? Complete these statements with one or more of the adjectives that you know.

1. Je suis _____.
2. Je ne suis pas _____.
3. Les professeurs sont _____.
4. Les professeurs ne sont pas _____.
5. Nous les étudiants, nous sommes _____.
6. Nous les étudiants, nous ne sommes pas _____.

B. **Possessions.** Using at least six of the illustrations, describe some of the things that you or people you know have. Begin each sentence with a form of **avoir** and use an adjective.

EXEMPLES J'ai un vélomoteur français.
Robert a des amies sympathiques.

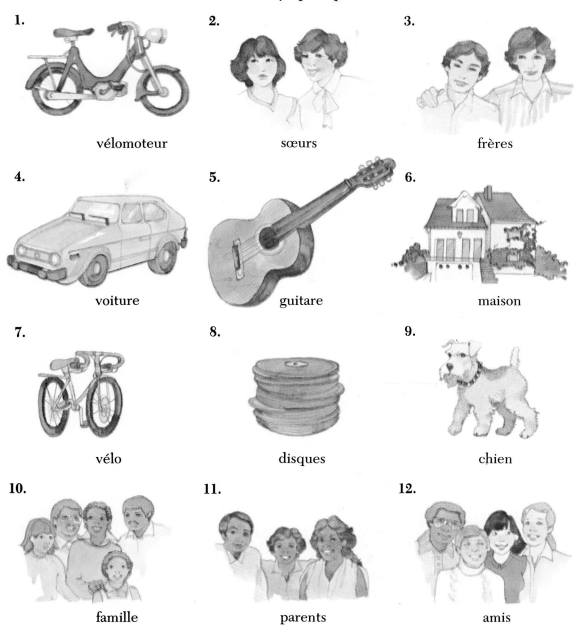

1. vélomoteur

2. sœurs

3. frères

4. voiture

5. guitare

6. maison

7. vélo

8. disques

9. chien

10. famille

11. parents

12. amis

C. **C'est une école formidable!** Using the suggestions below, form sentences that express your opinions about your school. Make sure that your adjectives agree.

> EXEMPLES   Nous avons des examens difficiles.
> Nous n'avons pas de classes embêtantes.

Nous avons . . .
Nous n'avons pas . . .

un	école	sympathique
une	professeurs	facile
des	examens	difficile
de	livres	intéressant
d'	amis	patient
	classes	intelligent
	disques	amusant
	étudiants	embêtant
	professeur de français	parfait
		compliqué
		français
		formidable

Interlude/Lecture

Sometimes when we read (or listen to someone) a meaning emerges from the overall passage. The details add up to a general message. Read the following paragraph and determine Jean-Pierre's overall impression of his English teacher. How do you know whether he likes him or not?

J'ai un professeur d'anglais qui est assez sympathique. Il aime les étudiants intelligents, mais il n'est pas patient avec les étudiants qui ne travaillent pas. Il est sévère, c'est vrai, mais la classe et le professeur sont intéressants. Il n'est pas parfait, mais j'aime la classe d'anglais.

EXPLORATION

⚜ INDICATING WHAT WE HAVE
POSSESSIVE ADJECTIVES

═ Présentation ════════════════════════════

You have already learned one way to indicate possession. For example, **la maison de Marie-Claire** means *Marie-Claire's house*. Another way to indicate what we have or possess is to use possessive adjectives (my, your, his, her, etc.). Possessive adjectives are among the most useful and most widely used words in French. Study the following possessives.

	SINGULAR		PLURAL
	Masculine	**Feminine**	
my	mon frère	ma sœur	mes frères mes sœurs
your	ton frère	ta sœur	tes frères tes sœurs
his/her	son frère	sa sœur	ses frères ses sœurs

Like any other adjective, the possessive adjective must agree in number and in gender with the noun it modifies. A feminine noun that begins with a vowel sound, such as **amie** or **histoire,** is an exception. In this case, **mon, ton,** and **son** are used.

mon‿affiche   ton‿histoire   son‿amie

The use of **son, sa,** or **ses** depends only on the gender and number of the noun it modifies. Each can mean *his*, *her*, or *its*.

- Robert aime **sa** voiture.
  Robert likes *his* car.

- Monique aime **sa** voiture.
  Monique likes *her* car.

- Il aime **son** style.
  He likes *its* style.

- Elle aime **son** style.
  She likes *its* style.

Préparation

A. Possessions. Michel is showing Alain pictures of his family and some of the things that are important in his life. Tell what he says.

MODÈLE

Voilà mon vélomoteur.

1.

2.

3.

4.

5.

6.

B. **Questions.** Alain then asks Michel about other photos. Using the cues provided, give his questions.

> MODÈLE frère   livres
> **C'est ton frère?**   **Ce sont tes livres?**

1. amis
2. parents
3. vélo
4. radio
5. livre de maths
6. frères
7. voiture
8. famille

C. **Vocabulaire français.** Alex has just arrived in Geneva to visit André. He is trying out his French by asking questions about things in André's house. What does André answer?

> MODÈLE C'est ta moto?
> **Oui, c'est ma moto.**
>
> Ce sont tes cahiers?
> **Oui, ce sont mes cahiers.**

1. C'est ton chien?
2. C'est ton affiche?
3. Ce sont tes disques?
4. Ce sont tes cassettes?
5. C'est ton cahier?
6. C'est ton vélo?
7. C'est ta chaise?
8. C'est ton bureau?
9. C'est ta voiture?
10. C'est ta radio?

D. **Curiosité.** Jean and Micheline are walking to school. Jean asks Micheline about various people and things. Give Micheline's answers.

> MODÈLE C'est le vélomoteur de Jeannette? (oui)
> **Oui, c'est son vélomoteur.**
>
> Ce sont les cahiers de Raymond? (oui)
> **Oui, ce sont ses cahiers.**

1. C'est l'ami de Paul? (oui)
2. C'est le frère de Brigitte? (non)
3. C'est le frère de Robert? (oui)
4. C'est la moto de Pierre? (oui)
5. Ce sont les sœurs d'Anne? (oui)
6. Ce sont les parents de Mimi? (non)
7. C'est l'école de Jean-Luc? (oui)
8. C'est l'école de Marianne? (oui)

Communication

A. Descriptions. Using words from each column, create sentences describing each of the following people and things. Be sure your adjectives agree.

> EXEMPLE   Ma vie est amusante.
> Mes parents sont sympathiques.

	maison		grand
	amis		petit
	parents		intéressant
	école	est	compliqué
Mon	vie	sont	sympathique
Ma	professeurs	n'est pas	fatigué
Mes	classes	ne sont pas	amusant
	ville		joli
	voiture		parfait
	sœur(s)		embêtant
	frère(s)		patient
			content
			intelligent

B. Questions. Make questions to ask other students about some things they have or people they know.

> EXEMPLE   parents / sympathiques
> Est-ce que tes parents sont sympathiques?

1. professeur de français / patient
2. amis / sympathiques
3. examens / faciles
4. ville / jolie
5. vie / compliquée
6. classes / intéressantes

C. Comment est . . . ? Make up questions to ask another student about the following aspects of his or her life. The other student will answer your questions using statements like those in the *Exemple*.

> EXEMPLE   sa maison
> Comment est ta maison?
> Ma maison est petite.

1. sa vie
2. ses amis
3. ses professeurs
4. ses classes
5. ses parents
6. sa maison

Even when you know very little French, you are able to say nice things to people you know. Using the adjectives listed below, create compliments you might give to a French friend about each of the nouns given. Be sure to make your adjectives agree.

EXEMPLE   amis
Tes amis sont intéressants.

joli   élégant   intéressant
formidable   amusant   poli
sympathique grand   parfait

1. sœur   3. disques   5. maison
2. frères   4. parents   6. amies

EXPLORATION

**ASKING AND TELLING HOW MANY
USING NUMBERS FROM 20–59**

Présentation

20	vingt	30	trente	40	quarante	50	cinquante
21	vingt et un	31	trente et un	41	quarante et un	51	cinquante et un
22	vingt-deux	32	trente-deux	42	quarante-deux	52	cinquante-deux
23	vingt-trois	33	trente-trois	43	quarante-trois	53	cinquante-trois
24	vingt-quatre	34	trente-quatre	44	quarante-quatre	54	cinquante-quatre
25	vingt-cinq	35	trente-cinq	45	quarante-cinq	55	cinquante-cinq
26	vingt-six	36	trente-six	46	quarante-six	56	cinquante-six
27	vingt-sept	37	trente-sept	47	quarante-sept	57	cinquante-sept
28	vingt-huit	38	trente-huit	48	quarante-huit	58	cinquante-huit
29	vingt-neuf	39	trente-neuf	49	quarante-neuf	59	cinquante-neuf

To talk about age, numbers are used with the verb **avoir** and the noun
ans (*years*). Study the following questions and answers about age.

Quel âge est-ce que vous avez?
J'ai quinze ans.

How old are you?
I'm fifteen years old.

Quel âge a le professeur?
Elle a vingt-neuf ans.

How old is the teacher?
She's twenty-nine years old.

To talk about how many things there are, **combien de** (*how much, how
many*) is used with **il y a** (*there is, there are*).

Combien d'étudiants est-ce qu'il y a dans la classe?
Il y a trente-deux étudiants dans la classe.

A. **Quel âge ont-ils?** Annick has found out the age of her teachers. What does she say?

> MODÈLE   Monsieur Dupont / 42
> **Monsieur Dupont a quarante-deux ans.**

1. Madame Legrand / 53
2. Mademoiselle Jeanson / 24
3. Monsieur Bonnot / 48
4. Madame Bonnot / 46
5. Monsieur Gros / 59
6. Madame Riboud / 33
7. Madame Marin / 27
8. Monsieur Marin / 25
9. Mademoiselle Germain / 31
10. Madame Vilars / 44

B. **Distances.** Students who live in an **internat** are telling how far home is from school. What do they say?

> MODÈLE   33 km
> **trente-trois kilomètres**

1. 55 km
2. 41 km
3. 26 km
4. 39 km
5. 48 km
6. 51 km
7. 47 km
8. 32 km

C. **Combien d'argent as-tu?** Some friends want to go out and are telling how much money they have to spend. What do they say?

> MODÈLE   Robert / 25 francs
> **Robert a vingt-cinq francs.**

1. je / 33 francs
2. Micheline et Anne / 50 francs
3. tu / 29 francs
4. Robert / 35 francs
5. nous / 46 francs
6. vous / 31 francs
7. Jean / 42 francs
8. Paulette / 21 francs

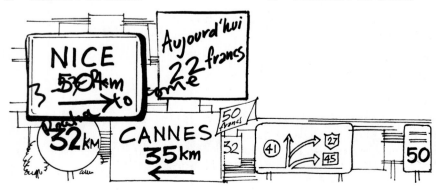

Communication

A. **Les Sports.** Imagine that you are a sportscaster for Radio Canada and are giving the scores of professional football games. What would you say?

B. **Petits problèmes.** Using the numbers 1–59, create math problems to give to other students.

> EXEMPLES   Combien font quarante plus neuf?
> Combien font cinquante et un moins dix?

C. **Questions/Interview.** Answer the following questions or use them to interview another student.

1. Quel âge est-ce que tu as?
2. Quel âge a ton professeur de mathématiques?
3. Combien de frères et de sœurs est-ce que tu as?
4. Quel âge ont-ils?
5. Combien de classes est-ce que tu as?
6. Combien d'étudiants est-ce qu'il y a dans ta classe de français?
7. Combien d'étudiants est-ce qu'il y a dans ta classe d'anglais?
8. Combien d'étudiants est-ce qu'il y a dans ta classe de maths?

PERSPECTIVES

 L'Album de famille de Jacqueline Morel

★ Paris

FRANCE

Grenoble ◉

Voilà mon <u>père</u>, ma <u>mère</u> et mes frères et sœurs. Nous avons aussi un chien, mais il n'est pas <u>sur</u> la photo.

father/mother

on, in

<u>Là</u>, ce sont mes grands-parents. Ils habitent à Grenoble. Ils sont <u>encore</u> jeunes. Ma grand-mère adore <u>voyager</u>,* mais mon grand-père préfère <u>rester à</u> la maison.

there
still
travel
stay/at

*Voyager is a regular -er verb except in the first person plural where an e is added: nous voyageons.

Là, c'est ma cousine Françoise. Elle est professeur d'anglais dans un <u>lycée</u>. Elle n'est pas contente <u>parce</u> qu'elle a quarante-deux étudiants dans sa classe.

secondary school
because

Voilà ma <u>tante</u> et mon <u>oncle</u>. Ils ont trois <u>enfants</u>: Patrick qui a dix-huit ans, Colette qui a quinze ans, et Bernadette qui a <u>seulement</u> dix ans. J'aime bien mes cousins. Ils sont sympa!

aunt/uncle
children

only

COMPRÉHENSION

Answer the following questions about Jacqueline Morel's family.

1. Est-ce que Jacqueline a des frères et des sœurs?
2. Est-ce que sa famille a un chien?
3. Est-ce que le chien est sur la photo?
4. Où est-ce que ses grands-parents habitent?
5. Est-ce que sa grand-mère aime rester à la maison?
6. Est-ce que sa cousine Françoise est professeur d'histoire?
7. Combien d'étudiants est-ce qu'il y a dans la classe de Françoise?
8. Est-ce que sa tante et son oncle ont des enfants?
9. Est-ce que Jacqueline a trois cousins?

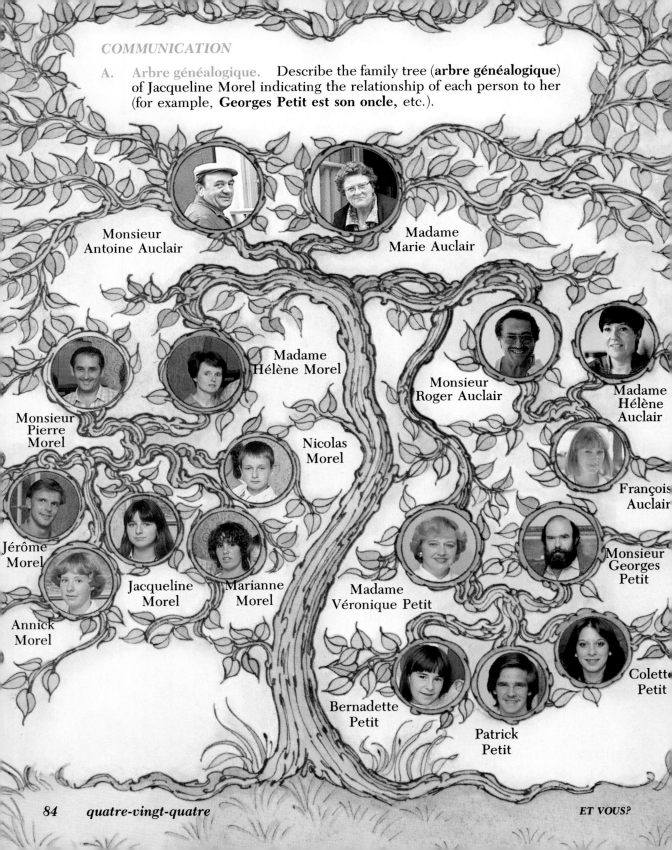

COMMUNICATION

A. **Arbre généalogique.** Describe the family tree (**arbre généalogique**) of Jacqueline Morel indicating the relationship of each person to her (for example, **Georges Petit est son oncle,** etc.).

Monsieur Antoine Auclair

Madame Marie Auclair

Madame Hélène Morel

Monsieur Roger Auclair

Madame Hélène Auclair

Monsieur Pierre Morel

Nicolas Morel

François Auclair

Jérôme Morel

Jacqueline Morel

Marianne Morel

Madame Véronique Petit

Monsieur Georges Petit

Annick Morel

Bernadette Petit

Patrick Petit

Colette Petit

B. **Ma famille.** Using the *Perspectives* as a guide, describe your own family. You can use your family tree or family photos to illustrate your description.

EXEMPLE   Voilà mon frère Gilbert. Il a treize ans, et il est très sympa.

C. **Compliments.** Using adjectives that you have learned, make compliments to give to the following people.

EXEMPLE   à ton professeur de français
Vous êtes très sympathique, et la classe est intéressante.

1. à un de tes amis
2. à une de tes amies
3. à ton professeur d'anglais
4. à ton frère ou à ta sœur
5. à tes parents
6. à la mère d'une de tes amies
7. au frère d'un de tes amis
8. à la sœur d'une de tes amies

D. **Lettre à une amie française.** A French friend has asked you the following questions in her last letter. What will you answer?

1. Comment est ta maison? Est-ce que c'est une grande maison ou une petite maison? Est-ce qu'elle est jolie?
2. Comment est ta ville? Est-ce que c'est une grande ou une petite ville? Est-ce que c'est une jolie ville?
3. Comment est ton école? Est-ce que c'est une grande ou une petite école? Est-ce que les professeurs sont intéressants?
4. Comment sont tes classes? Est-ce que ce sont des classes intéressantes? Est-ce que les examens sont faciles ou difficiles? Combien d'étudiants est-ce qu'il y a?
5. Comment sont tes frères ou tes sœurs? Quel âge ont-ils?

VOCABULAIRE DU CHAPITRE

NAMES OF FAMILY MEMBERS
- **le cousin** (*m*) cousin
- **la cousine** (*f*) cousin
- **l'enfant** (*m* or *f*) child
- **la famille** family
- **le frère** brother
- **la grand-mère** grandmother
- **les grands-parents** (*m*) grandparents
- **le grand-père** grandfather
- **la mère** mother
- **l'oncle** (*m*) uncle
- **les parents** relatives, parents
- **le père** father
- **la sœur** sister
- **la tante** aunt

NOUNS REFERRING TO OUR SURROUNDINGS
- **le lycée** French secondary school
- **la maison** house
- **la rue** street
- **la ville** city

NOUNS REFERRING TO THINGS WE MAY HAVE
- **l'album** (*m*) album
- **l'ami** (*m*) friend
- **l'amie** (*f*) friend
- **le chien** dog
- **le franc** unit of French money
- **la guitare** guitar
- **la photo** photograph
- **le problème** problem
- **le vélo** bicycle
- **le vélomoteur** moped

OTHER NOUNS
- **l'âge** (*m*) age
- **l'an** (*m*) year
- **le kilomètre** kilometer
- **la vie** life

ADVERBS
- **assez** rather
- **encore** again, yet
- **là** there, over there
- **seulement** only

VERBS
- **avoir** to have
- **marcher** to operate, run, work
- **rester** to stay
- **voyager** to travel

DESCRIPTIVE ADJECTIVES
- **américain** American
- **amusant** funny, entertaining
- **compliqué** complex, complicated
- **content** happy
- **élégant** elegant
- **embêtant** annoying
- **fatigué** tired
- **français** French
- **grand** tall, big
- **intelligent** intelligent
- **intéressant** interesting
- **joli** pretty, good-looking
- **parfait** perfect
- **patient** patient
- **petit** small
- **poli** polite

OTHER WORDS AND EXPRESSIONS
- **de temps en temps** from time to time
- **il y a** there is, there are
- **parce que** because
- **qui** that, who
- **sur** on
- **voilà** here is, here are, there is, there are

QUATRIÈME CHAPITRE

Making Plans

INTRODUCTION

C'est le week-end!

Didier is talking with his friend, Nicolas, about their plans for the weekend.

DIDIER	Qu'est-ce qu'on va faire aujourd'hui?	we/are going/to do/today
NICOLAS	On regarde le match France-Italie à la télé?	game
DIDIER	Ah, non alors! Rester à la maison, c'est embêtant.	not that
	Mais j'ai une idée. On va à la plage.	idea/beach
	Tu es d'accord?	do you agree
NICOLAS	D'accord! Et on va faire un pique-nique aussi?	okay
DIDIER	Oui. Mais qu'est-ce qu'on va manger?*	to eat
NICOLAS	Je ne sais pas .... On va regarder dans le frigo.	short for
		réfrigérateur
DIDIER	Qu'est-ce qu'il y a?	
NICOLAS	Des épinards et des carottes! Pouah!	spinach/yuk

***Manger,** like **voyager,** is a regular **-er** verb except in the first person plural where an **e** is added: **nous mangeons.**

COMPRÉHENSION

Tell whether the following statements are true (**vrai**) or false (**faux**).

1. Didier n'aime pas rester à la maison.
2. Didier préfère faire un pique-nique à la plage.
3. Mais son ami Nicolas n'est pas d'accord.
4. Il y a des carottes et des épinards dans le frigo.
5. Nicolas adore les carottes et les épinards.

COMMUNICATION

A. **Nous aussi, on va faire un pique-nique.** Imagine that you and some friends are planning a picnic. With another student or group of students, plan what you are going to do. Answer each question using one or more of the choices provided.

1. Où est-ce qu'on va aller?

à la piscine à la montagne à la campagne à la plage

2. Qu'est-ce qu'on va manger?

des sandwiches (*m*) des fruits (*m*) des légumes (*m*) des hamburgers (*m*)

3. Et qu'est-ce qu'on va faire?

apporter une guitare acheter* des hot-dogs jouer nager

B. C'est décidé! Now that you have made plans for your picnic, decide what you would like to do. For example, you might want to bring or buy something. Begin each sentence with **je voudrais** (*I would like*).

Je voudrais . . .   organiser le pique-nique   apporter ma guitare
                     préparer des sandwiches   apporter ma radio
                     acheter des fruits et des légumes   inviter les autres

*Although **acheter** has regular **-er** verb endings, the first **e** adds an **accent grave** in all but the first and second person plural: **j'achète, tu achètes, il/elle achète, nous achetons, vous achetez, ils/elles achètent.**

EXPLORATION

TALKING ABOUT FUTURE PLANS AND INTENTIONS
ALLER PLUS INFINITIVE

Présentation

To indicate future plans or intentions (what you are going to do), the verb **aller** (*to go*) is used. It is also used to indicate movement or travel to a place. Like **être** and **avoir,** it is irregular. Here are its forms.

aller

je	**vais**		nous	**allons**
tu	**vas**		vous	**allez**
il/elle	**va**		ils/elles	**vont**

- Est-ce que vous allez à la piscine?
- Non, nous n'allons pas à la piscine.
- Nous allons à la plage.

When used to express future plans or intentions, **aller** is followed directly by an infinitive. Note the placement of the **ne** . . . **pas** in a negative sentence.

- Ils vont jouer.
- Je ne vais pas travailler.
- Est-ce que Georges va étudier?
- Nous n'allons pas manger.

Vocabulaire

Here are some expressions of time useful in talking about future plans or intentions.

aujourd'hui	today	**pendant les vacances**	during vacation
demain	tomorrow	**la semaine prochaine**	next week
après l'école	after school	**le week-end prochain**	next weekend

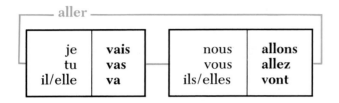

A. Projets. Anne-Marie is telling some friends what she plans to do tomorrow. What does she say?

> MODÈLE   travailler
> **Je vais travailler.**

1. aller à la piscine
2. étudier
3. acheter des livres

4. écouter la radio
5. regarder la télé
6. inviter des amis

B. Après l'école. Roger's mother is asking him about what he is going to do after school. Give her questions.

> MODÈLE   jouer avec tes amis
> **Tu vas jouer avec tes amis?**

1. aller à la plage
2. aller à la piscine
3. étudier

4. manger à la maison
5. travailler
6. écouter la radio

C. Ah, non alors! Sophie and Denise are very outspoken about what they don't want to do. Tell what they say.

> MODÈLE   rester à la maison
> **Ah, non alors! Nous n'allons pas rester à la maison.**

1. étudier aujourd'hui
2. travailler pendant les vacances
3. chanter

4. préparer des sandwiches
5. manger des épinards
6. inviter Hervé

D. Qu'est-ce qu'on va faire? Pierre is asking what his friends are going to do this weekend. Give his questions.

> MODÈLE   Liliane?
> **Qu'est-ce que Liliane va faire?**

1. Lucette et Anne?
2. Paul?

3. Et toi?
4. Et vous?

5. Et nous?
6. Et moi?

E. Après l'école. Several students are talking about what they are going to do after school. Tell what they say.

MODÈLE   Jean . . .
Jean va travailler.

1.

Nous . . . .

2.

Mes amis . . . .

3.

Tu . . . .

4.

Je . . . .

5.

Paul . . . .

6.

Vous . . . .

F. **C'est embêtant!** Hervé isn't having any luck finding someone to do something with this weekend. Give his friends' answers to his questions.

> MODÈLE Vous allez rester à la maison?
> **Non, nous n'allons pas rester à la maison.**

1. Tu vas aller à la plage?
2. Marc va écouter des disques?
3. Vous allez faire un pique-nique?
4. On va aller danser?
5. Tes parents vont rester à la maison?
6. Nous allons regarder la télé?
7. On va aller à la piscine?

═ Communication ═

A. **Projets.** Tell which of the following activities you are going to do and which you are not going to do this weekend. Share your plans with other students.

> EXEMPLE Moi, je ne vais pas travailler. Et toi?

1. travailler
2. acheter des disques
3. regarder la télévision
4. étudier
5. aller à la plage
6. aller à la piscine
7. faire un pique-nique
8. rester à la maison
9. aller danser
10. jouer

B. **Demain.** Using the vocabulary you know, choose one thing that you are going to do tomorrow. Other students will try to guess what you plan to do by asking you yes-or-no questions.

> EXEMPLE Est-ce que tu vas regarder la télévision?
> Est-ce que tu vas rester à la maison?

Régine, a French high school student, and Wade, an American student, both enjoy going on picnics with friends and family. But picnics mean different things to each of them. Look at the scenes below and point out the similarities and differences you see between a French **pique-nique** and an American picnic.

EXPLORATION

TALKING ABOUT GOING PLACES
THE PREPOSITION À

═Présentation ═══════════════════════════════════════

To indicate the place where you are or where you are going, the preposition à usually is used. Its meaning is similar to *at*, *to*, or *in*.

- Aujourd'hui, je vais **à** la maison.
- Demain, je vais **à** Nice.
- Maintenant, nous sommes **à** Paris.
- Aujourd'hui, Jacques va **à** un pique-nique.
- Est-ce que tu vas **à** ta classe d'histoire?

When **à** is used with the definite article **le** or **les,** certain contractions occur.

à + la = à la	à + l' = à l'	à + le = **au**	à + les = **aux**

| Tu vas **à** la maison. | Paul va **à** l'école. | Nous allons **au** cinéma. | Elle va souvent **aux** matchs. |

Vocabulaire

Below is some useful vocabulary for talking about where you may want to go.

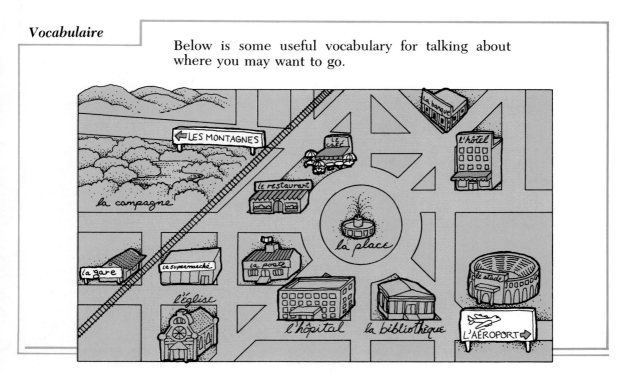

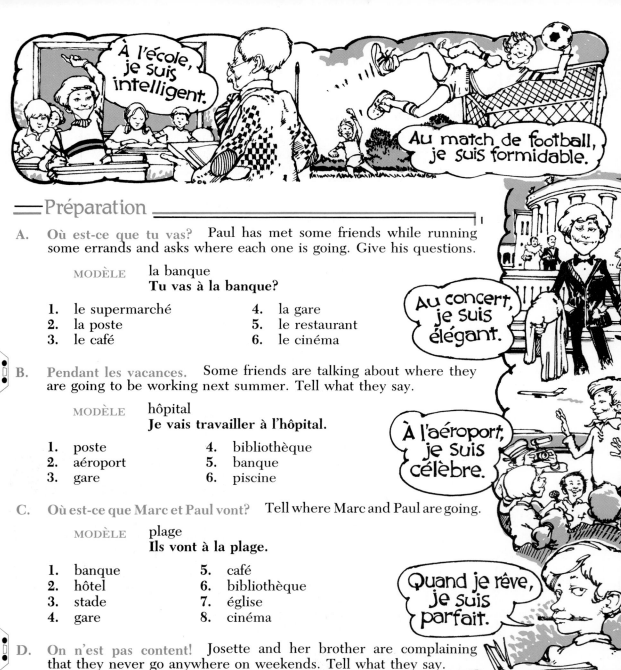

À l'école, je suis intelligent.

Au match de football, je suis formidable.

Au concert, je suis élégant.

À l'aéroport, je suis célèbre.

Quand je rêve, je suis parfait.

Préparation

A. Où est-ce que tu vas? Paul has met some friends while running some errands and asks where each one is going. Give his questions.

MODÈLE la banque
Tu vas à la banque?

1. le supermarché
2. la poste
3. le café
4. la gare
5. le restaurant
6. le cinéma

B. Pendant les vacances. Some friends are talking about where they are going to be working next summer. Tell what they say.

MODÈLE hôpital
Je vais travailler à l'hôpital.

1. poste
2. aéroport
3. gare
4. bibliothèque
5. banque
6. piscine

C. Où est-ce que Marc et Paul vont? Tell where Marc and Paul are going.

MODÈLE plage
Ils vont à la plage.

1. banque
2. hôtel
3. stade
4. gare
5. café
6. bibliothèque
7. église
8. cinéma

D. On n'est pas content! Josette and her brother are complaining that they never go anywhere on weekends. Tell what they say.

MODÈLE campagne
Nous n'allons jamais à la campagne.

1. plage
2. montagne
3. aéroport
4. matchs
5. concert
6. restaurant
7. cinéma
8. stade

E. **Après l'école.** Tell where each student is going after school.

    MODÈLE   Nadine / piscine
                 Nadine va à la piscine.

1. Norbert / aéroport
2. Janine / école
3. Sabine / restaurant
4. Étienne / supermarché
5. Lucette / campagne
6. Yvette / concert
7. Odette / maison
8. Nadine / gare

Communication

A. **Préférences.** Find out if other students like to go to the following places.

    EXEMPLE   plage
                 Est-ce que tu aimes aller à la plage?

1. concert
2. piscine
3. cinéma
4. restaurant
5. campagne
6. montagne
7. matchs de football
8. école

B. **Habitudes.** Tell how often you go to the following places. Use **souvent, rarement, quelquefois,** or **jamais.**

    EXEMPLE   montagne
                 Je ne vais jamais à la montagne.

1. montagne
2. plage
3. concert
4. restaurant
5. campagne
6. matches de football
7. supermarché
8. banque
9. poste
10. bibliothèque

BOWLING DE PARIS

Jardin d'Acclimatation
Bois de Boulogne - Tél. 747-77-55
De 11 h à 2 h du matin.
Fréquenté par beaucoup d'étrangers,
le plus grand bowling de Paris.

C. **Interview.** Use the words and phrases below to find out when another student plans to visit the following places.

    EXEMPLE   cinéma aujourd'hui
                 Est-ce que tu vas au cinéma aujourd'hui?

1. supermarché après l'école
2. plage pendant les vacances
3. campagne le week-end prochain
4. stade demain
5. banque la semaine prochaine
6. poste aujourd'hui

As in the United States, people in France enjoy going to the beach or to the mountains. Study the map to locate popular beach and mountain vacation areas in France. Then indicate whether the statements below are true (**vrai**) or false (**faux**).

1. J'aime passer mes vacances à la plage; je voudrais aller à Biarritz.
2. Maurice va passer ses vacances à la montagne; il va aller à Nice.
3. Mes parents vont aller à Grenoble parce qu'ils adorent la plage.
4. Le week-end prochain nous allons à la montagne; nous allons à Deauville.
5. J'adore les montagnes; je passe mes vacances à Chamonix.
6. Pauline aime nager; elle va à La Baule.

EXPLORATION

⚜ *INDICATING WHEN*
THE DAYS OF THE WEEK

Présentation

In addition to telling what you are going to do, you often want to tell on what days you are going to do something or on what day of the week something usually happens. Study the days of the week indicated on this Canadian calendar.

dimanche *Sunday*	lundi *Monday*	mardi *Tuesday*	mercredi *Wednesday*	jeudi *Thursday*	vendredi *Friday*	samedi *Saturday*
	1	2	3	4	5	6
7	8	9	10	11	12	13
14	15	16	17	18	19	20
21	22	23	24	25	26	27
28	29	30				

To ask what day of the week it is, say:

- Quel jour est-ce aujourd'hui? C'est lundi.
- Quel jour sommes-nous? C'est mardi.

Normally the days of the week are used without an article:

- Dimanche prochain, nous‿allons faire un pique-nique.

To indicate, however, that an action happens repeatedly on a particular day, the definite article **le** is used.

- Paul va à l'église le dimanche.   Paul goes to church on Sundays.

Vocabulaire Here are other useful words for talking about when you do things.

le matin in the morning		**demain matin** tomorrow morning	
l'après-midi in the afternoon		**demain après-midi** tomorrow afternoon	
le soir in the evening		**demain soir** tomorrow evening	

jeudi matin   Thursday morning
samedi après-midi   Saturday afternoon
lundi soir   Monday evening

lundi · mardi · mercredi · jeudi · vendredi · samedi

Préparation

A. **Tu vas à la plage?** Robert is trying to find out when his friends are going to the beach. Give his questions.

> MODÈLE   lundi
> **Tu vas à la plage lundi?**

1. lundi
2. mardi
3. mercredi
4. jeudi
5. vendredi
6. samedi
7. dimanche

B. Une Semaine dans la vie de Jean-Louis. Jean-Louis's father wants to know what his son's plans are for this week. His mother answers him using Jean-Louis's weekly calendar. What does she say?

> MODÈLE   Quand est-ce qu'il va aller à la poste?
> **Il va aller à la poste lundi.**

lundi	mardi	mercredi	jeudi	vendredi	samedi	dimanche
étudier	aller à la banque et à la poste	travailler à la bibliothèque	manger au restaurant Café France	aller au concert avec Annie	acheter des disques	faire un pique-nique avec Janine

1. Quand est-ce qu'il va étudier?
2. Quand est-ce qu'il va faire un pique-nique?
3. Quand est-ce qu'il va acheter des disques?
4. Quand est-ce qu'il va travailler à la bibliothèque?
5. Quand est-ce qu'il va aller au concert?
6. Quand est-ce qu'il va manger au restaurant?

C. Habitudes. Monsieur and Madame Laroutine always follow a regular schedule. What do they say they do?

> MODÈLE   lundi / concert
> **Le lundi nous allons au concert.**

1. lundi / supermarché
2. mardi / banque
3. mercredi / restaurant
4. jeudi / piscine
5. vendredi / cinéma
6. samedi / campagne
7. dimanche / église

D. Interprète. Susan wants to write her French pen pal about some of the activities she likes. What does she write?

1. Tuesday evening I'm going to the swimming pool.
2. On Mondays I like to stay home.
3. I'm going to the movies on Friday night.
4. On Sundays I go to church with my parents.

Communication

A. **Visite d'un ami français.** Imagine that a French exchange student is spending a week with you. Plan different activities for each day of the week.

Jour de la semaine	Activité
lundi	
mardi	
mercredi	
jeudi	
vendredi	
samedi	
dimanche	

> EXEMPLE   Lundi nous allons manger au restaurant.

B. **Activités personnelles.** Using vocabulary you know, plan your evening activities for the coming week.

> EXEMPLE   Lundi soir je vais étudier.

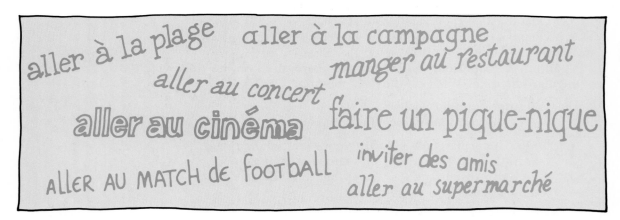

aller à la plage   aller à la campagne   manger au restaurant   aller au concert   aller au cinéma   faire un pique-nique   ALLER AU MATCH DE FOOTBALL   inviter des amis   aller au supermarché

After you have planned your activities, get together with other students and ask them yes-or-no questions to find out what they have planned for this week.

> EXEMPLES   Est-ce que tu vas au cinéma lundi soir?
> Est-ce que tu vas étudier lundi soir?

Interlude/Culture

While visiting her cousin in France, Susan has some problems because she doesn't know that the French do certain things on different days of the week than Americans do. Can you help her find the solutions to her problems?

ON VA À LA PLAGE?

SUSAN   On va à la plage samedi matin. Tu es d'accord?

DIDIER   Mais écoute, ce n'est pas possible.

SUSAN   Ce n'est pas possible . . . ? Je ne comprends pas.

Solutions Possibles

a. Most French young people don't like the outdoors; they prefer to read and discuss politics.
b. Didier would like to sleep late tomorrow because he's had a bad week.
c. French students have to go to school on Saturday mornings because they have Wednesday afternoons off.

ON VA AU MATCH DE FOOTBALL?

SUSAN   On va au match de football vendredi après-midi?

DIDIER   Je voudrais bien, mais ce n'est pas possible.

SUSAN   Mais qu'est-ce qu'on va faire alors?

Solutions Possibles

a. High school soccer games are usually played on Saturday nights in France.
b. Although the French are very interested in soccer, interscholastic games are usually played on Wednesday afternoons with few spectators.
c. Didier would rather go to the movies but is hesitant to say so.

ON VA À LA BANQUE?

SUSAN   Je voudrais aller à la banque lundi.

DIDIER   Lundi après-midi ce n'est pas possible!

SUSAN   Mais pourquoi?

Solutions Possibles

a. Many French stores and businesses are closed on Mondays.
b. Didier thinks that Susan already has enough cash.
c. You have to be a French citizen to use a French bank.

EXPLORATION

INDICATING WHEN
MONTHS AND DATES

Présentation

To talk about the various dates that matter to us, we need to know the months of the year (**les mois de l'année**). They are:

janvier	avril	juillet	octobre
février	mai	août	novembre
mars	juin	septembre	décembre

To say that something happens in a particular month, the preposition **en** is used. En juin, ils vont à la montagne. Nous n'allons pas à l'école en juillet et en août.	To identify a particular date, **le** + the number is used, except that **le premier (le 1er)** is used for the first day of the month. Nous allons à Paris le 6 avril. Nous avons un examen le 1er avril.
To ask the date say: Quelle est la date aujourd'hui? C'est le 14 janvier. Notice that **quel** (or **quelle**) is an adjective that agrees with the noun that it modifies. Note the double "l" in the feminine.	To ask when someone's birthday is, say: Quelle est la date de ton anniversaire? C'est le 17 mars.

A. **C'est quand ta fête?**   In France many people celebrate their saint's day (**la fête**) as well as their birthday. Use the calendar to tell in which month and on what day each of the following people celebrate their **fête**.

MODÈLE   Maurice
La fête de Maurice est le 22 septembre.

JANVIER ☽ 7 h 45 à 16 h 03	FÉVRIER ☽ 7 h 23 à 16 h 47	MARS ☽ 6 h 34 à 17 h 33	AVRIL ☽ 5 h 30 à 18 h 20	MAI ☽ 4 h 32 à 19 h 04	JUIN ☽ 3 h 54 à 19 h 44
1 J JOUR DE L'AN	1 D S* Ella	1 D S. Aubin	1 M S. Hugues	1 V FÊTE du TRAVAIL	1 L S. Justin
2 V S. Basile	2 L Presentation	2 L S. Charles le B	2 J S. Richard	2 S S. Boris	2 M S* Blandine ●
3 S S* Genevieve	3 M S. Blaise	3 M Mardi-Gras	3 V S. Richard	3 D SS Phil. Jacq.	3 M S. Kévin
4 D Epiphanie	4 M S* Veronique●	4 M Cendres	4 S S. Isidore ●	4 L S. Sylvain ●	4 J S* Clotilde
5 L S. Edouard	5 J S* Agathe	5 J S. Olive	5 D S* Irene	5 M S* Judith	5 V S. Igor
6 M S. Melaine ●	6 V S. Gaston	6 V S* Colette ●	6 L S. Marcellin	6 M S* Prudence	6 S S. Norbert
7 M S. Raymond	7 S S* Eugenie	7 S S* Felicite	7 M S. J-B. de la S.	7 J S* Gisele	7 D PENTECOTE
8 J S. Lucien	8 D S* Jacqueline	8 D Carême	8 M S* Julie	8 V S. Desiré	
9 V S* Alix	9 L S* Apolline	9 L S* Françoise R	9 J S. Gautier	9 S S. Pacôme ●	8 L S. Medard
10 S S. Guillaume	10 M S. Arnaud	10 M S. Vivien	10 V S. Fulbert	10 D Fête J.-d'Arc	9 M S* Diane ☽
11 D S. Paulin	11 M N-D Lourdes ☽	11 M S. Rosine	11 S S. Stanislas ☽	11 L S* Estelle	10 M S. Landry
12 L S* Tatiana	12 J S. Felix	12 J S. Justine	12 D Rameaux	12 M S. Achille	11 V S. Barnabe
13 M S* Yvette ☽	13 V S* Beatrice	13 V S. Rodrigue ☽	13 L S* Ida	13 M S* Rolande	12 V S. Guy
14 M S* Nina	14 S S. Valentin	14 S S* Mathilde	14 M S. Maxime	14 J S. Matthias	13 S S. Antoine de P.
15 J S. Remi	15 D S. Claude	15 D S* Louise de M	15 M S. Paterne	15 V S* Denise	14 D S. Elisee
16 V S. Marcel	16 L S* Julienne	16 L S* Benedicte	16 J S. Benoit-J	16 S S. Honore	15 L S. Germaine
17 S S* Roseline	17 M S. Alexis	17 M S. Patrice	17 V S. Anicet	17 D S. Pascal	16 M S. J.-F. Regis
18 D S* Prisca	18 M S* Bernadette	18 M S. Cyrille	18 S S. Parfait	18 L S. Eric ○	17 M S. Herve ○
19 L S. Marius	19 J S. Gabin	19 J S. Joseph	19 D PAQUES	19 M S. Yves ○	18 J S. Leonce
20 M S. Sebastien☽	20 V S* Aimee	20 V PRINTEMPS ○	20 L S* Odette	20 M S. Bernardin	19 V S. Romuald
21 M S* Agnes	21 S S. P. Damien	21 L S* Clemence	21 M S. Anselme	21 J S. Constantin	20 S S. Silvere
22 J S. Vincent	22 D S* Isabelle	22 D S* Lea	22 M S. Alexandre	22 V S. Emile	21 D Fête-Dieu ÉTÉ
23 V S. Barnard	23 L S. Lazare	23 L S. Victorien	23 J S. Georges	23 S S. Didier	22 L S. Alban
24 S S. Fr. de Sales	24 M S. Modeste	24 M S* Cath. de Su	24 V S. Fidele	24 D S. Donatien	23 M S. Audrey
25 D Conv. S. Paul	25 M S. Romeo	25 M Annonciation	25 S S. Marc		24 M S. Jean-Bapt.
26 L S* Paule	26 J S. Nestor	26 J S* Larissa	26 D Jour du Souv.	25 L S* Sophie	25 J S. Prosper ☾
27 M S* Angele	27 V S* Honorine ☾	27 V S. Habib	27 L S* Zita ☾	26 M S. Berenger ☾	26 V S. Anthelme
28 M S. Th. d'Aquin	28 S S. Romain	28 L S* Valerie	28 M S* Valerie	27 M S. Augustin	27 S S* Fernand
29 J S. Gildas		29 D S* Gwladys	29 M S* Cath. de Si	28 J ASCENSION	28 D S* Irenee
30 V S* Martine	Epacte 24 Lettre dominicale D Cycle solaire 2 Nbre d'or 6 Indiction romaine 4	30 L S* Amedee	30 J S. Robert	29 V S* Aymard	29 L SS. Pierre, Paul
31 S S* Marcelle		31 M S. Benjamin		30 S S. Ferdinand	30 M S. Martial
				31 D Fête des Mères	Fonderie CASLON Paris

JUILLET ☽ 3 h 53 à 19 h 56	AOUT ☽ 4 h 25 à 19 h 28	SEPTEMBRE ☽ 5 h 03 à 18 h 32	OCTOBRE ☽ 5 h 51 à 17 h 29	NOVEMBRE ☽ 6 h 39 à 16 h 29	DECEMBRE ☽ 7 h 24 à 15 h 55
1 M S. Thierry ●	1 S S. Alphonse	1 M S. Gilles	1 J S* Th. de E.-J	1 D TOUSSAINT	1 M S* Florence
2 J S. Martinien	2 D S. Julien-Ey	2 M S* Ingrid	2 V S. Leger	2 L Défunts	2 V S* Viviane
3 V S. Thomas	3 L S* Lydie	3 J S. Gregoire	3 S S. Gerard	3 M S. Hubert	3 S S. Xavier
4 S S. Florent	4 M S. J-M Vian	4 V S* Rosalie	4 D S. Fr-d'Assise	4 M S. Charles	4 D S* Barbara ☽
5 D S. Antoine-M	5 M S. Abel	5 S S* Raissa	5 L S* Fleur	5 J S* Sylvie ☽	5 L S. Gerald
6 L S* Mariette-G	6 J Transfiguration	6 D S. Bertrand ☽	6 M S. Bruno ☽	6 V S* Bertille	6 D S. Nicolas
7 M S. Raoul	7 V S. Gaetan ☽	7 L S* Reine	7 M S. Serge	7 S S* Carine	7 L S. Ambroise
8 M S. Thibaut	8 S S. Dominique	8 M Nativite N-D	8 J S* Pelagie	8 D S. Geoffroy	8 M Imm. Concept.
9 J S* Amandine ☽	9 D S. Amour	9 M S. Alain	9 V S. Denis	9 L S. Theodore	9 M S. P.-Fourier
10 V S. Ulrich	10 L S. Laurent	10 J S* Ines	10 S S. Ghislain	10 M S. Leon ○	10 J S. Romaric
11 S S. Benoit	11 M S* Claire	11 V S* Adelphe	11 D S. Firmin	11 M ARMISTICE ○	11 V S. Daniel ○
12 D S. Olivier	12 M S* Clarisse	12 S S. Apollinaire	12 L S. Wilfried	12 J S. Christian	12 S S* Jeanne-F.C.
13 L SS. Henri, Joel	13 J S. Hippolyte	13 D S. Aime	13 M S. Geraud ○	13 V S. Brice	13 D S* Lucie
14 M FÊTE NATIONALE	14 V S. Evrard	14 L La S*-Croix	14 M S. Juste	14 S S. Sidoine	14 L S* Odile
15 M S. Donald	15 S ASSOMPTION	15 M S. Roland	15 J S* Th. d'Avila	15 D S. Albert	15 M S* Ninon
16 J N-D Mt Carm.	16 D S. Armel	16 M S* Edith	16 V S* Edwige	16 L S* Marguerite	16 M S* Alice
17 V S* Charlotte	17 L S. Hyacinthe	17 J S. Renaud	17 S S. Baudouin	17 M S* Elisabeth	17 J S* Gael
18 S S. Frederic	18 M S* Helene	18 V S* Nadege	18 D S. Luc	18 M S* Aude ☾	18 V S. Gatien ☾
19 D S. Arsene	19 M S. Jean Eudes	19 S S* Emilie	19 L S. Rene	19 J S. Tanguy	19 S S. Urbain
20 L S* Marina	20 J S. Bernard	20 D S. Davy	20 M S* Adeline ☾	20 V S. Edmond	20 D S. Abraham
21 M S. Victor	21 V S. Christophe	21 L S. Matthieu	21 M S* Celine	21 S Prés. de Marie	21 L S. HIVER
22 M S* Marie-Mad	22 S S. Fabrice ☾	22 M S. Maurice	22 J S* Elodie	22 D S* Cécile	22 M S* Françoise-X.
23 J S* Brigitte	23 D S* Rose de L	23 M AUTOMNE	23 V S. Jean de C.	23 L S. Clement	23 M S. Armand
24 V S* Christine ☾	24 L S. Barthelemy	24 J S* Thecle	24 S S. Florentin	24 M S* Flora	24 J S* Adele
25 S S. Jacques	25 M S. Louis	25 V S. Hermann	25 D S. Crepin	25 M S* Catherine L	25 V NOEL
26 D SS. Anne, Joa	26 M S* Natacha	26 S SS Côme, Dam	26 L S. Dimitri	26 J S* Delphine ●	26 S S. Etienne ●
27 L S* Nathalie	27 J S* Monique	27 D S. Vinc. de Paul	27 M S* Emeline ●	27 V S. Severin	27 D S. Jean
28 M S. Samson	28 V S. Augustin	28 L S. Venceslas ●	28 M SS Sim. Jude	28 S S. Jacq.de la M.	28 L SS. Innocents
29 M S* Marthe	29 S S* Sabine ●	29 M S. Michel	29 M S. Narcisse	29 D Avent	29 M S. David ☽
30 J S* Juliette ●	30 D S. Fiacre	30 M S. Jerôme	30 V S. Bienvenue	30 L S. Andre	30 M S. Roger
31 V S. Ignace de L	31 L S. Aristide		31 S S. Quentin	Fonderie CASLON Paris	31 J S. Sylvestre

1. David	4. Justin	7. Frédéric	10. Valérie
2. Didier	5. Béatrice	8. Françoise	11. Bruno
3. Roseline	6. Claire	9. Émilie	12. Alice

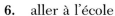

B. Et ton anniversaire, c'est quand? French young people also celebrate their birthdays (**anniversaire**) in much the same way we do. Tell when each of the following have their birthdays.

> MODÈLE Michel 21 / 2
> **L'anniversaire de Michel est le vingt et un février.**

1. Thérèse 17 / 10
2. Gilbert 13 / 2
3. Régis 3 / 5
4. Régine 1 / 8

5. Antoinette 18 / 12
6. Serge 11 / 1
7. Laurent 5 / 4
8. Lynne 7 / 7

Communication

A. Quand est ton anniversaire? Ask yes-or-no questions to find out in as few questions as possible the birthday of another student.

> EXEMPLES Est-ce que tu as ton anniversaire en mars?
> Est-ce que ton anniversaire est en juillet?

B. Bon anniversaire! Give the birthdays of members of your family or friends.

> EXEMPLE L'anniversaire de mon frère est le sept janvier.

C. Les mois. Tell in what month(s) people generally do the following things.

> EXEMPLE aller à la piscine
> On va à la piscine en juin, en juillet, et en août.

1. aller en vacances
2. aller aux matches de football
3. aller à la plage

4. faire des pique-niques
5. aller à la montagne
6. aller à l'école

PERSPECTIVES

Le secret des étoiles

Reading this horoscope provides a very important new experience in learning French. It is your first experience with extending what you have already learned in French to new words and expressions. You will see new words that are related to familiar words (for example, the noun *le travail* is related to the verb *travailler*, and the verb *embêter* to the adjective *embêtant*). You will also encounter words used in new combinations (for example, *faire un voyage* and *ça ne va pas être facile*). Use what you know already, and you'll quickly discover you can understand the new material.

Horoscope et signes du zodiaque

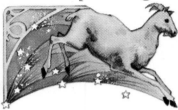

Capricorne

(21 décembre–19 janvier)

Ton travail va bien marcher. Mais ta vie va être assez compliquée. Tu vas peut-être faire un voyage.

work/go well

perhaps

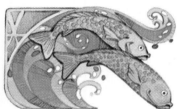

Verseau

(20 janvier–18 février)

Tu vas avoir une semaine difficile à l'école. Mais tu vas peut-être passer un week-end formidable chez des copains.

at (the house of) friends

Poissons

(19 février–20 mars)

Jeudi va être ton jour de chance. Tu vas avoir des résultats excellents dans ton travail.

luck

Bélier

(21 mars–20 avril)

La chance va être avec toi. Tu vas continuer à être le leader de ton petit groupe. Ton travail va bien marcher.

Taureau

(21 avril–20 mai)

Ça ne va pas être facile. Tes parents vont être très sévères, et tes copains vont être embêtants.

it, that

Gémeaux

(21 mai–21 juin)

Tu risques d'avoir des difficultés dans ton travail à l'école. Tu vas être obligé de travailler beaucoup.

run the risk

have to

Cancer

(22 juin–23 juillet)

En général, tu es dans une excellente période. Mais attention! Si tu n'es pas prudent, tu risques d'avoir des problèmes avec tes copains.

careful/if

Lion

(24 juillet–22 août)

Ça va assez bien. Tu es toujours énergique et dynamique. Mais attention! Ton énergie risque de fatiguer tout le monde.

tire (out)

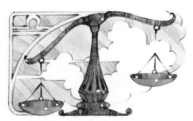

Vierge

(23 août–22 septembre)

Ça va être une période assez facile mais pas très intéressante. Tu vas être obligé d'aider tes parents à la maison.

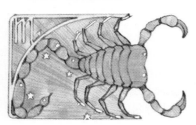

Balance

(23 septembre–22 octobre)

Tu vas avoir une excellente semaine! Tu vas aider un de tes copains dans une situation difficile.

Scorpion

(23 octobre–21 novembre)

C'est ta semaine de chance. Mais ce n'est pas une raison pour oublier tes responsabilités.

for/forget

Sagittaire

(22 novembre–20 décembre)

Le week-end va être difficile. Les choses ne vont pas aller comme tu désires. Mais ce n'est pas une raison pour embêter tout le monde.

things

annoy

COMPRÉHENSION

Did the following people understand their horoscope? If not, correct their statements.

1. Marie-Paul (Capricorne)
   "Je vais être obligée de rester à la maison pour aider mes parents."
2. Bernard (Verseau)
   "Je vais aller passer le week-end chez mes grands-parents qui habitent à la campagne."
3. Gilbert (Poissons)
   "Mon travail ne va pas bien marcher."
4. Jean-Claude (Bélier)
   "Je ne vais pas avoir de chance."
5. Chantal (Taureau)
   "Je vais avoir des problèmes avec mes copains."
6. Josette (Gémeaux)
   "Mon travail à l'école ne va pas très bien marcher."
7. Philippe (Cancer)
   "En général, je vais avoir une semaine très difficile."
8. Corinne (Lion)
   "Je suis très fatiguée, et je vais avoir une semaine très difficile."
9. Valérie (Vierge)
   "Je vais passer la semaine chez des amis de mes parents."
10. Christian (Balance)
    "Un de mes copains va avoir des problèmes."
11. Catherine (Scorpion)
    "Ça va être ma semaine de chance."
12. Jean-Max (Sagittaire)
    "Je vais passer un excellent week-end avec mes copains."

COMMUNICATION

A. **Apprentis astrologues.**   Madame Claire Voyante did not have time to complete one of her horoscopes for this week's paper. Help her by completing the blanks in the following paragraph with the appropriate word or phrases. Use vocabulary you know and refer to the horoscopes in the *Perspectives* for additional help.

Ça va être une période . . . pour toi. Tu vas aider tes . . . , et ils vont être très . . . . À l'école tu vas avoir . . . , et à la maison tes parents vont être . . . . Le week-end va être . . . pour toi. Mais attention! Tu vas être obligé d(e) . . . . Si tu . . . , tu risques d(e) . . . .

B. **Vous êtes astrologue!** Find out the zodiac signs of several students in your class. Then write a short horoscope for them using the vocabulary you know.

C. **Questions/Interview.** Using the words and phrases provided, make up questions to ask another student or group of students to find out what they are planning to do. Remember to use a form of the verb **aller** and a group of words describing the activity.

> EXEMPLES   Est-ce que tu vas aller au cinéma vendredi soir?
> Est-ce que tes amis vont aller à la plage en juillet?

| Tu
Vous
Tes amis
Tes parents | aller au cinéma
être obligé(e/s) de travailler
manger au restaurant
aller au concert
rester à la maison
aider à la maison
aller au match de football
faire un voyage
aller à la plage
aller chez des copains
aller à l'école
faire un pique-nique
? | vendredi soir
pendant les vacances
la semaine prochaine
pendant le week-end
samedi matin
dimanche prochain
lundi après-midi
? |

The "?" in the right-hand column is an invitation to say what you want using vocabulary you know. You might, for example, want to ask: **Est-ce que tu vas aller chez tes grands-parents le week-end prochain?**

D. **C'est mon anniversaire.** Using the suggestions below, tell what gift(s) you would like to receive for your birthday and what you would like to do.

> EXEMPLE   Je voudrais un vélo, et je voudrais inviter des amis.

| Je voudrais . . . . | une radio
une guitare
des livres
un vélo
une moto
une voiture
? | et je voudrais | faire un pique-nique
inviter des amis
aller au concert
aller à la plage
aller à la campagne
aller à la montagne
? |

VOCABULAIRE DU CHAPITRE

NOUNS REFERRING TO PLACES

l'aéroport (m) airport
la banque bank
la bibliothèque library
le café café
la campagne country
l'église (f) church
la gare railroad station
l'hôpital (m) hospital
l'hôtel (m) hotel
la montagne mountain
la piscine swimming pool
la plage beach
la poste post office
le restaurant restaurant
le stade stadium
le supermarché supermarket

OTHER NOUNS

l'anniversaire (m) birthday
la carotte carrot
la chance luck
la chose thing
le concert concert
le copain pal, friend
la difficulté difficulty
l'énergie (f) energy
les épinards (m) spinach
la fête saint's day, holiday
le frigo refrigerator
le fruit fruit
le groupe group
le hamburger hamburger
l'idée (f) idea
le leader leader
les légumes (m) vegetables
le match game, match
on (pronoun) one, we, they
la raison reason
la responsabilité responsibility
le résultat result
le sandwich sandwich
la situation situation
le travail work
le voyage voyage, trip

VERBS

acheter to buy
aider to help
aller to go
apporter to bring
continuer to continue
embêter to annoy
être obligé de to have to
faire to do, make
fatiguer to tire (out)
inviter to invite
jouer to play
manger to eat
nager to swim
oublier to forget
organiser to organize
passer to spend, pass
préparer to prepare
risquer to run a risk of

WORDS RELATED TO TIME

l'après-midi (m) afternoon
aujourd'hui today
demain tomorrow
le matin morning
le mois month
la période period
le premier first
la semaine week
le soir evening

OTHER WORDS AND EXPRESSIONS

alors then, so
bien marcher to go well
Non alors! Not that!
Attention! Be careful!
ça that
d'accord okay
Je voudrais . . . I would like . . .
peut-être perhaps
si if

ADJECTIVES

dynamique dynamic
énergique energetic
prochain next
prudent careful
quel, quelle what

PREPOSITIONS

après after
chez at the home of
pendant during
pour for

CINQUIÈME CHAPITRE

Favorite Foods

5

INTRODUCTION

Qu'est-ce que vous aimez manger?

A French food chain is interested in finding out what French teenagers like to eat. In the following conversation, one of their representatives is interviewing Daniel Sabatier, a French teenager from Toulon.

L'INTERVIEWEUR	Quel <u>repas</u> est-ce que vous préférez?	meal
DANIEL	Le dîner. Le matin, je suis toujours <u>pressé</u>. Et à midi, je mange à l'école.	in a hurry / noon
L'INTERVIEWEUR	Quelle sorte de <u>viande</u> est-ce que vous aimez?	meat
DANIEL	J'adore le <u>poulet rôti</u>.	roast chicken
L'INTERVIEWEUR	Quels <u>légumes</u> est-ce que vous préférez?	vegetables
DANIEL	En général, je n'aime pas beaucoup les légumes.	
L'INTERVIEWEUR	Et comme dessert, qu'est-ce que vous préférez?	
DANIEL	Mon dessert préféré est la <u>tarte aux fraises</u> ou la <u>glace</u> au chocolat.	strawberry tart / ice cream
L'INTERVIEWEUR	Et comme <u>boisson</u>?	drink, beverage
DANIEL	<u>Le coca</u>.	a cola drink

COMPRÉHENSION

Answer the following questions based on the interview.

1. Quel repas est-ce que Daniel préfère?
2. Où est-ce qu'il mange à midi?
3. Quelle viande est-ce qu'il aime?
4. Est-ce que Daniel aime beaucoup les légumes?
5. Quels desserts est-ce qu'il préfère?
6. Quelle boisson est-ce qu'il aime?

COMMUNICATION

What kinds of food do you like? Imagine that you are participating in the survey. Using the scale below, indicate how much you like or dislike each item.

Je déteste   Je n'aime pas   J'aime assez   J'aime beaucoup   J'adore

1. Quel repas est-ce que vous préférez?

le petit déjeuner   le déjeuner   le dîner

2. Quelle sorte de viande est-ce que vous aimez?

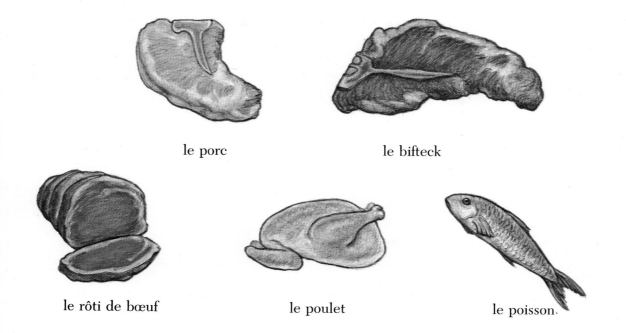

le porc   le bifteck

le rôti de bœuf   le poulet   le poisson

3. Quels légumes est-ce que vous préférez?

les pommes de terre (f)

les haricots verts (m)

les petits pois (m)

les carottes (f)

les tomates (f)

la salade

4. Quelle sorte de dessert est-ce que vous préférez?

le fromage

les pâtisseries (f)

les fruits (m)

les glaces (f)

5. Quels fruits est-ce que vous préférez?

les pommes (f)

les raisins (m)

les poires (f)

les cerises (f)

les oranges (f)

les bananes (f)

6. Quelles boissons est-ce que vous aimez?

le lait   l'eau minérale (*f*)   le thé

le coca   le café   le jus d'orange

7. Quelle sorte de petit déjeuner est-ce que vous préférez?

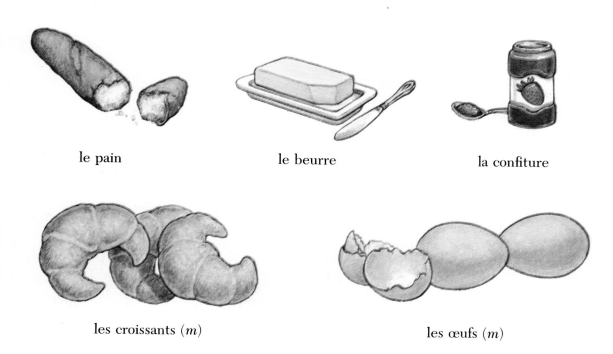

le pain   le beurre   la confiture

les croissants (*m*)   les œufs (*m*)

EXPLORATION

BUYING AND EATING FOOD
USING THE PARTITIVE ARTICLE

Présentation

When talking about food, both in English and in French, we find that there are some nouns with which numbers are not generally used. They are things that are not countable. We don't usually say, for example, "three butters," "six waters," or "two breads." Instead we often use the words "some" or "any" before these nouns.

In French the meaning of *some* or *any* is conveyed by what is called the partitive article. Its forms are:

Before a Masculine Noun	Before a Feminine Noun	Before a Noun beginning with a Vowel Sound
du chocolat	**de la** viande	**de l'**eau

A. The partitive article may not be omitted in French as it sometimes is in English. Study its use in these sentences.

- Nous mangeons de la glace.
- Est-ce que vous avez du porc?
- Paul va acheter de l'eau minérale.

B. Just like the indefinite article, after a negative verb the partitive article always becomes **de** (or **d'** before a vowel sound).

- Il n'y a pas de dessert.
- Vous n'avez pas d'eau minérale?

Préparation

A. **Vérification.** Jeannette and Olivier are getting ready to leave the market. Jeannette is checking her shopping list to make sure they have everything they need. What does Olivier say?

> MODÈLE le pain
> **Nous avons du pain.**

1. le beurre
2. la glace
3. le lait
4. la viande
5. la confiture
6. le poisson
7. le poulet
8. l'eau minérale

B. **Le petit déjeuner.** Laure is asking her mother what's for breakfast. What does her mother say?

> MODÈLE pain
> **Il y a du pain.**

1. thé
2. café
3. beurre
4. confiture
5. chocolat
6. pain

C. **Qu'est-ce qu'il y a dans le frigo?** Before going shopping, Jacqueline checks to see what she has in the refrigerator. Tell what she's out of.

> MODÈLE fromage
> **Il n'y a pas de fromage.**

1. pain
2. beurre
3. eau minérale
4. glace
5. viande
6. confiture
7. poisson
8. lait

D. **Qu'est-ce que Jacqueline va acheter?** Using the items below, tell what Jacqueline is going to buy.

MODÈLE

Elle va acheter du fromage.

1.

2.

3.

4.

5.

6.

7.

8.

9.

10.

11.

12.

E. **Pas de dessert pour moi!** Madame Legros is on a diet and must reject all the waiter's suggestions for dessert.

MODÈLE **De la glace, madame?**
Non, merci. Je ne mange pas de glace.

1. Des pâtisseries?
2. Des tartes?
3. De la glace aux fraises?

4. Du fromage?
5. Des raisins?
6. Des bananes?

Communication

A. **Interview.** Using the words given below, make questions to ask other students about their food preferences.

> EXEMPLES le rôti
> Est-ce que tu manges souvent du rôti?
>
> Oui, je mange souvent du rôti.
> Non, je mange rarement du rôti.
> Non, je ne mange jamais de rôti.

1. le poisson
2. le porc
3. le poulet
4. le fromage
5. la glace
6. la tarte aux fraises
7. le chocolat
8. le pain
9. les légumes
10. les petits pois
11. les haricots verts
12. les carottes

B. Au restaurant. Use the menu items below to play the role of customer or waiter in a restaurant. The waiter asks the customers which items they wish to order, and each customer answers.

EXEMPLE   pain

Le garçon	Vous désirez du pain?
Le client	Oui, je voudrais du pain.
La cliente	Non, pas de pain, merci.

1. poisson
2. poulet
3. rôti de bœuf
4. porc
5. eau minérale
6. lait
7. thé
8. café
9. coca
10. salade
11. fromage
12. glace

MENU DU JOUR
PRIX FIXE

Foie gras
Rôti de porc en croûte
Pommes de terre à la maison et haricots verts
Salade
Plateau de fromages
Tarte aux poires

C. On va bien manger! It's your turn to plan the breakfast, lunch, and dinner menu for your family. Tell what you are going to buy.

EXEMPLE   Pour le petit déjeuner, je vais acheter des croissants, du beurre, et de la confiture.

Deux bonnes sources de vitamine A.

La vitamine A, c'est une vitamine indispensable à la croissance des enfants.
Pour les parents aussi, c'est vraiment une bonne vitamine : bonne pour la vue, la peau et les cheveux; elle renforce l'organisme, et lui permet de mieux réagir contre les agressions du quotidien.
Le beurre, comme certains légumes et certains fruits, est une source naturelle de vitamine A.

CENTRE NATIONAL INTERPROFESSIONNEL DE L'ÉCONOMIE LAITIÈRE Feldman, Calleux & Associés

Le beurre, un bon aliment.

Un hamburger est un hamburger est un hamburger. Vrai ou faux? Faux. Les Français mangent aussi des hamburgers de temps en temps, mais un hamburger français n'est pas un hamburger américain. Quelles sont les différences?

EXPLORATION

🔱 *TALKING ABOUT THINGS IN GENERAL AND IN PARTICULAR*
THE PARTITIVE VERSUS THE DEFINITE AND INDEFINITE ARTICLES

Présentation

You have now learned to use three different articles. They are important because they are used so frequently and because they convey different meanings. Contrast the uses in the following chart.

To Convey the Meanings "a," "an," "some," or "any"				To Convey the Meaning "the" or to refer to a noun in general the definite article is used.	
Indefinite articles are used with nouns that are countable.		Partitive articles are used with nouns that are *not* countable.			
un des	croissant croissants	du	beurre	J'aime . . .	le bœuf
une des	tomate tomates	de la	viande		la viande
					l' eau minérale
une des	orange oranges	de l'	eau		les livres
In the negative the indefinite and the partitive articles become **de** or **d'**.				No article change occurs with the definite article after a negative.	
pas de pas de pas d'	croissants tomates oranges	pas de pas de pas d'	beurre viande eau	Je n'aime pas . . .	le bœuf
					la viande
					l' eau

In English you do not always have to distinguish between the partitive and definite articles. In French, however, the article may not be omitted.

I like fish.	J'aime le poisson.
I'm eating fish.	Je mange du poisson.
I don't like vegetables.	Je n'aime pas les légumes.
I don't eat vegetables.	Je ne mange pas de légumes.

Préparation

A. Au supermarché. Armand is shopping with his mother. He doesn't like anything that she wants to buy. What does Armand say?

> MODÈLE On achète du porc?
> **Non, je n'aime pas le porc.**

1. On achète du fromage?
2. On achète du poisson?
3. On achète de la confiture?
4. On achète des fraises?
5. On achète de l'eau minérale?
6. On achète des légumes?

B. Dîner chez Gérard. Laurent has been invited to dinner at Gérard's house. Gérard tries to find out what Laurent would like to eat. Give Laurent's answers.

> MODÈLE Est-ce que tu aimes le poisson?
> **Oui, je mange souvent du poisson.**

1. Est-ce que tu aimes la tarte?
2. Est-ce que tu aimes le fromage?
3. Est-ce que tu aimes le porc?
4. Est-ce que tu aimes le poulet?
5. Est-ce que tu aimes la salade?

C. Au restaurant. It is late in the evening and Monsieur Dufour's favorite restaurant has run out of a number of items on the menu. How does the waiter answer him when he gives his order?

> MODÈLE Il y a des cerises?
> **Il n'y a pas de cerises.**

1. Il y a du poulet rôti?
2. Il y a des haricots verts?
3. Il y a des poires?
4. Il y a de la glace?
5. Il y a des fraises?
6. Il y a des petits pois?

Communication

A. Habitudes. Indicate how often you eat the following foods.

EXEMPLES   le rôti
Je mange souvent du rôti.
Je mange rarement du rôti.
Je ne mange jamais de rôti.

1. le poisson
2. les carottes
3. les épinards
4. les pommes de terre
5. la salade
6. le fromage

B. Préférences. Indicate how well you like the following foods.

EXEMPLES   le porc
J'aime beaucoup le porc.
Je n'aime pas le porc.

1. le pain
2. les cerises
3. les poires
4. la glace
5. les pâtisseries
6. la confiture

C. Interview. Using the words and phrases provided, ask questions to find out about another student's food preferences.

EXEMPLES   manger souvent / bifteck
Est-ce que tu manges souvent du bifteck?

aimer beaucoup / bifteck
Est-ce que tu aimes beaucoup le bifteck?

1. aimer / légumes
2. manger souvent / légumes
3. préférer / haricots ou petits pois
4. manger quelquefois / poisson
5. préférer / poisson ou viande
6. aimer / fromage
7. préférer / fromage ou pâtisseries
8. manger quelquefois / fromage français
9. préférer / pain français ou pain américain

FROMAGES

Fromage de monsieur, *2F*
Triple crème, *3F*
Brie, *4,50F*
Munster, *4,50F*
Livarot, *3,50F*
Pont-Lévêque, *3F*
Vacherin, *6F*
Fourme d'Ambert, *3,50F*
Bleu d'Auvergne, *3,50F*
Brillat savarin, *4,50F*
Emmenthal, *3F*
Comté, *3F*
Beaufort, *3,80F*

Les illustrations représentent des repas assez typiques dans une famille française.

Le petit déjeuner
Sur la table il y a . . .
    du thé
    du café
    du chocolat
    des croissants
    du pain et
      de la confiture

Le déjeuner
Aujourd'hui on va manger . . .
    des artichauts
    un bifteck avec de la salade
      et des pommes de terre
    du fromage
    une tarte aux pommes
    Et bien sûr, du pain

Le dîner
Et pour le dîner il y a . . .
    de la soupe
    une omelette
    du fromage et
      des fruits
    du pain

Et vous, qu'est-ce que vous mangez pour le petit déjeuner, le déjeuner, et le dîner?

EXPLORATION

EXPRESSING NEEDS
EXPRESSIONS WITH *AVOIR*

═══ Présentation ═══

A. Using **avoir faim** and **avoir soif**.

To talk about being hungry or thirsty, the verb **avoir** is used with the nouns **faim** (*hunger*) and **soif** (*thirst*). This is different from English, which uses the verb *to be* with adjectives. Study the following sentences, which show uses of these expressions.

J'ai faim.   I'm hungry.
Est-ce que tu as soif?   Are you thirsty?

B. Using **avoir besoin de**.

To talk about needing something, **avoir besoin de** is used. **Avoir besoin de** can be followed by a noun or an infinitive.

J'ai besoin d'argent.   I need some money.
J'ai besoin d'acheter un stylo.   I need to buy a pen.
Nous avons besoin de viande,   We need some meat,
  de pain, et de légumes.   bread, and vegetables.

A. Au supermarché. Monsieur and Madame Legrand are getting ready to go to the supermarket. What do they say they need?

> MODÈLE   légumes
> **Nous avons besoin de légumes.**

1. fromage
2. lait
3. eau minérale
4. viande
5. œufs
6. pommes

B. Obligations. Several students are talking about what they need to do after school. Tell what they say.

> MODÈLE   nous / étudier
> **Nous avons besoin d'étudier.**

1. nous / aller à la bibliothèque
2. Catherine / étudier
3. Roland / aller au supermarché
4. vous / aller à la poste
5. tu / aider tes parents
6. je / acheter des cahiers

C. Au café. A group of friends is at a neighborhood café and is ordering things to eat and drink. Based on what they say, complete their statements with the appropriate form of **avoir faim** and **avoir soif.**

MODÈLE

D. Attention! Madame Bacquet is always concerned about whether or not her children are well taken care of. Give her children's answers to her questions.

> MODÈLE   Vous avez besoin d'aller à la bibliothèque? (non)
> **Non, nous n'avons pas besoin d'aller à la
>   bibliothèque.**

1. Est-ce que tu as faim, Michelle? (oui)
2. Est-ce que Janine a soif? (non)
3. Et tes frères, est-ce qu'ils ont soif? (oui)
4. Est-ce que tu as besoin d'étudier, Gérard? (non)
5. Et ta petite sœur, est-ce qu'elle a besoin d'étudier? (oui)

Communication

Besoins. Using the items below, tell whether or not you need the following.

> EXEMPLES   une semaine de vacances
> Mais oui! J'ai besoin d'une semaine de vacances.
>
> travailler
> Mais non! Je n'ai pas besoin de travailler.

1. étudier
2. manger des légumes et des fruits
3. aider mes parents à la maison
4. aller au supermarché
5. un week-end à la plage
6. oublier mes problèmes
7. une voiture
8. acheter des crayons

Interlude/Culture

Quand les Américains ont besoin de pain, de lait, ou de fruits, ils vont au supermarché. Les Français aussi vont souvent au supermarché. Mais beaucoup préfèrent aller dans des petits magasins. Dans quels magasins est-ce qu'ils vont?

Pour acheter du pain, ils vont à la boulangerie.

Pour acheter du café, de l'eau minérale, des fruits, des légumes, etc., ils vont à l'épicerie.

Quand les Français ont besoin de lait, de beurre, ou de fromage, ils vont à la crémerie.

Et bien sûr, pour acheter des pâtisseries, des tartes, ou de la glace, ils vont à la pâtisserie.

Quand ils ont besoin de viande, ils vont à la boucherie.

EXPLORATION

❧ INQUIRING ABOUT OTHERS
USING THE PLURAL POSSESSIVE ADJECTIVES

== Présentation ===================

When talking or inquiring about others, the words *our*, *your*, and *their* are important. The French equivalents for these possessive adjectives are:

	Singular	Plural
our	**notre** livre **notre** classe	**nos** livres **nos** classes
your	**votre** livre **votre** classe	**vos** livres **vos** classes
their	**leur** livre **leur** classe	**leurs** livres **leurs** classes

Note that the forms of these possessive adjectives are the same for masculine and feminine nouns.

- Notre ville est assez grande, mais notre aéroport est petit.
- Leur tarte est excellente, mais leur pain n'est pas formidable.

Préparation

A. **Restaurant "Chez Pierre."** André is asking a friend about the food at a small neighborhood restaurant. Give his questions.

> MODÈLES   le poisson   les légumes
> **Comment est leur poisson?**   **Comment sont leurs légumes?**

1. le poulet
2. les haricots verts
3. les pommes de terre
4. le poisson
5. la salade
6. les fruits
7. le vin
8. les tartes

B. **Notre cuisine est excellente!** Before ordering his meal, Monsieur Richard wants to know about the items on the menu. Give the waiter's answers.

> MODÈLE   Comment est votre rôti?
> **Notre rôti est excellent.**

1. Comment est votre poisson?
2. Comment sont vos biftecks?
3. Comment sont vos petits pois?
4. Comment sont vos fromages?
5. Comment est votre glace?
6. Comment sont vos pâtisseries?

C. **C'est un chef!** Denis is studying to be a chef at the **école hôtelière** in Grenoble. He is very eager to know what his teacher thinks about the meal he prepared. Tell what his teacher says.

> MODÈLE   Est-ce que vous aimez mon poisson?
> **Votre poisson est excellent.**

1. Est-ce que vous aimez mon poulet?
2. Est-ce que vous aimez mes petits pois?
3. Est-ce que vous aimez mes pommes de terre?
4. Est-ce que vous aimez ma salade?
5. Est-ce que vous aimez mon café?
6. Est-ce que vous aimez ma tarte aux cerises?

Communication

A. **Interview.** Using the words below, make questions to find out about other students' favorite foods. Then use your questions to interview a group of two or more students.

> EXEMPLE   légumes
> **Quels sont vos légumes préférés?**

1. les légumes
2. la boisson
3. le repas
4. les fruits
5. le dessert
6. la viande

B. **Leurs préférences.** Report back to the class the preferences of the group you interviewed.

> EXEMPLE   repas
> **Leur repas préféré est le dîner.**

PERSPECTIVES

Je m'appelle Amadou. Je suis <u>sénégalais</u>. Le matin je mange du porridge.   native of Senegal
Mon <u>plat</u> préféré est le <u>couscous</u>.   dish/a typical North
  African dish

Moi, je m'appelle Nadine. J'habite à <u>Genève</u>. Le matin j'adore manger   Geneva (Switzerland)
des croissants ou du <u>pain grillé</u> avec du chocolat <u>chaud</u>. J'aime bien   toasted bread/hot
<u>faire la cuisine</u>. Ma spécialité est <u>la fondue au fromage</u>.   cook, do the cooking/
  cheese fondue

Mon <u>nom</u> est Désirée. Je suis <u>martiniquaise</u>, et ma famille habite à Fort-de-France. Pour le petit déjeuner, nous mangeons souvent des papayes et des bananes. Mais nous mangeons aussi du pain grillé avec de la confiture, comme les <u>Français</u>.

name/native of Martinique

French people

Je m'appelle Laurent. J'habite à Montréal. Notre petit déjeuner ressemble beaucoup au petit déjeuner américain. En général, nous mangeons des œufs au bacon, ou des céréales.

COMPRÉHENSION

Answer the following questions based on the reading.

1. Qu'est-ce qu'Amadou mange pour le petit déjeuner?
2. Quel est son plat préféré?
3. Où est-ce que Nadine habite?
4. En général, qu'est-ce que Nadine mange pour son petit déjeuner?
5. Et les Martiniquais, qu'est-ce qu'ils mangent pour leur petit déjeuner?
6. Est-ce que le petit déjeuner martiniquais ressemble au petit déjeuner français?
7. Dans quelle ville est-ce que Laurent habite?
8. Qu'est-ce qu'il mange pour son petit déjeuner?

COMMUNICATION

A. **Un client difficile!**   Imagine the conversation that would take place between a difficult customer and a waiter. Using vocabulary you know, complete the following dialogue with appropriate items.

LE CLIENT	Qu'est-ce que vous avez comme viande?
LE GARÇON	Nous avons _____ .
LE CLIENT	Vous n'avez pas de _____ ?
LE GARÇON	Non, mais nous avons _____ .
LE CLIENT	Et comme légumes, qu'est-ce que vous avez?
LE GARÇON	Nous avons _____ .
LE CLIENT	Comment sont vos _____ ?
LE GARÇON	Nos _____ sont _____ .
LE CLIENT	Et comme dessert, qu'est-ce que vous avez?
LE GARÇON	Nous avons _____ .
LE CLIENT	Vous n'avez pas de _____ ?
LE GARÇON	Non, mais nous avons _____ .
LE CLIENT	Comme boisson je voudrais _____ .

B. **Au restaurant.**   With another student, create a dialogue that might take place between a waiter or waitress and his or her customer. Use the dialogue in the preceding activity as a guide and then act out the situation you have created. One student will play the waiter and the other the customer.

C. **Des invités français.**   You have some French-speaking friends who are spending the weekend at your house. You want to make sure that they are enjoying themselves. What would you say to find out the following information?

> EXEMPLE   Ask them if they need to go to the post office.
> Est-ce que vous avez besoin d'aller à la poste?

Ask them . . . .

1. if they also need to go to the bank
2. if they are going to buy some American records
3. if they are hungry
4. if they prefer to eat some cheese or some ice cream
5. if they are thirsty
6. if they prefer soda or orange juice
7. if they prefer coffee or tea

D. **À la caféteria!** Tell what foods you like and how often they are served in your school cafeteria.

EXEMPLE   J'aime le poisson, mais on mange rarement du poisson.

E. **On invite les copains.** Using words you already know, plan a dinner for you and some friends. Write out your plans using the following questions as a guide.

1. Qui est-ce que vous allez inviter?
2. Qu'est-ce que vous allez manger?
3. Qu'est-ce que vous avez besoin d'acheter?
4. Qu'est-ce que vous allez faire après le dîner?

VOCABULAIRE DU CHAPITRE

NOUNS REFERRING TO FOOD

le **bacon**   bacon
la **banane**   banana
le **beurre**   butter
le **bifteck**   steak
le **bœuf**   beef
la **boisson**   drink
le **café**   coffee, café
les **céréales** (*f*)   cereals
les **cerises** (*f*)   cherries
le **chocolat**   chocolate
le **coca**   a cola drink
la **confiture**   jam
le **couscous**   couscous
les **croissants** (*m*)   crescent rolls
le **déjeuner**   lunch, mid-day meal
le **dessert**   dessert
le **dîner**   dinner, evening meal
l'**eau** (*f*)   water
l'**eau minérale**   mineral water
la **fondue**   fondue
les **fraises** (*f*)   strawberries
le **fromage**   cheese
la **glace**   ice cream
les **haricots verts** (*m*)   green beans
le **jus**   juice
le **lait**   milk

l'**œuf** (*m*)   egg
l'**orange** (*f*)   orange
le **pain**   bread
le **pain grillé**   toast
la **papaye**   papaya (a tropical fruit)
les **pâtisseries** (*f*)   pastry
le **petit déjeuner**   breakfast
les **petits pois** (*m*)   peas
le **plat**   dish, course (part of a meal)
la **poire**   pear
le **poisson**   fish
la **pomme**   apple
la **pomme de terre**   potato
le **porc**   pork
le **porridge**   porridge
le **poulet**   chicken
les **raisins** (*m*)   grapes
le **repas**   meal
le **rôti**   roast
la **salade**   salad
la **spécialité**   specialty
la **tarte**   tart
le **thé**   tea
la **tomate**   tomato
la **viande**   meat

OTHER NOUNS

la **caféteria**   cafeteria
les **Français** (*m*)   French people
midi (*m*)   noon
le **nom**   name
la **sorte**   kind, sort

VERBS AND VERB PHRASES

avoir besoin de   to need
avoir faim   to be hungry
avoir soif   to be thirsty
faire la cuisine   to do the cooking, cook
ressembler   to resemble, look like

ADJECTIVES

chaud   hot, warm
martiniquais   native of Martinique
pressé   hurried
sénégalais   native of Senegal

OTHER WORDS

comment . . . ?   how . . . ?

SIXIÈME CHAPITRE

Recreation and Sports

6

INTRODUCTION

 C'est samedi.

C'est samedi. Les étudiantes ont l'après-midi <u>libre</u>. Des <u>copines</u> parlent   free/friends
de leurs <u>projets</u>.   plans

VALÉRIE	Tu vas au stade?	
JEANNE	Non, je <u>rentre</u> <u>tout de suite</u> à la maison. J'ai des <u>devoirs</u> à faire.	going back/right away/ homework
ALICE	Et toi, Valérie, tu vas au match de <u>basket</u>? Notre <u>équipe</u> joue <u>contre</u> le lycée Ampère.	basketball/team against
VALÉRIE	Non, je vais <u>faire du sport</u>. Nager, ou jouer au tennis peut-être . . . si je <u>trouve</u> un <u>partenaire</u>. Tu es libre, Isabelle?	play sports find/partner
ISABELLE	Non, je n'ai pas le <u>temps</u>. J'ai besoin de travailler pour <u>gagner</u> de l'argent.	time earn

COMPRÉHENSION

Indicate whether the following statements are true (**vrai**) or false (**faux**).
If a statement is false, reword it to make it true.

1. Jeanne va rentrer à la maison pour aider ses parents.
2. Valérie va aller à un match de basket.
3. Leur équipe va jouer contre l'équipe du lycée Ampère.
4. Alice a besoin de travailler pour gagner de l'argent.
5. Isabelle n'est pas libre.
6. Isabelle a des devoirs à faire.

COMMUNICATION

Pour ou contre les sports?

People react to sports in different ways. Below are some of the reasons that people give for taking part or not taking part in sports.

Pourquoi est-ce que vous aimez faire du sport?

C'est bon pour la santé.

Ça développe les muscles.

Ça développe l'esprit d'équipe.

Ça développe l'esprit de compétition.

C'est amusant.

Pourquoi est-ce que vous n'aimez pas faire du sport?

C'est fatigant.

Ça coûte trop cher.

Ça développe trop les muscles.

Je n'ai pas le temps.

Je préfère regarder les matchs à la télé.

Vocabulaire

pourquoi *why*	**esprit** *spirit*
bon (*m*), **bonne** (*f*) *good*	**fatigant** *tiring*
santé *health*	**cher** (*m*), **chère** (*f*) *expensive*
amusant *fun*	**trop** *too much*

A. **Opinions.** Which of the reasons described above do you believe people give most frequently for taking part or not taking part in sports? Place your reasons in order by putting first the reason you think is given most often.

B. **Et vous?** What are your reasons for taking part or not taking part in sports?

EXPLORATION

🔱 **_TALKING ABOUT DOING THINGS_**
THE VERB _FAIRE_

Présentation

Faire is an important irregular verb that is used in talking about many activities. Its basic meaning is _to do_ or _to make_. Here are its forms.

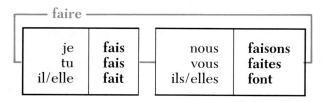

— faire —			
je	**fais**	nous	**faisons**
tu	**fais**	vous	**faites**
il/elle	**fait**	ils/elles	**font**

- Qu'est-ce que vous faites ici?
- Nous faisons notre travail.
- Paul fait une salade.

In addition to expressions you already know (for example, **faire un pique-nique, faire des devoirs, faire la cuisine, faire du sport**), **faire** is used in many other idiomatic expressions. Study its uses in the following sentences.

faire du camping   (to go camping)
Nous allons faire du camping.

faire une promenade   (to go for a walk)
On fait une promenade.

faire la vaisselle   (to do the dishes)
Laurent fait la vaisselle.

faire le ménage   (to do the housework)
Anne et Serge font le ménage.

faire le marché   (to go shopping)
Je fais le marché le lundi.

faire des courses   (to run errands)
Je vais faire des courses demain.

Tu fais une salade ?

Je fais une omelette.

Tu fais un dessert ?

Non, je fais un rôti de boeuf.

Tu fais souvent la cuisine?

Préparation

A. **Responsabilités.**   Several students are talking about what they have to do at home. Tell what they say.

> MODÈLE   le ménage
> **Nous faisons le ménage.**

1. la vaisselle
2. la cuisine
3. le ménage
4. les courses
5. la salade
6. le marché
7. nos devoirs
8. des pâtisseries

B. **Questions.**   Michel is trying to find out what his friends are doing this Saturday. Give his questions.

> MODÈLE   Véronique
> **Qu'est-ce que Véronique fait samedi?**

1. tu
2. tes copains
3. nous
4. vous
5. Jacques

C. Réponses. Michel's friends are discussing what they are doing Saturday. Tell what they say.

> MODÈLE   je / faire des courses
> **Je fais des courses.**

1. mes copains / faire du camping
2. nous / faire une promenade
3. Jacques / faire du sport
4. tu / faire le ménage
5. Véronique et moi, nous / faire le marché
6. je / faire mes devoirs

D. Activités. Anne-Marie is telling what various members of her family are doing. Based on the illustrations, tell what she says.

MODÈLE   Ma sœur . . .
Ma sœur fait le marché.

1. Mon père . . . .

2. Mes grands-parents . . . .

3. Ma mère . . . .

4. Mes frères . . . .

5. Moi, je . . . .

A. **Vrai ou faux?**   Are the following statements true or false for you?
If a statement is false, reword it to make it true.

> EXEMPLES   Je fais souvent le marché avec mes parents.
> Je fais rarement le marché avec mes parents.

1. Je fais toujours mes devoirs tout de suite après l'école.
2. Je fais souvent la cuisine.
3. Mes copains et moi, nous faisons souvent du sport.
4. Dans ma famille on fait souvent des pique-niques.
5. Les familles américaines font souvent des promenades.
6. Je fais souvent la vaisselle.
7. J'aime bien faire des courses dans les magasins.

B. **Interview.**   Using the words given below, make questions to ask
another student about some of his or her activities.

> EXEMPLE   faire souvent le marché
> Est-ce que tu fais souvent le marché?

1. faire souvent le ménage
2. aimer faire le ménage
3. faire la vaisselle de temps en temps
4. aimer faire la cuisine
5. faire bien la cuisine
6. faire souvent du sport

=Interlude/Culture

People enjoy different activities during their free time. According to a
recent survey, French people enjoy the following activities.

1. Je fais des promenades. (75.0%)

2. Je regarde la télé. (72.7%)

3. Je travaille dans mon jardin. (64.3%)

4. J'invite des amis. (62.0%)

5. J'aime passer mon temps avec un bon livre ou des magazines. (60.2%)

6. Je fais des petites réparations dans la maison. (51.0%)

7. J'aime tricoter, etc. (41.2%)

8. Je fais du sport. (18.7%)

9. Je vais au cinéma. (17.1%)

10. Je vais au théâtre ou au concert. (15.3%)

11. Je vais à la pêche. (14.6%)

12. Je vais au café. (14.6%)

Et vous, quelles sont vos activités préférées? Et votre famille? Et les Américains en général?

EXPLORATION

TALKING ABOUT SPORTS
USING *JOUER À* AND *FAIRE*

Présentation

Because different verbs are used when talking about participation in various sports, it is necessary to learn which verb to use with each sport.

A. **Jouer à** is used with many competitive games and sports.

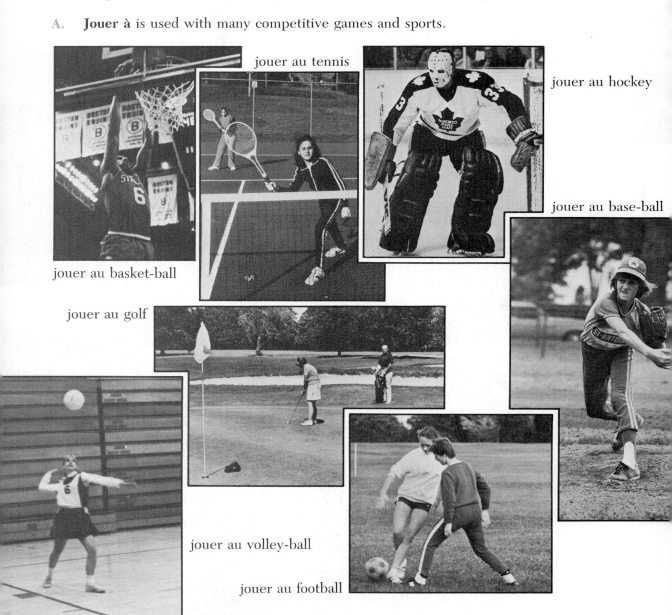

jouer au tennis

jouer au hockey

jouer au base-ball

jouer au basket-ball

jouer au golf

jouer au volley-ball

jouer au football

B. **Faire** is used for sports and activities that are often recreational but that can involve competition.

Note that the article becomes **de** in the negative.
- Je ne fais jamais **de** gymnastique.

faire de l'athlétisme

faire du patinage sur glace

faire du jogging

faire du camping

faire de la lutte

faire du ski nautique

faire du ski

faire de la gymnastique

faire du vélo

149

Préparation

A. Tu fais du sport? Marie-Lise is asking a friend what kinds of sports she plays. Give her questions.

> MODÈLES   tennis
> **Est-ce que tu joues au tennis?**
>
> jogging
> **Est-ce que tu fais du jogging?**

1. hockey
2. gymnastique
3. athlétisme
4. tennis
5. patinage sur glace
6. golf
7. ski
8. vélo

B. Quel est leur sport préféré? Using the illustrations below, tell what sports the following people are practicing.

> MODÈLE

Nous . . .   **Nous faisons souvent du jogging.**

2. Moi, je . . . .

1. Mes sœurs . . . .

3. Mes parents . . . .

4. Mes amis et moi, nous . . . .

5. Ma sœur . . . .

6. Guy . . . .

C. **Célébrités du monde du sport.** Tell what sport the following people play.

> MODÈLE   Johnny Bench
> **Johnny Bench joue au base-ball.**

1. Chris Evert Lloyd
2. Terry Bradshaw
3. Bjorn Borg
4. Les Harlem Globetrotters
5. Nancy Lopez
6. Cathy Rigby
7. Pélé
8. Jack Nicklaus
9. Eric Heiden
10. Steve Garvey
11. Wilma Rudolph
12. Reggie Jackson

Communication

A. **À vous de jouer!** Give the names of sports figures. Have the rest of the class tell what sports these people play.

> EXEMPLE   Tony Dorsett
> Il joue au football américain.

B. **Interview.** Using the phrases given below, make questions to ask another student.

> EXEMPLE   faire du patinage de temps en temps
> Est-ce que tu fais du patinage de temps en temps?

1. préférer jouer au basket-ball ou au volley-ball
2. faire du camping de temps en temps
3. faire de la gymnastique le matin
4. faire souvent du jogging
5. nager bien
6. jouer bien au tennis
7. aimer jouer au football
8. aimer faire des promenades

Horizontal
1. Earl Campbell joue au _____ américain.
2. Pour jouer au tennis on est obligé de trouver un _____.
3. Pour développer ses muscles on fait du vélo ou du _____.
4. Un sport qu'on joue sur la glace.
5. On va à la montagne pour faire du _____.

Vertical
3. Faire de la gymnastique mais _____ au tennis.
6. Pour regarder un match de football on va au _____.
7. Tracey Austin joue au _____.
8. On va à la piscine pour _____.
9. On fait du sport dans la classe d'éducation _____.

EXPLORATION

Présentation

To talk about the weather (**le temps**), you need to know the vocabulary for the various weather conditions.

Quel temps est-ce qu'il fait aujourd'hui?
What is the weather like today?

Il fait beau.

Il fait mauvais.

Il fait froid.

Il fait chaud.

Il fait du vent.

Il fait du soleil.

Il pleut.

Il va pleuvoir.

Il neige.

Il va neiger.

Une semaine de vacances

A. **Quel temps est-ce qu'il fait?** A Canadian forecaster is reporting the weather conditions in various French-speaking cities around the world. Tell what he says.

MODÈLE

À Genève , . . .
À Genève, il fait beau.

1.

À Fort-de-France, ...

2.

À Chamonix, ...

3.

À Marseille, ...

4.

À Québec, ...

5.

À Paris, ...

6.

À Lucerne, ...

B. Et demain? *La Presse*, a Montreal newspaper, provides tomorrow's weather forecast. Tell what the weather will be like in each of the following Canadian cities.

MODÈLE   À Toronto . . .   1.   À Montréal, ...   2.   À Vancouver, ...

À Toronto, il va neiger.

3.   À Québec, ...   4.   À Ottawa, ...   5.   À Winnipeg, ...

Communication

A.   Préférences.   What kind of weather fits the following situations? Complete the following sentences with an appropriate weather expression.

1.   Je n'aime pas jouer au tennis quand . . . .
2.   J'aime nager quand . . . .
3.   On va rarement à la plage quand . . . .
4.   Je fais souvent des promenades quand . . . .
5.   Je fais du sport seulement quand . . . .
6.   On ne fait pas de ski nautique quand . . . .
7.   On ne joue pas au base-ball quand . . . .
8.   On fait du ski quand . . . .
9.   Je n'aime pas rester à la maison quand . . . .
10.   Je n'aime pas faire du camping quand . . . .

B. **La météo.** Imagine that you are giving the weather forecast (**le bulletin météorologique**) on the morning news. Tell what the weather will be today and tomorrow.

> EXEMPLE Aujourd'hui il pleut, mais demain il va faire beau.

Interlude/Culture

The climate in France and Canada is somewhat similar to that of the United States. There are, however, many French-speaking countries that have tropical climates. Study the chart below and answer the following questions.

> EXEMPLE Quel temps est-ce qu'il fait à Dakar en janvier?
> Il fait du soleil, et la température est de vingt et un degrés.

1. Quel temps est-ce qu'il fait à Dakar en juillet?
2. Quel temps est-ce qu'il fait à l'Île Maurice en décembre?
3. Quel temps est-ce qu'il fait à Abidjan en octobre?
4. Quel temps est-ce qu'il fait à Agadir en août?
5. Quel temps est-ce qu'il fait à Djerba en mars?

QUEL MOIS CHOISIR POUR VOS VACANCES EXOTIQUES?

	janvier	février	mars	avril	mai	juin	juillet	août	septembre	octobre	novembre	décembre
DJERBA (TUNISIE)	12°	21°	23°	19°	24°	25°	27°	37°	27°	23°	25°	19°
AGADIR (MAROC)	21°	22°	20°	24°	24°	25°	27°	37°	27°	26°	25°	21°
DAKAR (SÉNÉGAL)	21°	19°	27°	21°	23°	26°	27°	27°	27°	26°	26°	23°
ABIDJAN (CÔTE D'IVOIRE)	26°	26°	21°	27°	27°	25°	26°	24°	25°	26°	26°	24°
L'ÎLE MAURICE	26°	26°	28°	24°	23°	21°	21°	21°	21°	22°	24°	26°
L'ÎLE DE LA RÉUNION	27°	27°	21°	26°	24°	23°	22°	22°	22°	23°	25°	26°

Il fait du soleil.

Il fait un temps chaud et humide.

Il pleut et il fait beau.

EXPLORATION

═══Présentation══════════════════════════════════

To indicate a particular person, thing, or group, we use *this*, *that*, *these*, or *those* in English. The French demonstrative adjectives express these same meanings and, like all articles and adjectives, they agree with the nouns they modify.

	Singular	Plural
Masculine before a consonant sound	**ce** sport	**ces** sports
Masculine before a vowel sound	**cet** étudiant	**ces** étudiants
Feminine	**cette** équipe	**ces** équipes

Cette classe de gymnastique est formidable.

Ce prof est excellent.

Mais cet exercice est difficile.

Et ces étudiants sont très fatigués.

A. Quand? A group of friends is talking about when they are going skiing. What do they say?

> MODÈLE matin
> **Je vais faire du ski ce matin.**

1. après-midi
2. week-end
3. soir
4. matin
5. semaine

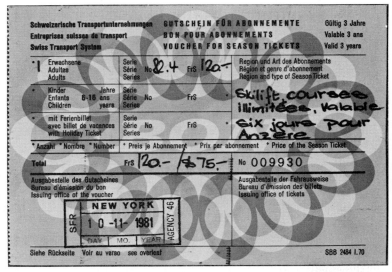

B. Opinions. A group of students is talking about school life. Tell what these students say.

> MODÈLE le professeur / intéressant
> **Ce professeur est intéressant.**

1. les examens / difficiles
2. les livres / intéressants
3. les affiches / jolies
4. la classe / excellente
5. les cahiers / trop chers
6. l'équipe de football / excellente
7. l'album / formidable
8. le stade / trop petit

C. À la terrasse d'un café. Several friends are sitting at a sidewalk café making comments about the things and people they see. Using the cues provided, tell what they are saying.

> MODÈLE voiture / formidable
> **Cette voiture est formidable.**

1. café / froid
2. sandwich / excellent
3. glace / formidable
4. famille / amusante
5. groupe / sympathique
6. étudiant / pressé
7. voiture / trop chère
8. thé / trop chaud

═Communication═

Êtes-vous d'accord?   Do you agree or disagree with the statements made about the following pictures? Be sure to use a demonstrative adjective in your response.

EXEMPLE   Voilà un travail amusant.

Oui, ce travail est amusant.
Non, ce travail n'est pas amusant.

2.   Voilà un
     sport fatigant.

1.   Voilà une jolie maison.

3.   Voilà un restaurant élégant.

4.   Voilà des étudiants
     élégants.

5.   Voilà un match
     intéressant.

PERSPECTIVES

Cyclones contre Turbines

Mesdames et Messieurs, le match de hockey va <u>bientôt</u> <u>commencer</u>.*   soon/start

Le hockey est un sport qui élimine les différences de religion, de classe sociale, et de race.

*__Commencer__ is a regular __-er__ verb except that a cedilla is added to the __nous__ form: __nous commençons.__

Aujourd'hui, notre équipe locale, Les Cyclones, joue contre les terribles Turbines de Manicouagan.

Le rêve de ces braves petits <u>joueurs</u> est de gagner la <u>récompense</u> suprême: <u>goûter</u> le lait de la <u>victoire</u>.

dream/players

reward

taste/victory

Pour les joueurs, comme pour leurs chers parents, les émotions sont variées.

La vie d'un joueur de hockey n'est pas toujours facile.

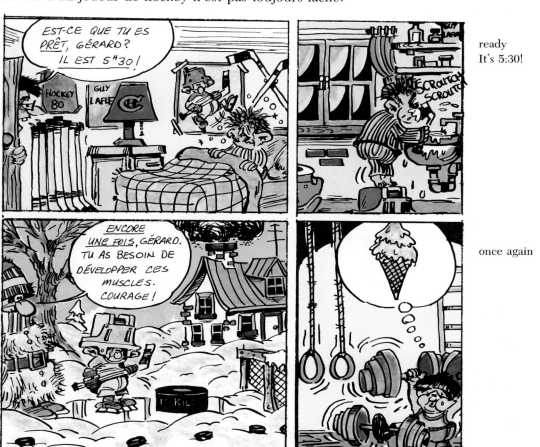

ready
It's 5:30!

once again

Mais il y a des récompenses: il a l'admiration de ses professeurs et de ses petites amies.

Un joueur de hockey est aussi un poète.

oka

to g
teet
eve

Et maintenant, <u>bonne chance</u> à nos jeunes héros.

good luck

Extrait et adapté d'un dessin animé de *Mic Mac, Le Magazine des Jeunes Québécois* (Éditions le Normédia)

COMPRÉHENSION

Answer the following questions based on the *Perspectives* reading.

1. Qui sont les Cyclones?
   Et qui sont les Turbines?
2. Est-ce que les joueurs sont des enfants?
3. Contre qui est-ce que les Cyclones vont jouer aujourd'hui?
4. Est-ce que les Cyclones sont l'équipe locale, ou l'équipe de Manicouagan?
5. Quelle est la récompense pour l'équipe qui gagne le match?
6. Est-ce que les professeurs de Gérard sont contents de son travail?
7. Qu'est-ce que Gérard est prêt à donner pour son sport préféré?

COMMUNICATION

A. **Célébrité sur glace.** Imagine that you are a famous hockey player for the Montreal Canadians. Using the vocabulary from this chapter and other vocabulary you know, answer the interviewer's questions.

LE REPORTER	Pourquoi est-ce que vous faites du sport?
VOUS	_____
LE REPORTER	Quelle est votre réaction quand votre équipe ne gagne pas?
VOUS	_____
LE REPORTER	Qu'est-ce que vous êtes prêt à donner pour le sport?
VOUS	_____
LE REPORTER	Est-ce qu'il y a des choses que vous n'êtes pas prêt à donner pour le sport?
VOUS	_____
LE REPORTER	Quelle est la récompense suprême pour un joueur de hockey?
VOUS	_____
LE REPORTER	Qu'est-ce qu'on a besoin de faire pour être un bon joueur de hockey?
VOUS	_____
LE REPORTER	Qu'est-ce que vous faites après les matchs?
VOUS	_____
LE REPORTER	Qu'est-ce que vous faites quand vous ne jouez pas au hockey?
VOUS	_____
LE REPORTER	Est-ce que la vie d'un joueur de hockey est toujours facile?
VOUS	_____
LE REPORTER	Quel est votre rêve?
VOUS	_____

B. **Vous et le sport.** Using the questions below as a guide, describe your attitude toward sports and the role of sports in your school.

1. Est-ce que vous faites souvent du sport? Pourquoi ou pourquoi pas?
2. Quels sports aimez-vous?
3. Quel est votre sport préféré? Pourquoi?
4. Est-ce que vous préférez faire du sport ou regarder des matchs à la télé?
5. Est-ce que les sports sont importants dans votre école?
6. Combien d'équipes de sport avez-vous dans votre école?
7. Contre qui jouez-vous?

C. **Obligations et récréation.** Which of the following are things that you have to do, and which are things that you enjoy doing? Using the words given below, make a list of your own personal obligations and your fun activities.

EXEMPLES   Obligations   Récréation
            Je fais la vaisselle.   Je fais du sport.

1. faire du sport
2. faire du camping
3. faire mes devoirs
4. faire la vaisselle
5. faire le ménage
6. jouer au tennis
7. faire de la gymnastique
8. nager
9. faire la cuisine
10. aller au cinéma ou à des concerts.
11. inviter des amis
12. aider mes amis
13. aider mes parents
14. faire le marché
15. aller à l'école
16. travailler pour gagner de l'argent
17. aller à des matchs de football

D. **Interview.** Find out about the obligations and fun activities of other students in your class. Then report back what you have found out to the rest of the class.

EXEMPLES   Qu'est-ce que tu es obligé(e) de faire?
            Qu'est-ce que tu aimes faire?

E. **Temps, occupations, et passe-temps.** Sometimes the weather is good, but sometimes it interferes with your plans. Using vocabulary you know, what are you likely to do in the following situations?

Qu'est-ce que vous allez faire?

1. C'est samedi après-midi.
   Il pleut.
2. Vous êtes en vacances.
   Il fait beau.
3. Nous sommes en janvier.
   Il fait très froid.

4. Vous avez l'après-midi libre.
   Mais il va peut-être neiger.
5. Vous allez faire du camping avec votre famille.
   Mais il va pleuvoir et faire du vent pendant le week-end.

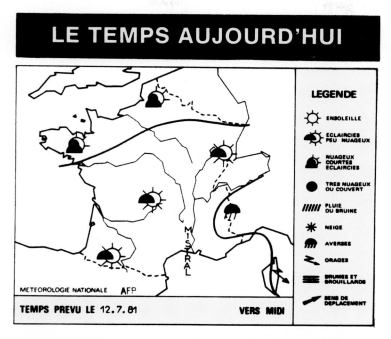

VOCABULAIRE DU CHAPITRE

NOUNS RELATED TO SPORTS
le base-ball baseball
le basket-ball (basket) basketball
le camping camping
la compétition competition
l'équipe (*f*) team
l'esprit (*m*) spirit
le golf golf
le hockey hockey
le joueur (*m*) player
la joueuse (*f*) player
les muscles (*m*) muscles
le partenaire partner
la récompense reward
la santé health
la victoire victory
le volley-ball volleyball

OTHER NOUNS
l'admiration (*f*) admiration
le courage courage
la dent tooth
la différence difference
l'émotion (*f*) emotion
la fois time, instance
une fois once
l'idiot (*m*) idiot
le poème poem
le poète (*m*) poet
le premier ministre prime minister
le projet plan, project
la race race
la religion religion
le rêve dream
le temps weather, time

WEATHER EXPRESSIONS
Il fait . . .
  beau It's nice.
  chaud It's hot, warm.
  froid It's cold.
  mauvais It's nasty.
  du soleil It's sunny.
  du vent It's windy.
Il neige. It's snowing.
Il va neiger. It's going to snow.
Il pleut. It's raining.
Il va pleuvoir. It's going to rain.

SPORTS EXPRESSIONS WITH *FAIRE*
faire . . .
  de l'athlétisme to do track and field
  de la gymnastique to exercise, do
    gymnastics
  du jogging to jog
  de la lutte to wrestle
  du patinage sur glace to go ice-skating
  du ski to go skiing
  du ski nautique to go water skiing
  du sport to participate in sports or in
    athletics

EXPRESSIONS WITH *FAIRE* DESCRIBING DAILY ACTIVITIES
faire des courses to go shopping
faire des devoirs to do homework
faire le marché to go shopping
faire le ménage to do housework
faire une promenade to go for a walk
faire la vaisselle to do the dishes

OTHER VERBS
commencer to begin
développer to develop
donner to give
éliminer to eliminate
gagner to earn, win
goûter to taste
réciter to recite
rentrer to go back
trouver to find

ADJECTIVES
bon, bonne good
brave brave
cher, chère expensive
libre free
local local
prêt ready
social social
suprême supreme
terrible terrible
varié varied

ADVERBS
bientôt soon
même even
tout de suite right away
trop too

OTHER WORDS
ce, cet, cette this, that
ces these
contre against
hein? okay?
pourquoi why

SEPTIÈME CHAPITRE

Entertainment

INTRODUCTION

Qu'est-ce qu'il y a à la télé?

C'est le soir. La famille Bontemps va regarder la télévision. Il y a la grand-mère, le père, la mère, Thérèse (12 ans), Robert (17 ans), et Nicolas (8 ans). Le problème, c'est le <u>choix</u> d'un programme.　　　choice

1. hour, time
2. news
3. something else
4. other
5. channels

6. similar to
   TV Guide
7. cartoons
8. there
9. bed

COMPRÉHENSION

Based on the above conversation, tell which member of the family would probably make the following statements.

1. Tu n'es pas fatigué, mon petit?
2. Regarder encore un film idiot! Ah, non alors!
3. Moi, les dessins animés, j'aime bien ça.
4. J'espère qu'ils vont parler du temps qu'il va faire demain.
5. Est-ce que tu as mon *Télé 7 Jours*?

COMMUNICATION

Et vous, quels sont vos programmes préférés? Below are some typical types of television programs. Using the scale below, tell how well you like each type of program.

Je déteste    Je n'aime pas beaucoup     J'aime beaucoup J'adore

J'aime

les reportages sportifs   les matchs télévisés   les jeux télévisés   les westerns

 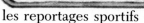  

les documentaires   les feuilletons   les publicités   les films

les informations   les dessins animés   les comédies   les spectacles
de variété

EXPLORATION

⚜ ***TALKING ABOUT THE ORDER OF THINGS***
ORDINAL NUMBERS

Présentation

To talk about the order in which things or events are placed (first, second, third, etc.), you use ordinal numbers. Note in the list below that nearly all ordinal numbers follow a regular pattern: **ième** is added to the number word. If the number word ends in an **e**, the **e** is dropped before adding the **ième: quatrième.**

The only exceptions are for *first,* where **premier** *(m)* and **première** *(f)* are used, and for *last,* where **dernier** *(m)* and **dernière** *(f)* are used.

premier, première	(1er, 1ère)	dix-septième	(17e)
deuxième	(2e)	dix-huitième	(18e)
troisième	(3e)	dix-neuvième	(19e)
quatrième	(4e)	vingtième	(20e)
cinquième	(5e)*	vingt et unième	(21e)
sixième	(6e)	vingt-deuxième	(22e)
septième	(7e)	vingt-troisième	(23e)
huitième	(8e)	vingt-quatrième	(24e)
neuvième	(9e)*	vingt-cinquième	(25e)
dixième	(10e)	vingt-sixième	(26e)
onzième	(11e)	vingt-septième	(27e)
douzième	(12e)	vingt-huitième	(28e)
treizième	(13e)	vingt-neuvième	(29e)
quatorzième	(14e)	trentième	(30e)
quinzième	(15e)	etc.	
seizième	(16e)		

- C'est le dernier jour du mois.
- Qu'est-ce qu'il y a sur la deuxième chaîne?

Ordinal numbers are commonly used with **fois** *(time, instance).*

- Je vais aller à Paris pour la première fois de ma vie.

*Note the addition of **u** after the **q** in **cinq** and that the **f** in **neuf** becomes **v.**

Préparation

A. **En quelle classe tu es?** The French system for numbering grades goes in the opposite direction from the American system. A French student starts high school in **sixième** and then proceeds through **cinquième, quatrième,** etc. to **première.** The student then has one more year of specialization (**classe terminale**) before finishing the **lycée.** Several French high school students are telling what grade they are in. What do they say?

> MODÈLE 3^e
> **Je suis en troisième.**

1. 1ère **3.** 4e **5.** 2^e
2. 5e **4.** 6e **6.** 3^e

B. **Quel est ton classement?** French students' performance in each school subject is often ranked in comparison with their classmates. Gérard is telling his parents how well he did in school. What does he say?

> MODÈLE   maths 8^e
> **Je suis huitième en maths.**

1. anglais 1er **3.** histoire 5e **5.** sciences 11^e
2. français 10e **4.** musique 4e **6.** éducation physique   dernier

Communication

Quel est votre choix? List the following types of television programs according to your preferences.

EXEMPLE   Les comédies sont mon premier choix.

Interlude/Culture

If you visit France, you'll quickly encounter the use of ordinal numbers in various aspects of everyday life. For example, train, plane, and subway tickets are for **première classe** or **deuxième classe.** Television channels are called **la première chaîne, la deuxième chaîne,** whereas we talk about Channel 2, Channel 4, etc.

Ordinal numbers are also used to divide Paris into neighborhoods called **arrondissements.** There are about 20 **arrondissements** in Paris. A Parisian may live in the **16ᵉ,** a well-to-do, fashionable neighborhood, while another lives in the **5ᵉ,** the **Quartier Latin** (Latin Quarter), where many students and artists live. Newspapers list movie theatres in Paris by **arrondissements.** Tell in which **arrondissement** each **cinéma** is located:

MODÈLE   Le Mayfair / XVIᵉ
Le Mayfair est dans le seizième.

1. L'Ambassade / VIIIᵉ
2. Le Cosmos / VIᵉ
3. Les Templiers / IIIᵉ
4. L'Escorial / XIIIᵉ
5. L'Action Lafayette / XIXᵉ
6. Le Moulin Rouge / XVIIIᵉ

EXPLORATION

ASKING QUESTIONS
USING INVERSION

Présentation

You already know the most common ways of asking questions—by using **est-ce que** or by simply raising your voice at the end of a sentence. Another way, which is used more frequently in writing, is to reverse the order of the subject and the verb.

Vous allez regarder les informations?	Allez-vous regarder les informations?
Tu as mon *Télé 7 Jours*?	As-tu mon *Télé 7 Jours*?
C'est un programme intéressant?	Est-ce un programme intéressant?

Notice that, in writing, a hyphen is put between the subject and the verb. In the third person singular (**il/elle**), a **t** is also inserted. Notice how the "t" makes the verb easier to say.

Joue-t-elle dans ce film?
Y a-t-il autre chose à la télé ce soir?
Travaille-t-il cet après-midi?

A. In the third person singular or plural (**il/elle; ils/elles**), when there is a noun subject, the noun remains and the pronoun is added after the verb.

Paul Piché va être à la télé?	Paul Piché va-t-il être à la télé?
Les jeunes regardent trop la télé?	Les jeunes regardent-ils trop la télé?

B. Inversion is not as common as **est-ce que** in conversational yes-or-no questions, but it is used very often with question words like **comment, quand, où**, etc.

Comment allez-vous?
Où cette chanteuse habite-t-elle?
Quand aimes-tu regarder la télé?
Quel temps fait-il aujourd'hui?

Maintenant je comprends la fonction de l'interrogatif. C'est pour embêter les profs!

Pourquoi avons-nous un examen aujourd'hui?

Avez-vous nos devoirs?

Comment dit-on "cheerleaders" en français?

Quand avons-nous notre prochain examen?

A. Une interview difficile. A **député** (French legislator) being interviewed by Janine Bollert is hesitant to answer her questions. She has to repeat them before she can get an answer. Repeat her questions using inversion.

> MODÈLE   Est-ce que vous donnez souvent des interviews?
> **Donnez-vous souvent des interviews?**

1. Est-ce que vous espérez être premier ministre?
2. Est-ce que vous êtes optimiste?
3. Est-ce que les jeunes aiment vos idées?
4. Pourquoi est-ce qu'ils sont contre vos idées?
5. Est-ce que vous aimez votre travail?
6. Est-ce que vous risquez d'avoir des difficultés?

B. Reportage sportif. Jean-Louis Laforêt, the host of a weekly sports show in Canada, is interviewing a hockey player. Based on his guest's responses, what are the questions he asked?

> MODÈLE   Oui, mon frère joue aussi au hockey.
> **Votre frère joue-t-il aussi au hockey?**

1. Oui, nous allons jouer contre l'équipe de Montréal.
2. Oui, le hockey est un sport difficile.
3. Non, je ne suis pas content de notre dernier match.
4. Oui, je regarde les matchs à la télé.
5. Non, je n'aime pas les autres sports.

== Communication ==

A. Interview avec un étudiant français. You are interviewing a French exchange student for your school paper and want to find out the following information. How would you ask your questions using inversion?

> EXEMPLE   aimer regarder la télévision
> Aimes-tu regarder la télévision?

1. écouter souvent la radio
2. préférer les feuilletons ou les comédies
3. regarder souvent les spectacles de variété
4. aller souvent au cinéma
5. préférer faire du sport ou regarder les matchs à la télé
6. trouver les documentaires intéressants
7. préférer la télévision française ou la télévision américaine

B. **Interview.**   Use the questions you have prepared in activity A to interview another student in your class. You may want to ask additional questions.

Interlude/Culture

Viewers of French television often watch programs from other countries, including the United States. These programs (often older series) are dubbed with French soundtracks. What are the American titles of the following programs on French television?

1. La Légende d'Adams et de l'ours Benjamin
2. Hawaii Police d'état
3. Les Rues de San Francisco
4. L'Homme qui venait de l'Atlantide
5. Drôles de dames
6. Holocauste

LA LÉGENDE D'ADAMS ET DE L'OURS BENJAMIN
Série américaine
LES JOIES DE LA NATURE

Grizzly Adams (Dan Haggerty) et Mad Jack (Denvers Pyle)

Grizzly Adams . . . . **Dan Haggerty**
Mad Jack . . . . **Denver Pyle**
Nahoma . . . . **Don Shanks**
Ben, l'ours . . . . **Bozo**

Au cours de ses pérégrinations, Grizzly donne à un capitaine en retraite une belle leçon sur l'amitié entre hommes et animaux...

LA PETITE MAISON DANS LA PRAIRIE
SÉRIE DE TREIZE ÉMISSIONS
L'ENFANT MALHEUREUX
RÉALISATION DE VICTOR FRENCH

Le couple Ingalls et ses enfants.

Charles Ingalls . . . . **Michael Landon**
Caroline Ingalls . . . . **Karen Grassle**
Loudy . . . . **John Ireland**
Laura Ingalls . . . . **Melissa Gilbert**
Mary Ingalls . . . . **Melissa Sue Anderson**
——— *Diffusé en 1977* ———

EXPLORATION

══ Présentation ════════════════

When you want to ask a French-speaking person what time it is, you say:

- Quelle heure est-il?
- Vous avez l'heure, s'il vous plaît?

These questions can be answered in the following ways:

A. On the hour

Il est une heure.   Il est quatre heures.   Il est midi.   Il est minuit.

B. On the quarter- or the half-hour

Il est trois heures et demie.   Il est sept heures et quart.   Il est dix heures
moins le quart.

C. Minutes before or after the hour

Il est neuf heures cinq.   Il est minuit moins vingt.   Il est neuf heures
moins vingt-cinq.

D. To ask or to tell at what time an event occurs, the preposition **à** is used.

À quelle heure commence le film?
Le film commence à huit heures et demie.

E. French does not use A.M. or P.M. The words **du matin, de l'après-midi,** and **du soir** are used instead.

Les programmes commencent à onze heures du matin.
Je vais rentrer à deux heures de l'après-midi.
Nous mangeons à huit heures du soir.

Note that **heures** can be abbreviated **h** (or **H**): **3 h** or **3 H, 10 h 30** or **10 H 30.**

Préparation

A. **Quelle heure est-il?** Jeannette Lefranc, a French disc jockey, works the eight in the morning to two in the afternoon shift. At various intervals, she gives the time to her listeners. What time would she give at each of the following points?

MODÈLE   8 h 15
Il est huit heures et quart.

1. 8 h 25
2. 9 h 15
3. 10 h 40
4. 11 h 20
5. 12 h 30
6. 12 h 45
7. 1 h 55
8. 2 h

B. Qu'est-ce qu'il y a à la télé ce soir? Solange is telling Joëlle what's on television tonight. What does she say?

MODÈLE 5 h 30 / des dessins animés
À cinq heures et demie, il y a des dessins animés.

1. 6 h 25 / un reportage sportif
2. 7 h / les informations
3. 8 h / un spectacle de variété
4. 8 h 45 / un documentaire
5. 9 h 15 / un film

══Communication ══════════════════════════

A. Les programmes du soir. Imagine you are looking at a schedule of a French television channel. Read the schedule below and answer the questions that follow.

Cette Semaine

jeudi	
4 h 30 Ce soir: les programmes du soir	**7 h 15** Football: reportage du match France-Italie
4 h 35 Mickey Mouse et ses petits copains (dessins animés)	**7 h 30** Les informations
5 h 40 Reportage spécial: le sport dans les écoles	**8 h 30** Québec: ses chanteurs et ses poètes (documentaire)
6 h 15 Des enfants terribles (feuilleton télévisé)	**9 h 15** Concert: Gilles Vigneault
7 h 05 Bulletin météo: le temps demain	**9 h 50** Télé-ciné: *Mon oncle* (un film de Jacques Tati)

1. À quelle heure les programmes du soir commencent-ils?
2. À quelle heure est le feuilleton télévisé?
3. Est-ce que le film commence à 8 h 30?
4. À quelle heure y a-t-il un programme intéressant pour les enfants?
5. Le concert de Gilles Vigneault est à quelle heure?
6. À quelle heure commence le dernier programme?
7. Qu'est-ce qu'il y a à la télé à 7 h 30?
8. Quel(s) programme(s) allez-vous regarder et à quelle heure?

B. À quelle heure . . . ? Answer the following questions or use them to interview another student.

1. À quelle heure manges-tu ton petit déjeuner?
2. À quelle heure est ta première classe?
3. À quelle heure est ta dernière classe?
4. À quelle heure rentres-tu à la maison?
5. À quelle heure manges-tu à l'école?
6. À quelle heure est ton programme préféré à la télé?
7. À quelle heure fais-tu tes devoirs le soir?

In telling official time (schedules for planes, trains, buses, radio or television programs), the French use a twenty-four hour system.

OFFICIAL USE	CONVERSATIONAL USE
onze heures trente	onze heures et demie
douze heures	midi
treize heures dix	une heure dix
dix-neuf heures quarante	huit heures moins vingt
vingt-trois heures cinquante-cinq	minuit moins cinq

In France the **speakerine** announces the schedules of television programs each day, using a twenty-four hour time system. Tell what time it would be in a twelve-hour system in each of the following instances.

EXEMPLE   14 h 15
deux heures et quart

1. 16 h 30
2. 18 h 45
3. 19 h 10
4. 20 h
5. 22 h 20
6. 23 h 35

EXPLORATION

⚜ ***EXPRESSING WANTS AND WISHES***
THE VERB *VOULOIR*

═ Présentation ═══════════════════════════════════════

We often need to talk about things that we want or activities that we want to do. In French, the verb **vouloir** means *to want* or *to wish*. It is irregular, and here are its forms:

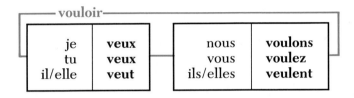

vouloir			
je	**veux**	nous	**voulons**
tu	**veux**	vous	**voulez**
il/elle	**veut**	ils/elles	**veulent**

- Voulez-vous regarder ce documentaire?
- Est-ce que tu veux acheter *Télé 7 Jours*?
- Je ne veux pas regarder les informations ce soir.

You have already learned a special form of the verb **vouloir: je voudrais** —which is similar to *I would like*. **Je voudrais** is much more polite than **je veux.**

- Je voudrais un sandwich et un coca.
- Je voudrais consulter le programme.

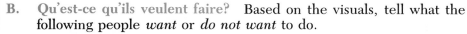

Préparation

A. **Choix d'un programme.** Each member of the Bontemps family has a program that he or she wants to watch. What are their choices?

> MODÈLE   je / les informations
> **Je veux regarder les informations.**

1. Jean / des dessins animés
2. Nous / un feuilleton
3. Vous / une comédie
4. Je / un documentaire
5. Les grands-parents / un reportage sportif
6. Tu / un film

B. **Qu'est-ce qu'ils veulent faire?** Based on the visuals, tell what the following people *want* or *do not want* to do.

> MODÈLE   Ils . . . aller au cinéma.
> **Ils ne veulent pas aller au cinéma.**

1. Jean-Luc . . . regarder la télévision.

2. Vous . . . danser.

3. Je . . . voyager.

4. Le petit frère de Luc . . . aller au lit.

5. Jean-Louis et Pierre . . . aller au match de hockey.

Oui ou non? Using the illustrations, tell which of the following activities you want to do or don't want to do next Saturday morning.

EXEMPLE

Je veux faire de la gymnastique.
Je ne veux pas faire de gymnastique.

1.

2.

4.

3.

5.

6.

7.

8.

PERSPECTIVES

BELMONDO

Quels films est-ce qu'on joue?

9 NOMINATIONS AUX "OSCARS"

Dustin Hoffman dans
Kramer contre Kramer

Distribué par Warner Columbia Film

"**Le guignolo**"

UN FILM DE
GEORGES **LAUTNER**
DIALOGUE
MICHEL **AUDIARD**
producteur délégué ALAIN POIRÉ
Distribution GAUMONT CERITO RENÉ CHATEAU

G

Quel film Françoise et Henri vont-ils aller <u>voir</u>?   to see

HENRI	Tu veux aller au ciné?
FRANÇOISE	Oui, c'est une bonne idée. On joue un bon film au Rex.
HENRI	Ah oui? Qu'est-ce que c'est?
FRANÇOISE	*Kramer contre Kramer.* C'est un film américain.
HENRI	C'est une histoire assez triste, non?
FRANÇOISE	Oui, assez. Mais c'est <u>passionnant</u>. exciting
HENRI	Il n'y a pas autre chose? Je voudrais voir <u>quelque chose d'amusant.</u>* something funny
FRANÇOISE	Tu veux aller voir le dernier film de Belmondo?
HENRI	Oui, <u>je veux bien</u>. That's fine, I'm willing.

COMPRÉHENSION

1. Est-ce que Françoise veut aller au cinéma?
2. Quel film veut-elle voir?
3. Est-ce qu'Henri veut aussi voir ce film?
4. Est-ce qu'il veut voir quelque chose de triste?
5. Quel autre film joue-t-on?
6. Est-ce qu'Henri veut voir ce film?

*****Quelque chose de** + an adjective expresses the idea of something interesting, good, sad, etc. The adjective is always in the masculine singular (**quelque chose de bon, d'intéressant,** etc.).

COMMUNICATION

A. Habitudes et préférences. Answer the following questions or use them to interview another student.

1. Regardes-tu souvent la télévision pendant la semaine? Et pendant le week-end?
2. Quand préfères-tu regarder la télé?
3. Quel est ton programme préféré?
4. Préfères-tu les feuilletons ou les films?
5. Regardes-tu souvent les informations?
6. Est-ce qu'il y a quelque chose d'intéressant à la télé ce soir?
7. Préfères-tu regarder la télévision ou aller au ciné?
8. Vas-tu souvent au ciné?
9. Quel est ton film préféré?
10. Est-ce qu'on joue quelque chose d'amusant cette semaine au cinéma?

B. Jeu des 20 questions. Decide what your favorite television program is. Then other students will try to guess what program you have chosen by asking you yes-or-no questions.

> EXEMPLES   Ce programme est-il amusant?
> Est-ce à neuf heures du soir le lundi?
> Est-ce un feuilleton?

C. **Qu'est-ce qu'il y a à faire cette semaine?** You have been asked to help the entertainment editor of a television station prepare a summary of next week's entertainment possibilities. Using vocabulary you know, complete the following paragraph.

Vous avez de la chance _____ semaine. Ça va être une semaine _____ pour tout le monde. Il y a un bon _____ qui joue au cinéma Rex, et au Palace on _____ un film de Hitchcock. Et si vous voulez _____ quelque chose d_____, il y a deux bonnes comédies au cinéma Gaumont. À la radio, il y a un _____ d'un très bon groupe américain. Et après le concert, il y a un _____ de football— Lyon contre Strasbourg. À dix _____, il y a le hit-parade avec vos _____ préférés. À la _____, il y a aussi une grande variété de _____ : pour les enfants, des dessins _____, pour les étudiants, un _____ spécial sur les écoles américaines. Et si vous aimez le sport il y a _____ de très intéressant, c'est le match McEnroe _____ Borg à Wimbledon.

D. **L'Idéal et la réalité.** Indicate at what time you generally do the following activities, and then indicate at what time you would ideally like to do these activities.

EXEMPLE   aller à l'école
Je vais à l'école à sept heures et demie, mais je voudrais aller à l'école à onze heures du matin.

aller à l'école   faire mes devoirs   rentrer à la maison
faire la vaisselle   faire le ménage   regarder la télé
écouter la radio   aller au lit

VOCABULAIRE DU CHAPITRE

NOUNS RELATED TO TELEVISION
 la chaîne television channel
 la comédie comedy
 les dessins animés (*m*) cartoons
 le documentaire documentary
 le feuilleton serial program, series
 le film film
 les informations (*f*) news
 le jeu game
 le programme program
 la publicité advertising
 le reportage reporting, report
 le spectacle show
 la variété variety
 le western western

OTHER NOUNS
 le ciné colloquial form of *cinéma*
 le choix choice
 la demi-heure half an hour
 l'heure (*f*) time, hour
 le lit bed
 midi (*m*) noon
 minuit (*m*) midnight
 le quart quarter (fourth)

ADJECTIVES
 autre other
 demi half
 dernier, dernière last
 idiot dumb
 passionnant exciting
 premier, première first
 sportif, sportive athletic
 télévisé televised

VERBS
 consulter to consult
 voir to see
 vouloir to wish, to want
 vouloir bien to be willing, agree

OTHER WORDS AND EXPRESSIONS
 autre chose something else
 quelque chose something

HUITIÈME CHAPITRE

Vacations and Travel

8

INTRODUCTION

Chaque saison apporte ses plaisirs mais aussi ses problèmes. Quand on n'est pas content où on est, un voyage dans un autre pays est peut-être une bonne idée. Notre agence de voyage propose les solutions suivantes.

each/season/pleasures

country
following

VOTRE PROBLÈME	NOTRE SOLUTION	
"En hiver, il fait un temps horrible ici."	Tahiti! Un pays où il fait toujours beau.	*winter*
"Au printemps, il pleut tout le temps."	Un passeport et un billet d'avion pour le Mexique. Vous n'avez pas besoin d'autre chose.	*spring/ticket* *all the time/plane*
"En été, je vais avoir trois mois de vacances, mais j'ai besoin de pratiquer mon anglais."	Pourquoi ne pas visiter les États-Unis et avoir l'occasion de parler anglais?	*summer* *United States*
"En automne, je suis triste parce que l'hiver va bientôt arriver."	Pourquoi être triste quand il fait si beau à la Martinique?	*so*

COMPRÉHENSION

Fill in the blanks of these sentences taken from travel brochures.

1. Chaque saison a ses problèmes mais aussi ses _____.
2. Si vous n'êtes pas _____ chez vous, pourquoi ne pas visiter un _____ pays?
3. Il fait un _____ horrible ici en hiver, mais Tahiti est un _____ où il fait toujours beau.
4. Vous voulez _____ votre anglais? Notre solution: Les États-Unis.
5. Êtes-vous souvent triste en _____ parce que l'hiver va bientôt arriver? Notre solution: un _____ d'avion pour la Martinique.
6. Si vous voulez visiter le Mexique, le _____ est une bonne saison.

COMMUNICATION

Et vos vacances?   Everyone has different vacation preferences. What are yours?

1. Comment préférez-vous voyager?

en voiture   en train   en avion   en moto   en vélo

2. Où est-ce que vous aimez passer vos vacances?

à la plage   dans une colonie de vacances   à la campagne

Où est-ce que vous aimez passer vos vacances?

à la montagne

dans un autre pays

dans une ville

3. Quelles sont vos activités préférées?

visiter des musées

visiter des cathédrales

voir des monuments

acheter des souvenirs

aller au théâtre

4. Où préférez-vous rester?

chez des amis

chez vos grands-parents

dans des campings

dans des hôtels

EXPLORATION

═══ Présentation ═══════════════════════════

When talking about travel plans, places of residence, or current events, names of countries and cities become important. The names of most cities are easily recognizable (for example, Paris, Genève, Londres, Québec). To indicate being *in* or *at* or going *to* a city, the preposition **à** is used.

- Nous allons à Paris.
- Gérard habite à Montréal.
- Nous sommes maintenant à Tunis.

To indicate you are *in* or going *to* a country, you must consider the gender of the country. With feminine names of countries, the preposition **en** is used without any article. Countries whose names end in an **e** are usually feminine.

l'Allemagne (Germany)	**la France**
l'Angleterre (England)	**la Suisse**
la Belgique	**la Hollande**
l'Espagne (Spain)	**l'Italie**

la Russie (ou l'Union Soviétique)

- Nous allons voyager en France.
- Les Duroc vont passer l'été en Italie.

With masculine names of countries, the prepositions **au** or **aux** are generally used. Some countries with masculine names are: **le Canada, le Mexique, le Portugal,** and **les États-Unis.**

- Pablo habite au Mexique.
- Nous allons passer nos vacances aux États-Unis.

Hier en Angleterre, aujourd'hui en France, demain en Italie...

Même ma guitare est fatiguée.

Préparation

A. **Où allez-vous cet été?** French people also enjoy summer travel. Tell where each of these families is going to spend its vacation.

MODÈLE les Picard / la Belgique
Les Picard vont en Belgique.

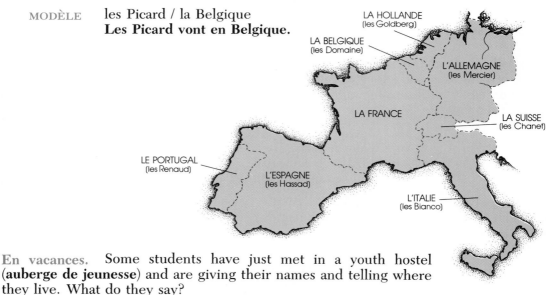

B. **En vacances.** Some students have just met in a youth hostel (**auberge de jeunesse**) and are giving their names and telling where they live. What do they say?

MODÈLE Brigitte / Belgique
Je m'appelle Brigitte. J'habite en Belgique.

1. Erika / Hollande
2. Marcel / Canada
3. María / Espagne
4. Karl / Allemagne
5. Paco / Mexique
6. Denise / Suisse
7. Vicki / États-Unis
8. Richard / Angleterre

Communication

A. **Vous et la géographie.** How well do you know your geography? To find out, see if you can tell in what countries the following cities are located.

EXEMPLE Où est Marseille?
Marseille est en France.

1. Et Amsterdam?
2. Et Londres?
3. Et Genève?
4. Et Berlin?
5. Et Rome?
6. Et Madrid?
7. Et Lisbonne?
8. Et Québec?
9. Et Moscou?
10. Et Acapulco?

B. Bon voyage! Based on the illustrations, tell where the following people are going and what they might do on their vacations.

EXEMPLE

Ils vont en Suisse pour faire du ski.

C. Le Voyage de vos rêves. If time and money were no problem, tell what cities and countries you would like to visit.

EXEMPLES   Je voudrais aller à Londres.
Je voudrais voyager au Portugal.
Je voudrais passer mes vacances en Espagne.

Les auberges de jeunesse (*youth hostels*) sont une solution pratique et économique pour les jeunes qui aiment voyager. En France, vous avez le choix: il y a des auberges dans les villes, à la campagne, à la plage, et même dans les montagnes. On trouve aussi des auberges de jeunesse dans les autres pays; par exemple, en Angleterre, en Espagne, en Tunisie, au Mexique, au Sénégal, aux États-Unis, en Suisse, et en Hollande.

Passer la nuit ou manger un repas dans une auberge ne coûte pas cher, mais les auberges de jeunesse acceptent seulement les jeunes entre 14 et 30 ans. Dans certaines auberges il y a aussi des activités spéciales pour les jeunes (ski, vélo, promenades, etc.). En général, tout le monde participe au travail de l'auberge (on fait la vaisselle, le ménage, les lits) sous la direction du père ou de la mère aubergiste qui est responsable de l'auberge.

Nom de l'A.J.	Adresse	Téléphone	Distance gare SNCF	Périodes et heures d'ouverture	Nombre de lits	Places camping	Cuisine individuelle	Repas préparés	Repas groupe seul	Petit déj. seul
Nîmes	Chemin de la Cigale 30000 Nîmes	66 67 63 53	3,5 km	5 1/17 12 7h/10h 18h/22h	78	•				•
Oinville	Impasse de la rue de Gournay 78250 Oinville Montcient		Meulan 4 km	1 1/31 12	25	•				
Orléans	14, faubourg Madeleine 45000 Orléans	38 62 45 75	1 km	16 2/31 8 16 9/31 12	50	•				
Paimpol	Château Keraoul 22500 Paimpol	96 20 83 60	1,5 km	1 1/31 12	80	•	•	•		
Paris/Rueil Malmaison	4, rue des Marguerites 92500 Rueil Malmaison	749 43 97	1,2 km	1 1/31 12 7h30/10h 17h/01h du matin	96 25			•		
Perpignan	Parc de la Pépinière Avenue Grande Bretagne 66000 Perpignan	68 34 63 32	800 m	21 1/19 12 7h/10h 18h/23h	58			•		
Phalsbourg	Château d'Einartzhausen 57370 Phalsbourg	57 07 13 72	Saverne 6 km	1 1/31 12	60	•		•		
Poitiers	17, rue de la Jeunesse B.P. 241 86006 Poitiers	49 58 03 05	2,8 km	1 1/31 12 6h/10h 12h/14h 17h/22h30	160 60	•		•		
Pontivy	15, rue Général Quinivet 56300 Pontivy		1,5 km	1 6/30 9	30	•				
Praz-de-Lys 1500 m	Chalet Communal Praz-de-Lys 74440 Taninges	50 90 21 20	23 km	15 12/1 5 1 6/15 9	40			•		

AUBERGES de JEUNESSE

1. Y a-t-il des repas préparés à l'auberge de Poitiers?
2. À Orléans, quelle est la distance entre la gare et l'auberge?
3. Quelles sont les dates d'ouverture de l'auberge de Perpignan?
4. Quel est le nombre de lits dans l'auberge de Paris/Rueil Malmaison?
5. Y a-t-il des places pour le camping à Phalsbourg?
6. Quelles sont les périodes d'ouverture de l'auberge de Pontivy?

EXPLORATION

⚜️ **GIVING DIRECTIONS, ADVICE, OR ORDERS
IMPERATIVE FORMS**

Présentation

When we give directions, advice, or orders, we often use a verb form without a subject (for example: Speak more slowly. Turn left at the corner. Take your raincoat.) Such sentences are called *imperatives*.

A. In French, when giving advice or directions to people with whom you use **vous,** use the **vous** form of the verb alone.

- Voyagez en avion.
- N'oubliez pas votre passeport.

B. If you normally use **tu** with a person, give directions or advice in the **tu** form without the subject pronoun. Notice that in spelling, the **s** is dropped from regular **-er** verbs and **aller.**

- Fais un voyage et oublie tes problèmes.
- N'achète pas ton billet aujourd'hui.
- Va à la gare.

C. An irregular verb that is frequently used in the imperative is **être.** Learn its forms.

Sois   • Sois prudent.
Soyez   • Ne soyez pas trop sévères.

CRISE DE CONSCIENCE

A. **À l'agence de voyage.** Robert Moreau, a travel agent, is giving advice to his clients. Tell what he says.

> MODÈLE   faire un voyage en Suisse
> **Faites un voyage en Suisse.**

1. acheter vos billets à la gare
2. rester dans un petit hôtel
3. voyager au printemps
4. aller à la montagne
5. faire des promenades
6. être très prudents

B. **Précautions.** Hervé is about to leave on a trip, and his parents are giving him some last-minute advice. Tell what they say.

> MODÈLE   ne pas oublier ton argent
> **N'oublie pas ton argent.**

1. ne pas oublier ton passeport
2. ne pas voyager en moto
3. ne pas manger trop
4. ne pas aller dans les clubs
5. ne pas faire de camping
6. ne pas visiter les grandes villes
7. ne pas faire de ski
8. ne pas oublier tes parents

C. **Qu'est-ce que je vais faire?** Henri is trying to plan his summer vacation at the beach and would like his friend's opinion. What does his friend tell him?

> MODÈLE   Je vais passer l'été à la plage.
> **Oui, passe l'été à la plage.**

1. Je vais aller à Nice.   (oui)
2. Je vais rester dans un hôtel.   (non)
3. Je vais faire du camping.   (oui)
4. Je vais voyager en voiture.   (non)
5. Je vais faire du jogging.   (oui)
6. Je vais manger tout le temps au restaurant.   (non)
7. Je vais organiser des pique-niques.   (oui)
8. Je vais visiter les monuments de la ville.   (oui)

Communication

A. Un voyage aux États-Unis.
A French friend is planning a trip to the United States. Indicate whether you think the plans are good or bad. Use the imperative in your response.

EXEMPLE   Je voudrais visiter New York.
Oui, visite New York.
Non, ne visite pas New York.

1. Je voudrais faire du camping.
2. Je voudrais voyager en train.
3. Je voudrais parler avec des étudiants américains.
4. Je voudrais aller à Denver.
5. Je voudrais acheter des souvenirs.
6. Je voudrais visiter ta ville.
7. Je voudrais manger des hamburgers américains.
8. Je voudrais aller à un match de base-ball.
9. Je voudrais visiter ton école.
10. Je voudrais acheter des disques américains.

B. Conseils.
New students in your school are interested in finding out what they should or shouldn't do. What advice (**conseils**) would you give them?

EXEMPLE   Manger à l'école?
Non, ne mangez pas à l'école.

Étudier beaucoup?
Oui, étudiez beaucoup.

1. étudier le français?
2. écouter en classe?
3. parler tout le temps en classe?
4. faire les devoirs?
5. être patients avec les professeurs?
6. embêter les profs et les copains?
7. passer votre temps à regarder la télévision?
8. manger à l'école à midi?

C. **On va jouer à Montréal.**   Your school's soccer team has been invited to play in Montreal, and you want to give some parting advice to individual players and to the team in general. Give advice by selecting the most appropriate suggestions below.

EXEMPLE   Situation: Il y a un joueur qui n'aime pas
                            voyager en avion.
             Suggestion: Ne voyage pas en avion.
                                       or
                            Voyage en train.

Situations:
1. Il y a des joueurs qui étudient le français.
2. Il y a un joueur qui ne parle pas français.
3. Il y a un joueur qui adore l'histoire.
4. Il y a des joueurs qui n'ont pas d'argent.
5. Il y a un joueur qui veut pratiquer son français.
6. Il y a un joueur qui adore la cuisine française.
7. Il y a des joueurs qui veulent acheter des souvenirs.

Suggestions:

parler français avec l'équipe de Montréal
commencer à étudier le français
aller faire des courses dans les magasins
rester chez les étudiants de l'autre équipe
aller manger dans un restaurant français
manger à l'école
visiter des musées à Montréal
regarder des programmes à la télévision
inviter l'autre équipe aux États-Unis
?

Les auberges de jeunesse sont une solution pour les jeunes qui veulent visiter un autre pays. Mais il y a aussi d'autres possibilités. Il y a, par exemple, des camps internationaux de travail où des jeunes de différents pays travaillent en équipe à la restauration de vieilles maisons ou de vieux monuments. Quand on travaille dans un camp, on ne gagne pas d'argent, mais on a un lit, des repas substantiels, la compagnie des autres jeunes, et l'occasion d'habiter dans un autre pays.

Imagine that you are the leader of one of the work teams and are giving orders to the members of your group. What would you say?

EXEMPLE   préparer les repas
            Préparez les repas.

1. faire la cuisine
2. aller faire les courses en ville
3. préparer les pommes de terre
4. faire le ménage
5. faire les lits
6. acheter les légumes
7. aider les autres
8. organiser les équipes de travail

EXPLORATION

TALKING ABOUT LOCATION
USING PREPOSITIONS

Présentation

To talk about where people or things are located, we often have to indicate the position of objects, persons, or places. These prepositions are especially useful:

près de	near	**devant**	in front of
loin de	far from	**derrière**	behind
à côté de	next to, beside	**entre**	between
en face de	across from, facing	**sous**	under
au coin de	on the corner of	**jusqu'à**	as far as, up to

- Est-ce que l'hôtel est loin de la gare?
- Est-ce qu'on va passer sous l'Arc de Triomphe?
- Allez jusqu'au coin de la rue.

Here are some other expressions that are useful in directing someone to a place:

Allez **tout droit**.	Go straight ahead.
Tournez **à droite**.	Turn right.
Tournez **à gauche**.	Turn left.

A. **Où est mon passeport?** Martine has lost her passport in her hotel room. Her friend Solange is helping her look for it. Give Solange's questions.

> MODÈLE sous la table
> **Est-ce qu'il est sous la table?**

1. derrière la porte
2. sous le lit
3. devant la porte
4. entre le lit et la table
5. dans le lit
6. sur le bureau

B. **Pardon, Monsieur l'agent.** Some American tourists are asking a French police officer for directions. What does he say?

> MODÈLE Est-ce que l'hôtel est loin de la gare? (non/près)
> **Non, il est près de la gare.**

1. Est-ce que le cinéma est derrière le théâtre? (non/devant)
2. Est-ce que la poste est près de la banque? (oui/à côté)
3. Est-ce que la cathédrale est près d'ici? (non/loin)
4. Est-ce que le musée est à côté de l'église? (non/en face)
5. Est-ce que la bibliothèque est devant le musée? (non/derrière)
6. Est-ce que la gare est loin d'ici? (non/près)

C. **Album de photos.** Christine is describing some photos she took while on vacation at her aunt's and uncle's home. Complete her statements by adding the appropriate preposition.

MODÈLE
Mon oncle et ma tante habitent à Lyon.
C'est ___*loin*___ de Paris.

1. Ici, nous sommes _____ leur maison.

2. Leur maison est _____ la poste.

3. Il y a un magasin de fruits _____ la maison de mon oncle et ma tante.

4. Là, _____ mon oncle et ma tante, c'est mon cousin Georges.

5. Ma sœur est _____ ma tante Yvonne.

Communication

A. **À la gare.** While you are at the railroad station, people ask you for directions. Using the map below, what directions would you give them?

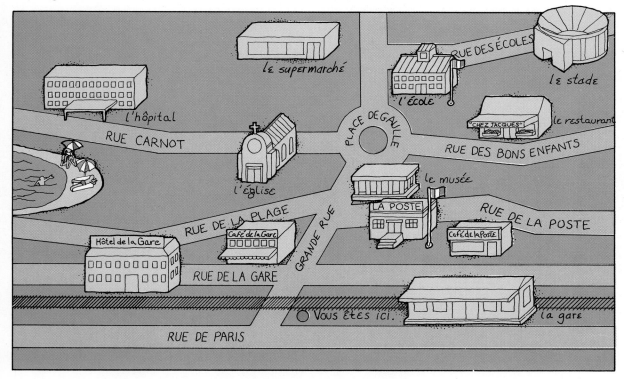

EXEMPLE Où est la rue de la Plage, s'il vous plaît?
Allez tout droit et tournez à gauche à la deuxième rue.

1. Je voudrais aller à l'hôpital. Où est-ce, s'il vous plaît?
2. Où est l'Hôtel de la Gare, s'il vous plaît?
3. Je voudrais aller au supermarché. Où est-ce, s'il vous plaît?
4. Où est l'école, s'il vous plaît?
5. Et le musée? Où est-ce, s'il vous plaît?
6. Où est la rue Carnot, s'il vous plaît?

B. **Qui est-ce?** Choose another student in your class. The rest of the class will try to guess whom you have chosen by asking yes-or-no questions.

EXEMPLE Est-ce qu'il (ou elle) est derrière Monique?
Est-ce qu'il (ou elle) est entre Jean-Luc et Anne?

Paris is one of the most beautiful cities in the world. Imagine you are visiting Paris and looking at a map of the city. Indicate whether the following statements are true or false. If a statement is false, reword it to make it true.

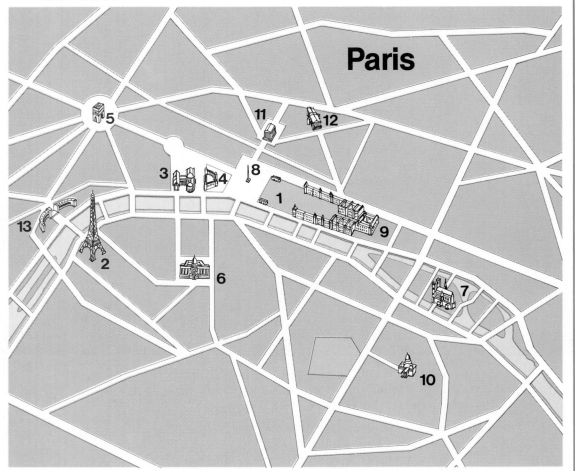

Paris

1. Les Tuileries (1) sont à côté de la Tour Eiffel (2).
2. Le Grand Palais (3) est à côté du Petit Palais (4).
3. L'Arc de Triomphe (5) est près de l'Hôtel des Invalides (6).
4. La Cathédrale Notre Dame (7) est derrière la place de la Concorde (8).
5. Le Louvre (9) est loin du Panthéon (10).
6. L'Église de la Madeleine (11) est près de l'Opéra (12).
7. Le Palais de Chaillot (13) est en face de la Tour Eiffel (2).

EXPLORATION

⚜ **DESCRIBING AND GIVING OPINIONS**
USING ADJECTIVES THAT PRECEDE NOUNS

Présentation

As you have already learned, adjectives are used to describe or to express opinions. You have seen that a few important adjectives are placed before the noun rather than after it. Here are some adjectives familiar to you that are placed before the noun.

un **bon** repas	une **bonne** idée
un **mauvais** film	une **mauvaise** situation
un **petit** café	une **petite** ville
un **grand** voyage	une **grande** maison
un **joli** pays	une **jolie** église

A. There are three other important adjectives that precede nouns: **beau,** *beautiful;* **nouveau,** *new;* and **vieux,** *old.* These adjectives have irregular forms, including a different masculine singular form before a vowel sound.

Masculine

s i n g u l a r	before a consonant	un **beau** musée	un **nouveau** musée	un **vieux** musée
	before a vowel sound	un **bel** hôtel	un **nouvel** hôtel	un **vieil** hôtel
plural		de **beaux** pays	de **nouveaux** pays	de **vieux** pays

Feminine

singular	une **belle** photo	une **nouvelle** photo	une **vieille** photo
plural	de **belles** motos	de **nouvelles** motos	de **vieilles** motos

B. When adjectives that precede the noun are used with the plural indefinite article, the **des** becomes **de** in formal language. However, in conversational French many people use **des**.

> **Formal:** Ce sont de vieux amis.
> **Conversational:** Ce sont des vieux amis.

C. Like all adjectives, these adjectives also follow the verb **être**.

- Ces monuments ne sont pas beaux.
- Cette cathédrale est très grande.
- Ce nouvel hôtel est beau.

Préparation

A. **Opinions.** Several tourists have just visited a museum, and they each have different opinions about it. Tell what they say.

> MODÈLE   beau
> **C'est un beau musée.**

1.	grand	5.	petit
2.	joli	6.	mauvais
3.	beau	7.	bon
4.	vieux	8.	nouveau

B. **Cluny, c'est comment?** David is going to visit his relatives in Cluny. His friends want to know what kind of town it is. Give their questions.

> MODÈLE   petit
> **C'est une petite ville?**

1.	joli	4.	nouveau
2.	grand	5.	vieux
3.	beau	6.	petit

C. **Les nouvelles amies.**   Paulette is trying to get to know a new class-mate and is asking her a lot of questions as they walk home. Tell what her new friend answers.

> MODÈLE   Est-ce que tu habites dans une grande maison? (non)
> **Non, je n'habite pas dans une grande maison.**

1. Tu as un petit frère, n'est-ce pas? (oui)
2. Est-ce que tu aimes les grandes villes? (non)
3. Est-ce que tu aimes ta nouvelle école? (oui)
4. Tu aimes tes nouveaux professeurs? (oui)
5. Est-ce que tu aimes ces vieilles maisons? (non)
6. Est-ce que tu aimes les grands magasins? (oui)

D. **Commentaires.**   Annick is making comments about things that she sees on her vacation. Her friend Giselle agrees with her. Tell what Giselle says.

> MODÈLE   Cet hôtel est grand, n'est-ce pas?
> **Oui, c'est un grand hôtel.**

1. Cette église est jolie, n'est-ce pas?
2. Cette plage est belle, n'est-ce pas?
3. Cet hôtel est vieux, n'est-ce pas?
4. Ce café est petit, n'est-ce pas?
5. Cette rue est jolie, n'est ce pas?
6. Cet aéroport est nouveau, n'est-ce pas?
7. Cet hôpital est vieux, n'est-ce pas?
8. Ce monument est nouveau, n'est-ce pas?

Communication

A. **Préférences.**   Indicate which of the following you prefer.

Est-ce que vous préférez . . . ?

1. habiter dans une grande ville ou dans une petite ville?

Est-ce que vous préférez . . . ?

2. rester dans un grand hôtel ou dans un petit hôtel?
3. passer vos vacances à la maison ou faire un grand voyage?
4. être étudiant(e) dans une grande école ou dans une petite école?
5. avoir une vieille voiture ou un nouveau vélomoteur?
6. manger un mauvais dessert ou manger de bons légumes?

B. **Réactions.** Someday you might see the places and things shown in the following photographs. Using the adjectives in this chapter, comment on each one.

EXEMPLE   L'Arc de Triomphe, un des monuments de Paris
           C'est un beau monument.

1. La cathédrale de Chartres

2. Une plage à la Martinique

3. La Citadelle, un monument haïtien

4. Une maison de vacances en Suisse

5. La Piscine Olympique à Montréal

6. Un marché au Sénégal

7. La Tour Eiffel, un des monuments de Paris

PERSPECTIVES

Mes vacances à Antibes

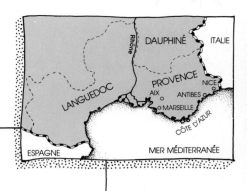

Antibes
le 18 juillet

Chère Bernadette,

Devine où je passe mes vacances. Non, ce n'est pas dans
une colonie de vacances. Et ce n'est pas chez ma tante Hélène.
Je suis dans un camp de travail international où je vais
rester jusqu'en septembre. Nous travaillons à la restauration
d'une vieille maison près d'Antibes. Je suis très
content ici parce que chaque jour je fais la connaissance
de nouveaux amis. Il y a des garçons et des filles de
différents pays (des Allemands, des Américains, des Canadiens,
des Suisses, etc.). Nous travaillons dur, mais quand on
travaille en équipe c'est toujours facile et amusant.
Souvent, on travaille jusqu'à huit heures du soir. Après ça,
on est fatigué, bien sûr, mais on est content d'être ensemble.
On chante, on danse, on parle, on fait des projets. Je suis
sûr que je vais être triste quand la fin de l'été arrive.

Et toi, que fais-tu? Où passes-tu tes vacances? Quand
vas-tu rentrer à Bruxelles? N'oublie pas nos projets pour
l'an prochain. Et sois patiente. C'est seulement ma première
lettre, mais ce n'est pas la dernière!

Ton ami,

Jean-Paul

guess

meet
boys/girls

hard

together

sure/that/end

Brussels

COMPRÉHENSION

Use Jean-Paul's letter to answer the following questions.

1. Où Jean-Paul passe-t-il ses vacances?
2. Jusqu'à quand va-t-il rester dans ce camp?
3. Pourquoi Jean-Paul aime-t-il ce camp de travail?
4. À quel projet les jeunes travaillent-ils?
5. Pourquoi Jean-Paul aime-t-il le travail en équipe?
6. Y a-t-il seulement des Français dans ce camp?
7. Jusqu'à quelle heure travaillent-ils le soir?
8. Qu'est-ce que les jeunes font le soir?

COMMUNICATION

A. **Projets de voyage.** Imagine you are planning a vacation. Using the questions below as a guide, tell about your trip.

1. Pendant combien de temps allez-vous être en vacances?
2. Comment allez-vous voyager?
3. Dans quel(s) pays allez-vous voyager?
4. Quelles villes allez-vous visiter?
5. Avec qui allez-vous voyager?
6. Où allez-vous rester?
7. Qu'est-ce que vous allez faire dans les différentes villes que vous allez visiter?

B. **On a de la visite.** Some French-Canadian friends will be visiting your town for several days. Place the following possible activities in the order you think most interesting for your friends. (1 = most interesting, etc.)

visiter notre école
aller au cinéma
organiser un grand pique-nique
visiter des musées et des monuments de notre ville
aller à un match de football ou de basket-ball
faire la connaissance de nos amis et de notre famille
faire des promenades en vélo
aller faire des courses dans des magasins
écouter des disques ensemble
regarder nos programmes préférés de télévision

C. **Devinez.** Choose a city in the United States or in another country. Other students will ask you questions to find out where and what kind of city it is.

EXEMPLES   Est-ce que c'est aux États-Unis?
Est-ce que c'est une belle ville?
Est-ce que c'est près d'ici?

D. À l'agence de voyage. Imagine you are a travel agent and are talking with the following people. Based on the information they give, choose the vacation best suited to their situation or make a suggestion of your own. Use the imperative in giving your suggestions.

1. Nous sommes étudiants (et nous ne sommes pas riches!), mais nous voulons visiter la France l'été prochain.

a. rester dans de grands hôtels et manger dans de bons restaurants
b. voyager en vélo et faire souvent des pique-niques
c. oublier vos projets et rester à la maison
d. ?

2. Nous aimons le beau temps, le ski nautique, nager, faire des promenades.

a. passer vos vacances à la montagne
b. faire du camping près d'une plage
c. visiter Paris en été
d. ?

3. Moi, j'aime beaucoup l'histoire, la musique, le théâtre.

a. passer vos vacances à la campagne
b. passer vos vacances dans une grande ville
c. faire du camping dans les montagnes
d. ?

4. Je voudrais visiter un pays où on parle français, mais je n'aime pas beaucoup voyager en avion.

a. visiter une ville différente chaque jour
b. aller passer vos vacances à la Martinique
c. passer deux ou trois semaines au Canada
d. ?

VOCABULAIRE DU CHAPITRE

NOUNS RELATING TO TRAVEL
l'avion (*m*) airplane
le billet ticket
le camp de travail work camp
la colonie de vacances summer camp
la cathédrale cathedral
le monument monument
le musée museum
le pays country
le passeport passport
la restauration restoration
le souvenir souvenir
le théâtre theatre
le train train

SEASONS
la saison season
l'hiver (*m*) winter
le printemps spring
l'été (*m*) summer
l'automne (*m*) autumn

OTHER NOUNS
l'activité (*f*) activity
la fille girl
la fin end
le garçon boy
la lettre letter
l'occasion (*f*) opportunity
le plaisir pleasure
la solution solution
la suggestion suggestion

VERBS
arriver to arrive, to come
deviner to guess
faire la connaissance de to meet
pratiquer to practice
proposer to propose
tourner to turn
visiter to visit

NAMES OF COUNTRIES
l'Allemagne (*f*) Germany
l'Angleterre (*f*) England
la Belgique Belgium
l'Espagne (*f*) Spain
les États-Unis (*m*) United States
la France France
la Hollande Holland
l'Italie (*f*) Italy
la Russie Russia
la Suisse Switzerland
l'Union Soviétique (*f*) Soviet Union

ADVERBS AND ADVERBIAL EXPRESSIONS
ensemble together
si so
tout le temps all the time
tout droit straight ahead

ADJECTIVES
beau (bel), belle beautiful
chaque each
dur hard
nouveau (nouvel), nouvelle new
suivant following
sûr sure
vieux (vieil), vieille old

PREPOSITIONS
à in, at, to
à côté de alongside, at the side of
au coin de on the corner of
à droite to the right
à gauche to the left
derrière behind
devant in front of
entre between
en face de facing
jusqu'à up to, as far as
loin de far from
près de near

NEUVIÈME CHAPITRE

Exploration and Adventure

INTRODUCTION

Le <u>passé</u>, c'est aujourd'hui!

past

Aujourd'hui dans la classe d'histoire le professeur Lebœuf parle de l'explorateur français La Salle et de son voyage difficile du Canada à la Nouvelle Orléans. Les étudiants imaginent qu'ils sont membres de l'expédition.

Voilà le <u>journal</u> que Jean-Pierre prépare pour sa classe d'histoire.

diary

> le 11 septembre
>
> Notre aventure va commencer demain. Les <u>canots</u> sont prêts. Nous avons des <u>provisions</u> et des <u>médicaments</u>. Un voyage qui va de Montréal au golfe du Mexique, c'est long... Pourtant, je n'ai pas peur.*
>
> le 16 septembre
>
> Il pleut du matin au soir, jour après jour. Je pense à mes amis qui sont maintenant dans une maison chaude et confortable. Pourtant, je n'ai pas envie d'être à leur place.
>
> le 19 décembre
>
> Il fait un froid terrible. Nous sommes obligés de <u>quitter</u> le lac Michigan et d'abandonner nos canots. Mais courage: "Vouloir, c'est <u>pouvoir</u>."

canoes / food supplies
medicine

However/I'm not afraid

think about

don't feel like

leave
to be able to

*Note the use of **avoir** with expressions like **avoir soif, avoir faim, avoir peur, avoir besoin de,** and **avoir envie de.**

le 11 janvier

    Nous continuons à <u>marcher</u> et à <u>lutter</u> contre le froid. Le froid est un ennemi terrible, mais nous ne voulons pas <u>abandonner</u>.

le 8 avril

    Victoire! Nous allons bientôt arriver à notre destination. Nous sommes contents de gagner un nouveau <u>monde</u> pour la France. Le Mississippi est français et l'histoire... c'est nous.

walk/fight

give up

world

COMPRÉHENSION

Indicate whether the following statements are true (**vrai**) or false (**faux**) based on Jean-Pierre's diary. If a statement is false, reword it to make it true.

1. Leur voyage commence au printemps.
2. Ils voyagent en train et en avion.
3. Ils sont obligés de quitter le Lac Michigan.
4. Il fait beau tout le temps pendant leur voyage.
5. Même quand il fait très froid, tout le monde veut continuer.
6. Ils arrivent à leur destination le 18 septembre.

COMMUNICATION

Et vous?   The following projects may appeal to your spirit of adventure. Tell which projects interest you and which do not.

Est-ce que vous avez envie de . . .

1. traverser les États-Unis en vélo?
2. participer à un safari-photo en Afrique?
3. faire l'ascension d'une montagne?
4. faire le tour du monde?
5. explorer l'Antarctique?
6. piloter un avion?
7. faire un voyage interplanétaire?
8. traverser l'Atlantique dans un canot?
9. participer à une course automobile comme Le Mans ou l'Indianapolis 500?
10. retracer la route des premiers explorateurs des États-Unis?
11. inventer quelque chose?

EXPLORATION

⚜ DISCUSSING WHAT WE CAN DO
THE VERB *POUVOIR*

══ Présentation ═══════════════

To express the meaning *can* or *to be able* the verb **pouvoir** is used. It is an irregular verb, and here are its forms:

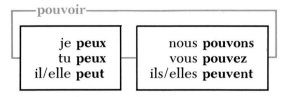

pouvoir	
je **peux**	nous **pouvons**
tu **peux**	vous **pouvez**
il/elle **peut**	ils/elles **peuvent**

- Je peux préparer les canots.
- Pouvez-vous organiser le voyage?
- Paul ne peut pas continuer.

Pouvoir is also frequently used to ask permission.

- Est-ce que nous pouvons commencer tout de suite?
- Est-ce que je peux avoir la voiture ce soir?

══ Préparation ═══════════════

A. **Êtes-vous prêts?** Several students are planning a canoe trip and are assigning tasks to members of the group. Tell what they say.

> MODÈLE   Le professeur / organiser le voyage
> **Le professeur peut organiser le voyage.**

1. vous / préparer les canots
2. Henri / acheter les provisions
3. tu / aider Henri
4. nous / apporter les provisions
5. je / acheter les médicaments
6. les leaders / travailler aussi

B. Est-ce que je peux . . . ? Serge is asking permission to do different things. Give his parents' answers.

> MODÈLE Est-ce que je peux regarder la télé? (oui)
> **Oui, tu peux regarder la télé.**

1. Est-ce que nous pouvons écouter des disques? (oui)
2. Est-ce que Luc peut acheter un nouveau vélo? (non)
3. Est-ce que nous pouvons aller à la piscine? (non)
4. Est-ce que mes amis peuvent avoir quelque chose à manger? (oui)
5. Est-ce que je peux aller au cinéma? (oui)
6. Est-ce que nous pouvons rentrer à minuit? (non)

C. Oui ou non? Tell whether the following people are able to carry out their plans.

> MODÈLE

Il ne peut pas marcher.

1.

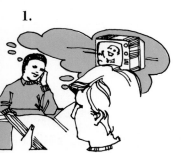

2.

3.

4.

5.

6.

A. **Projets de week-end.** Listed below are possible activities for the coming weekend.

    1. Give the activities that you can do this weekend.

        EXEMPLE   Je peux aller au cinéma.

    2. Identify the activities you are not able to do and give the reason why.

        EXEMPLE   Je ne peux pas inviter des amis parce que je n'ai pas le temps.

Activités	Raisons
faire du sport	je ne suis pas libre
inviter des amis	je suis obligé(e) de rester à la maison
aller manger au restaurant	mes parents ne veulent pas
faire un petit voyage	je n'ai pas envie de faire ça
faire une promenade en vélo	je n'ai pas d'argent
aller au cinéma	je n'ai pas le temps
aller à un match de football	il va faire mauvais
passer le week–end à la campagne	je suis fatigué(e)
rentrer après minuit	j'ai du travail à faire
aller danser avec des amis	j'ai des devoirs à faire

B. **Qui peut . . . ?** Make questions to ask other students in order to find out who in your class is able to do the following things.

        EXEMPLE   piloter un avion
                      Jean, est-ce que tu peux piloter un avion?

    1. parler français
    2. marcher pendant cinq heures
    3. réciter un poème en anglais
    4. préparer un bon repas
    5. gagner un match de tennis
    6. être toujours content(e)
    7. faire l'ascension d'une montagne
    8. être parfait(e) tout le temps
    9. deviner quand est l'anniversaire du professeur
    10. inventer un jeu

Les Ailes du Ciel
ÉCOLE DE DELTAPLANE
et de PLANCHE à VOILE
En semaine
ou en
fin de semaine
MATÉRIEL FOURNI

Sites de VOL
• Montréal
• Ste-Véronique
• St-Jean-de-Matha

COURS de VOL   Cours de planche
COMPLET   3 heures
32 heures
Brevete A.V.L.Q.

Location — Vente
Réparation   **324-6000**

Vous pouvez, bien sûr, visiter la France en voiture, en autobus, ou en train. Mais si vous aimez l'aventure, il y a d'autres possibilités.

—Vous pouvez, par exemple, visiter la France en vélo, seul(e), avec des amis, ou avec un voyage organisé.

—Vous pouvez aussi passer l'été dans une colonie de vacances dans les montagnes, à la plage, ou à la campagne.

—Vous pouvez marcher d'une ville à l'autre.

—Vous pouvez visiter les différentes régions de France en canot.

Quelle suggestion préférez-vous?

EXPLORATION

TALKING ABOUT PAST EVENTS
THE PASSÉ COMPOSÉ *WITH* AVOIR

Présentation

You are now able to talk about present events using the present tense of the verbs you have learned. You can also talk about future events using the present tense of **aller** with an infinitive.

To talk about past events you will use a past tense called the **passé composé.** For most verbs the **passé composé** consists of the present tense of **avoir** with a past participle.

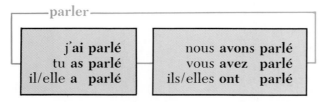

parler

j'ai parlé	nous **avons parlé**
tu **as parlé**	vous **avez** parlé
il/elle **a** parlé	ils/elles **ont** parlé

- Nous avons marché pendant dix heures.
- Avez-vous voyagé en avion?
- A-t-il neigé la semaine dernière?
- Nous avons parlé français au Canada.
- Est-ce qu'ils ont risqué leur vie?
- Qui a inventé le cinéma?

Notice that you form the past participle of **-er** verbs by dropping the **er** of the infinitive and adding **é.**

Infinitive	Past Participle
travailler	travaillé
étudier	étudié
manger	mangé

A. To make the **passé composé** negative, place **ne (n')** before the form of **avoir** and **pas** or **jamais** after.

- Je n'ai pas acheté les provisions.
- Il n'a pas aidé ses amis.
- Ils n'ont jamais abandonné.

B. Here are the past participles of other irregular verbs that you have learned.*

être — **été**	Le voyage a été difficile.
avoir — **eu**	Nous avons eu de la chance.
faire — **fait**	As-tu fait tes devoirs?
pouvoir — **pu**	Ils n'ont pas pu continuer.
vouloir — **voulu**	Elles n'ont pas voulu rester.

C. Here are some words and expressions frequently used with the **passé composé: l'an dernier, la semaine dernière, l'été dernier, le mois dernier, hier** (*yesterday*), and **déjà** (*already*).

- Hier, nous avons regardé un film d'aventure à la télé.
- Nos amis ont déjà visité la France.

Préparation

A. **Serge fait du camping.** Serge is talking about the various things he did while camping last week. Tell what he says.

> MODÈLE   passer de bonnes vacances
> **J'ai passé de bonnes vacances.**

1. acheter les provisions
2. aider mes amis
3. préparer les repas
4. marcher pendant des heures
5. nager dans un lac
6. oublier l'école
7. faire une promenade en canot
8. apporter ma guitare
9. faire le tour du lac
10. faire l'ascension d'une montagne

*****Aller** is not part of this pattern and will be treated in Chapter 12.

B. Pas de chance. Liliane is not as lucky as Serge, and she did not get to do any of the things she had planned for the weekend. Tell what she says.

MODÈLE   avoir de la chance
Je n'ai pas eu de chance.

1. faire une promenade en vélo
2. jouer au tennis
3. faire mes devoirs
4. étudier mon anglais
5. écouter mes disques préférés
6. pouvoir parler avec mes amis
7. manger au restaurant
8. inviter mes amis à la maison

C. Vacances d'hiver. Winter resorts are very popular in France. Guy is talking about the family Christmas vacation. What does he say?

MODÈLE   faire la connaissance de Marie Leclerq
Nous avons fait la connaissance de Marie Leclerq.

1. avoir quinze jours de vacances
2. avoir de la chance
3. pouvoir trouver un bon hôtel
4. faire du ski dans les montagnes
5. faire du patinage
6. faire beaucoup de promenades

D. Curiosité. Guy's friends want to know everything about the Christmas vacation he and his family spent together. What do they say?

MODÈLE   passer de bonnes vacances
Est-ce que vous avez passé de bonnes vacances?

1. passer vos vacances à la montagne
2. avoir un beau temps
3. faire du ski
4. participer à des courses
5. manger dans de bons restaurants
6. faire l'ascension d'une montagne
7. organiser des promenades en groupe
8. faire du patinage
9. faire le tour du lac
10. jouer au hockey

E. L'été dernier. Several friends are talking about some of the interesting things they did last summer. Tell what they say.

> MODÈLE Nous / passer l'été dans une colonie de vacances.
> **Nous avons passé l'été dans une colonie de vacances.**

1. Je / piloter un avion
2. Henri / traverser les États-Unis en vélo
3. Paulette / faire du camping dans les montagnes
4. Tu / faire un voyage en moto
5. Vous / participer à une course automobile
6. Mes copains / voyager dans un autre pays
7. Je / travailler dans un magasin

F. Nous, on n'a pas de chance! Jean-Luc is complaining that he and his friends have never done anything exciting. What does he say?

> MODÈLE Je / faire un voyage en moto
> **Je n'ai jamais fait de voyage en moto.**

1. Bernard / nager dans un lac
2. Vous / faire du ski nautique
3. Ma famille / faire du camping en hiver
4. Tu / piloter une voiture de sport
5. Nous / voyager dans un autre pays
6. Je / risquer ma vie
7. Mes copains / passer l'été à la montagne
8. Renée / faire l'ascension d'une montagne

A. **Qui . . . ?** Ask questions to find out who in your class has done the following things.

> EXEMPLE passer l'été dans une colonie de vacances
> Jean, est-ce que tu as passé l'été dans une colonie de vacances?

1. manger au restaurant hier soir
2. aimer le dernier examen
3. oublier de faire tes devoirs
4. déjà voyager dans un autre pays
5. jouer au hockey
6. manger un bon petit déjeuner ce matin
7. habiter dans une autre ville
8. nager dans l'Océan Atlantique
9. travailler pendant les vacances
10. avoir peur de parler français en classe
11. faire un voyage en avion

B. **Hier.** Describe what you did (or did not do) yesterday at various times.

> EXEMPLE J'ai eu ma classe de français à huit heures.

Suggestions:

avoir ma classe de français
manger mon déjeuner
étudier à la bibliothèque
faire mes devoirs
faire du sport

regarder la télé
écouter des disques
manger le dîner avec ma famille
aider à faire la vaisselle
parler avec mes copains

Certains personnages historiques ont joué un rôle plus ou moins important dans les relations entre la France et l'Amérique. Pouvez-vous identifier les personnages suivants?

1. Qui a fondé la ville de Québec?

    (a) Samuel de Champlain   (b) Jacques Cartier   (c) Pierre Cardin

2. Quel Français a aidé les colonies américaines à lutter contre les Anglais pendant la Révolution américaine?

    (a) Le Marquis de Lafayette   (b) Maurice Chevalier   (c) Cavelier de La Salle

3. Quel Américain ou quelle Américaine a traversé l'Atlantique en avion pour la première fois—destination Paris?

    (a) Amelia Earhart   (b) Neil Armstrong   (c) Charles Lindbergh

4. Quel Français a exploré le territoire américain qui va des Grands Lacs au Golfe du Mexique?

    (a) Louis XIV   (b) Cavelier de La Salle   (c) Napoléon

5. Quel Français a sculpté la Statue de la Liberté?

    (a) Charles de Gaulle   (b) Auguste Rodin   (c) Frédéric Bartholdi

231

EXPLORATION

USING LARGE NUMBERS
NUMBERS 60–1000

== Présentation

A. The numbers from sixty-one through seventy-nine are based on sixty:

60	soixante
61	soixante et un
62	soixante-deux
63	soixante-trois
64	soixante-quatre
65	soixante-cinq
66	soixante-six
67	soixante-sept
68	soixante-huit
69	soixante-neuf

70	soixante-dix
71	soixante et onze
72	soixante-douze
73	soixante-treize
74	soixante-quatorze
75	soixante-quinze
76	soixante-seize
77	soixante-dix-sept
78	soixante-dix-huit
79	soixante-dix-neuf

B. The number eighty in French is **quatre-vingts.** The numbers from eighty through ninety-nine are based on eighty:

80	quatre-vingts
81	quatre-vingt-un
82	quatre-vingt-deux
83	quatre-vingt-trois
84	quatre-vingt-quatre
85	quatre-vingt-cinq
86	quatre-vingt-six
87	quatre-vingt-sept
88	quatre-vingt-huit
89	quatre-vingt-neuf

90	quatre-vingt-dix
91	quatre-vingt-onze
92	quatre-vingt-douze
93	quatre-vingt-treize
94	quatre-vingt-quatorze
95	quatre-vingt-quinze
96	quatre-vingt-seize
97	quatre-vingt-dix-sept
98	quatre-vingt-dix-huit
99	quatre-vingt-dix-neuf

C. **Cent** can be combined with numbers you already know to form any number up to 1000 (**mille**).

cent	
trois cents	
cinq cent vingt-cinq	
neuf cent soixante-quinze	

Préparation

A. **Quel numéro est-ce?** People are asking the desk clerk in a Parisian hotel the room numbers of various guests. Tell what he says.

> MODÈLE Madame Crozier, s'il vous plaît.
> **C'est le numéro quatre-vingt-onze.**

1. Mademoiselle Leblanc (99)
2. Monsieur Armand (162)
3. Monsieur Xavier (83)
4. Monsieur Leclerc (251)
5. Madame Durand (471)
6. Madame Santerre (375)
7. Monsieur Chanet (788)
8. Madame Crozier (91)

B. **Distances.** An employee of **L'Automobile Club** in Montreal is answering questions about the distances of various cities from Montreal. Tell what she says.

> MODÈLE New York 613
> **La distance entre New York et Montréal est de six cent treize kilomètres.**

1. Ottawa 190
2. Trois-Rivières 138
3. Québec 270
4. Boston 546
5. Philadelphie 745
6. Washington 932
7. Detroit 908
8. Toronto 539

Communication

A. **Toujours les maths!** Dictate math problems to other students. See who can get the answer first and say it in French.

> EXEMPLE   Combien font cent quinze moins trente?

B. **Vente aux enchères.** Conduct an auction (**vente aux enchères**) in your class. Auction off items found in your classroom or personal items to the highest bidder.

> EXEMPLE   1er étudiant(e): Combien pour ce livre de maths?
> 2e étudiant(e): soixante francs
> 3e étudiant(e): soixante-dix francs
> 1er étudiant(e): soixante-dix francs, une fois, deux
> fois, trois fois, adjugé, vendu

Interlude/Culture

Vous allez faire du camping dans les montagnes, et vous avez besoin d'acheter votre équipement. Consultez le catalogue pour avoir les prix des différentes choses que vous voulez acheter. Et après, répondez aux questions suivantes.

Est-ce qu'on peut acheter

un sac à dos pour 200 francs?
une tente pour 850 francs?
deux bouteilles Thermos pour 60 francs?
un sac de couchage pour 300 francs?
un vélo pour 800 francs?

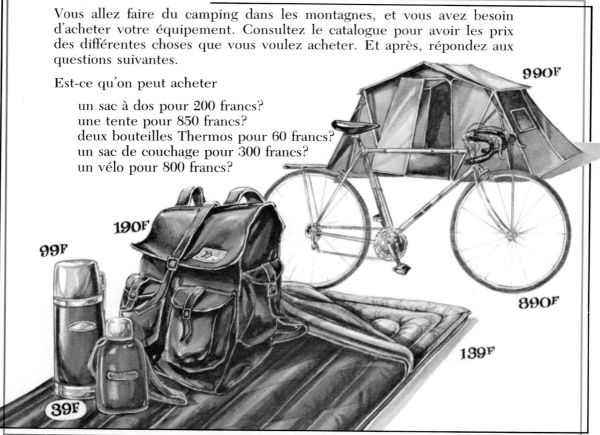

990F

190F

99F

890F

139F

39F

EXPLORATION

⚜ **DESCRIBING PEOPLE AND THINGS**
IRREGULAR ADJECTIVES

Présentation

As you have already learned, adjectives are used to describe people and things. Here are three kinds of irregular adjectives that are important for communication.

1. sportif

	Masculine	Feminine
Singular	sportif	sportive
Plural	sportifs	sportives

actif active
sportif athletic
impulsif impulsive

- Vous êtes trop impulsifs!
- J'aime les filles sportives.

2. sérieux

	Masculine	Feminine
Singular	sérieux	sérieuse
Plural	sérieux	sérieuses

sérieux serious
ambitieux ambitious
courageux courageous
heureux happy

- Elles sont très ambitieuses.
- Si tu veux être heureux, ne sois pas trop sérieux.

3. naturel

	Masculine	Feminine
Singular	naturel	naturelle
Plural	naturels	naturelles

naturel natural
gentil nice, kind

- Janine est gentille et naturelle.
- N'embête pas ton petit frère; ce n'est pas gentil.

L'illusion et la réalité

Préparation

A. **Moi aussi, je suis . . . !** Lucien is talking about his qualities. Each time he describes himself, Marianne reminds him that she is also like that. What does she say?

> MODÈLE Je suis sportif.
> **Moi aussi, je suis sportive!**

1. Je suis sérieux.
2. Je suis gentil.
3. Je suis impulsif.
4. Je suis ambitieux.
5. Je suis heureux.
6. Je suis courageux.

B. **Ma famille.** Gérard is describing his family. Tell what he says.

> MODÈLE Mes cousins / gentil
> **Mes cousins sont gentils.**

1. Mon frère / trop impulsif
2. Ma grand-mère / très actif
3. Mon oncle / gentil
4. Mon père / courageux
5. Ma mère / ambitieux
6. Ma tante / sportif
7. Mes cousines / gentil
8. Ma sœur / très naturel

C. Et les autres! Suzanne and several friends are comparing people they know. Tell what they say.

MODÈLE Jean-Luc est sérieux. Et Anne?

Anne aussi est sérieuse.

1.

Micheline est gentille.
Et Lise et Jean-Marc?

2.

Brigitte est courageuse.
Et Robert?

3.

Michel est ambitieux.
Et Jeannette?

4.

Luc est gentil.
Et Claire?

5.

Thomas est sportif.
Et Jacqueline?

6.

Léo est sérieux.
Et Jean-Paul et Colette?

7.

8.

Anne est impulsive.
Et Pierre?

Véronique est heureuse.
Et Anne et Lucie?

Communication

A. Descriptions. Which of the adjectives you have learned in this chapter best describes the following people?

1. Jean-Luc étudie beaucoup. Il fait ses devoirs chaque jour. C'est un étudiant _____ .
2. Marie-José aime beaucoup les sports. Elle est _____ .
3. Étienne a passé un mois à faire du camping dans les montagnes. C'est un garçon _____ .
4. Lucien est toujours content et optimiste. Il pense que sa vie est parfaite. Il est très _____ .
5. Jean-Luc et Marie-Claire aident leurs parents à faire le ménage et à faire la cuisine. Ils sont toujours prêts à aider leurs amis. Ils sont

_____ .

B. Interview. Using the adjectives below, make up questions to ask other students in your class.

> EXEMPLE très actif
> Pierre, est-ce que tu es très actif?
> Anne, est-ce que tu es très active?

1. très sportif
2. trop impulsif
3. assez ambitieux
4. très courageux
5. très sérieux
6. très actif
7. assez heureux
8. toujours gentil

PERSPECTIVES

Vouloir, c'est pouvoir.

    Pourquoi décider de passer trois mois sur un canot <u>au milieu de</u>   in the middle
l'océan et lutter à chaque instant contre le froid, la faim, la soif, et
même la <u>mort</u>?   death

    Alain Bombard, un jeune <u>médecin</u>, pense que la faim et la soif ne   doctor
sont pas toujours responsables de la mort des <u>naufragés</u>. Il pense que   shipwrecked people
c'est souvent la peur et la panique qui sont responsables. Il veut
prouve qu'on peut <u>survivre</u>, même <u>sans</u> provisions.   survive/without

    Le 25 mai, Alain et son ami Jack ont quitté Monaco. Après
vingt-quatre jours, les vents ont <u>poussé</u> leur canot jusqu'à <u>Tanger</u>. Mais pushed/Tangiers
l'expérience a été très dure, et Jack, fatigué et <u>malade</u>, a décidé   sick
d'abandonner. Alain a continué. Il a passé soixante jours dans l'Océan
Atlantique, <u>seul</u>, sans provisions, sans médicaments. Il a lutté contre le   alone
soleil, contre le froid, contre le vent, contre la <u>maladie</u>, contre la peur.   sickness
Mais son ennemi principal a été la solitude, l'<u>envie</u> d'abandonner.   desire

    Alain Bombard a prouvé qu'il est possible de survivre si on refuse
d'abandonner. La peur et le courage vont ensemble: avoir du courage,
c'est accepter d'avoir peur . . . et continuer.

Extrait et adapté d'un article de *Vidéo-Presse*

COMPRÉHENSION

Answer the following questions on Alain Bombard's adventure.

1. Qui est Alain Bombard?
2. Qu'est-ce qu'il a décidé de faire?
3. Qu'est-ce qu'il veut prouver?
4. Quand a-t-il quitté Monaco?
5. Avec qui a-t-il voyagé?
6. Où est-ce que son copain a décidé d'abandonner?
7. Contre quels ennemis est-ce qu'Alain a été obligé de lutter?
8. Quel a été son ennemi principal?

COMMUNICATION

A. **Interview.** Imagine that you are interviewing Alain Bombard. What questions would you want to ask him?

> EXEMPLE   Quand avez-vous quitté Monaco?

B. **Dans les Alpes.** A group of mountaineers is talking about their successful climb of Mont Blanc, the highest mountain in France. Using the drawings as a guide, tell what they might say about their adventure.

EXEMPLE
Nous avons des provisions.

C. **Candidat(e) à l'exploration.** Would you be a good candidate for a trip similar to the one taken by Alain Bombard? To find out, take the following test and then check the *Interprétation* at the end.

1. Aimez-vous l'aventure?   oui   non
2. Pouvez-vous être heureux (heureuse) quand il fait un froid terrible?   oui   non
3. Pouvez-vous être content(e) loin de vos amis et votre famille?   oui   non
4. Pouvez-vous être heureux (heureuse) sans télévision, sans radio, et sans vos disques préférés?   oui   non
5. Refusez-vous d'abandonner quand les choses sont difficiles?   oui   non
6. Pouvez-vous marcher pendant des heures sans être très fatigué(e)?   oui   non
7. Aimez-vous être seul(e)?   oui   non
8. En général, est-ce que vous êtes très courageux (courageuse)?   oui   non
9. Êtes-vous prêt(e) à risquer votre vie?   oui   non
10. Avez-vous envie de faire quelque chose de difficile?   oui   non

INTERPRÉTATION

7–10 "oui"   Vous êtes prêt(e) pour la grande aventure. Mais attention! Vous risquez d'être trop impulsif (impulsive).

3–6 "oui"   Vous êtes assez courageux (courageuse), mais vous êtes peut-être trop prudent(e).

0–2 "oui"   L'aventure n'est pas pour vous. (Mais vous pouvez regarder les aventures des autres à la télévision.)

D. **L'aventure et vous.** Which of the following have you already done? Which of the following have you never done?

> EXEMPLE   piloter un avion
> Je n'ai jamais piloté un avion.
> J'ai déjà piloté un avion.

1. traverser l'Atlantique
2. faire un voyage de 300 kilomètres en vélo
3. faire l'ascension d'une montagne
4. participer à un safari-photo
5. explorer l'Antarctique
6. avoir envie de faire le tour du monde
7. faire une promenade en canot
8. marcher pendant des heures sur une plage
9. participer à une course de vélo
10. risquer votre vie
11. faire du camping en hiver

E. **Impressions.** Alain Bombard's adventure is a true story. What impressed you most about it? Make a list of the most important things he did or that happened to him.

> EXEMPLE   Alain Bombard a passé soixante jours seul.
> Il a prouvé qu'on peut survivre seul au milieu de l'océan.

VOCABULAIRE DU CHAPITRE

NOUNS RELATING TO ADVENTURE

l'aventure (*f*) adventure
le canot canoe
le courage courage
la course race
la destination destination
l'ennemi (*m*) enemy
l'expédition (*f*) expedition
l'explorateur (*m*) explorer
le lac lake
le naufragé shipwrecked person
l'océan (*m*) ocean
la panique panic
la peur fear
les provisions (*f*) food supplies
la route route
le safari-photo photo safari

OTHER NOUNS

l'Afrique (*f*) Africa
l'Antarctique (*f*) Antarctica
l'expérience (*f*) experience
le journal diary
la maladie sickness
le médecin doctor
le médicament medicine
le monde world
la mort death
le passé past
la place place
la solitude solitude

NUMBER WORDS

cent hundred
mille thousand
quatre-vingts eighty
quatre-vingt-dix ninety

PREPOSITIONS AND CONJUNCTIONS

au milieu de in the middle of
pourtant however
sans without

ADJECTIVES

actif, active active
ambitieux, ambitieuse ambitious
courageux, courageuse courageous, brave
gentil, gentille nice
heureux, heureuse happy
impulsif, impulsive impulsive
interplanétaire interplanetary
long, longue long
malade sick
naturel, naturelle natural
possible possible
principal principal
responsable responsible
sérieux, sérieuse serious
seul alone

VERBS RELATING TO ADVENTURE

abandonner to give up, leave behind
faire l'ascension de to climb
faire le tour de to go around
inventer to invent
lutter to struggle
marcher to walk
piloter to pilot
retracer to retrace
survivre to survive
traverser to cross

OTHER VERBS

accepter to accept
avoir envie de to feel like
décider to decide
participer to participate
penser à to think about
pousser to push
pouvoir to be able, can
quitter to leave
refuser to refuse

DIXIÈME CHAPITRE

Everyday Life

10

INTRODUCTION

Une Nouvelle Étudiante

C'est la <u>rentrée</u> des classes à l'école secondaire de Jonquière, une ville   first day
du Québec. Chantal <u>discute</u> avec une fille qui est nouvelle dans sa   talks
classe.

CHANTAL	Tu es nouvelle ici?	
NADINE	Oui, on a <u>déménagé</u> pendant les vacances.	moved
CHANTAL	Tu habites dans un appartement?	
NADINE	Non, dans une petite maison près du parc.	
CHANTAL	Combien de <u>pièces</u> est-ce que vous avez?	rooms
NADINE	Cinq.	
CHANTAL	Et tes parents, qu'est-ce qu'ils font?	
NADINE	Mon père est <u>ouvrier</u> à l'<u>usine</u>.	worker/factory
CHANTAL	Et ta mère, quelle est sa profession?	
NADINE	Elle est <u>vendeuse</u> dans un <u>grand magasin</u>.	saleswoman/ department store

COMPRÉHENSION

Answer the following questions based on the conversation between
Nadine and Chantal.

1. Est-ce que c'est le premier ou le dernier jour de classe?
2. Où est-ce que Chantal et Nadine habitent?
3. Est-ce que Nadine est nouvelle à l'école?
4. Est-ce que Nadine habite dans une maison ou dans un
   appartement?
5. Combien de pièces est-ce qu'il y a dans sa maison?
6. Où est-ce que son père travaille?
7. Et sa mère, qu'est-ce qu'elle fait?

Voilà la maison de Nadine. C'est une maison de deux **étages** avec un   floors
jardin derrière. Il y a aussi un garage et un **sous-sol** où les enfants   garden, basement
peuvent jouer.

Au premier étage, il y a la **cuisine**, la **salle à manger**, et la **salle de**   kitchen, dining room
séjour avec une belle **cheminée**.   living room, fireplace

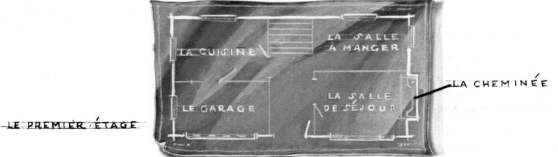

Au deuxième étage, il y a la **salle de bains** et les **chambres:** une pour ses   bathroom, bedrooms
parents, une pour sa grand-mère, et une pour Nadine et sa sœur Lucette.

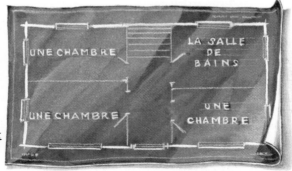

Et votre maison, comment est-èlle? Faites la description de votre maison,
ou de la maison où vous voulez habiter un jour.

EXPLORATION

🏵️ **TALKING ABOUT CHOICES AND ACCOMPLISHMENTS USING *-IR* VERBS LIKE *FINIR***

Présentation

There are some verbs in French whose infinitives end in **ir.** Several of these verbs are used to talk about choices and accomplishments.

choisir	to choose	**finir**	to finish
obéir (à)	to obey	**réussir (à)**	to succeed (in), to pass

The present tense endings for these verbs are like those of **finir**:

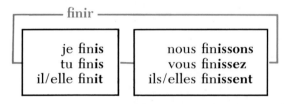

- Nous finissons nos devoirs.
- Guy n'obéit pas toujours à ses parents.
- Quelles classes est-ce que tu vas choisir?

The **passé composé** of these verbs is formed by using the present of **avoir** and a past participle formed by replacing the **ir** of the infinitive with **i: finir → fini; choisir → choisi.**

- Nous avons fini nos devoirs.
- Avez-vous réussi à l'examen?

The command forms of **-ir** verbs are formed by omitting the pronouns **tu** and **vous.**

- Ne choisissez pas cet appartement!
- Finis tes épinards!

Maman, j'ai fini la vaisselle.

Maman, Jeanne a fini le ménage.

Maman, j'ai fini de faire mon lit.

Et moi, j'ai fini le dîner.

Préparation

A. On discute. Chantal is asking Nadine how she's doing in her courses. What does she ask?

> MODÈLE   les maths
> **Est-ce que tu réussis bien en maths?**

1. l'histoire
2. la géographie
3. les sciences
4. l'anglais
5. le français
6. la musique

B. Succès. Not all students do equally well in all school subjects. Tell what the strengths of the following people are.

> MODÈLE   Chantal / maths
> **Chantal réussit bien en maths.**

1. Je / musique
2. Suzanne et Henri / histoire
3. Nous / français
4. Tu / géographie
5. Gérard / éducation physique
6. vous / sciences

C. À quelle heure? Lucien and his friends are talking about what time they finish their work each day. Tell what they say.

MODÈLE

Robert . . .
Robert finit son travail à sept heures.

1.

Je . . . .

2.

Nous . . . .

3.

Tu . . . .

4.

Liliane . . . .

5.

Vous . . . .

6.

Georges et Paul . . . .

D. Choix d'une maison. Some friends are talking about their choices of houses and apartments. Tell what they say. Be sure to use the correct form of **avoir** with the **passé composé.**

> MODÈLE Hélène / une jolie maison
> **Hélène a choisi une jolie maison.**

1. Les Martinet / un grand appartement
2. Vous / une grande maison
3. Nous / une vieille maison
4. Mon oncle / un petit appartement
5. Tu / une petite maison
6. Je / un nouvel appartement

E. Conseils. Before Nadine and Lucette moved to Jonquière, their former teachers gave them some parting advice. What did they say?

> MODÈLE choisir bien vos nouveaux amis
> **Choisissez bien vos nouveaux amis.**

1. choisir bien vos classes
2. ne pas choisir seulement des classes faciles
3. finir toujours votre travail
4. réussir à vos examens
5. finir vos études
6. choisir une bonne profession
7. obéir à vos parents
8. ne pas choisir les solutions faciles

Communication

A. Questions/Interview. Answer the following questions or use them to interview another student.

1. À quelle heure est-ce que tu finis tes devoirs?
2. À quelle heure est-ce que tes classes finissent?
3. Est-ce que tu réussis toujours aux examens?
4. Est-ce que tu as réussi au dernier examen de français?
5. Est-ce que tu obéis toujours à tes professeurs?
6. Est-ce que tu obéis toujours à tes parents?
7. À quelle heure est-ce que tu as fini ton dîner hier?

B. Choix. What would you choose in each of the following situations? Give your reasons why.

1. C'est l'été. Où choisissez-vous de travailler?

   (a) dans une colonie de vacances   (b) dans un grand magasin
   (c) dans un restaurant

2. Où est-ce que vous choisissez de passer vos vacances?

   (a) à la plage   (b) à la montagne   (c) à la campagne

3. Qu'est-ce que vous choisissez de faire à la maison?

    (a) faire le ménage   (b) faire la vaisselle   (c) faire les lits

4. Qu'est-ce que vous choisissez de faire après l'école?

    (a) faire du sport   (b) faire vos devoirs   (c) écouter des disques

Interlude/Jeu

Horizontal

2. À quelle heure est-ce que le film va _____ ?
3. Nous sommes très intelligents, nous _____ toujours aux examens.
4. Nous commençons notre travail à 9 heures du matin, et nous _____ à cinq heures.
8. Henri n'a pas été gentil; il n'a pas _____ à ses parents.
10. Henri _____ travaille pas bien à l'école.
11. Est-ce que beaucoup d'étudiants canadiens _____ d'aller à l'université après l'école secondaire?
13. Est-ce que tu as _____ ton travail?
14. _____ votre dîner avant d'aller jouer!

Vertical

1. Si tu ne _____ pas à cet examen, ton professeur ne va pas être content.
2. Nous sommes très sérieux; nous _____ toujours nos devoirs avant la classe.
5. Est-ce que les étudiants français _____ toujours à leurs professeurs?
6. Paul _____ peut pas continuer.
7. _____ tu veux être heureux, ne sois pas trop sérieux.
9. À quelle heure est-ce que vous _____ votre travail?
11. Quel film est-ce que tu as _____ ?
12. Pourquoi est-ce que tu n'as pas _____ à ton père?

EXPLORATION

TALKING ABOUT CAREERS
NAMES OF OCCUPATIONS

═ Présentation ═

To talk about careers you have to know the names of different jobs and professions.

A. Some names of occupations have different masculine and feminine forms.

un acteur / une actrice	actor, actress
un avocat / une avocate	lawyer
un coiffeur / une coiffeuse	hair stylist
un chanteur / une chanteuse	singer
un infirmier / une infirmière	nurse
un ouvrier / une ouvrière	worker
un mécanicien / une mécanicienne	mechanic
un musicien / une musicienne	musician
un technicien / une technicienne	technician
un vendeur / une vendeuse	salesperson

B. Some names of occupations have only one form but can refer to both men and women.

un ou **une dentiste**	dentist
un ou **une secrétaire**	secretary

Others use only the masculine article even when referring to a woman.

un agent de police	police officer
un ingénieur	engineer
un médecin	doctor
un professeur	professor, teacher

C. After the verb **être** no article is used with professions unless you use an adjective to describe the profession or person. Compare:

• Jean est mécanicien. Jean est un bon mécanicien.
• Madame Blanc est professeur. Madame Blanc est un professeur formidable.

After **c'est,** however, an article is always used.

• C'est une vendeuse.
• C'est un excellent coiffeur.

Préparation

A. Qu'est-ce qu'ils font? Several students are talking about what their parents and friends of the family do for a living. Tell what they say.

> MODÈLE   Jean: Le père de Luc est professeur.
>   Marie: Et sa mère?
>   Jean: **C'est un professeur aussi.**

1. Monsieur Leclerc est ingénieur. Et Madame Chantier?
2. Jean-Luc est secrétaire. Et Marianne?
3. Georges est vendeur. Et Liliane?
4. Monsieur Duroc est technicien. Et Madame Duroc?
5. Monsieur Panier est mécanicien. Et Madame Lenoir?
6. Robert est musicien. Et sa sœur?
7. Monsieur Cuvier est acteur. Et Mademoiselle Léger?
8. Monsieur Grandjean est infirmier. Et Madame Roger?

B. Quelle est leur profession? Based on the illustrations below, tell what job each of the following people has.

MODÈLE   **1.**   **2.**   **3.**

Elle est avocate.

4.   **5.**   **6.**   **7.**

Communication

A. **Choix d'un travail.** Tell which job or jobs interest you and why. You may use the suggestions below when you give your reasons.

> EXEMPLE   Je voudrais être avocat/avocate parce que c'est un travail intéressant.

j'aime la musique
c'est un travail intéressant
j'aime parler
c'est un travail facile
j'aime les enfants

on gagne beaucoup
j'aime aider les malades
on voyage souvent
j'aime les voitures
j'aime ce travail

B. **Devinez.** Choose a job and have other students ask yes-or-no questions in order to guess what job you have chosen.

> EXEMPLES   Est-ce que tu travailles beaucoup?
> Est-ce que tu travailles seul(e)?

Interlude/Lecture

This is an authentic job advertisement from a Montreal newspaper. Although you will not understand every word, you can get much of the important information. See if you can answer these questions after reading the ad.

1. What kind of job is it?
2. Is this a small or a large company?
3. What qualities is the company looking for in an employee?
4. Can both men and women apply?
5. Does the company operate only in Canada?
6. Do you believe the job would pay well?

ÊTES-VOUS COMME MOI DÉSIREUX DE FAIRE BEAUCOUP $ D'ARGENT $?

Une organisation multimillionnaire a quelques ouvertures pour vendeurs(euses) qui aiment rencontrer le public et désirent l'opportunité de développer un excellent revenu sur notre système d'avance sur commission. Si vous n'avez pas peur de travailler et désirez vous entraîner pour une carrière permanente dans notre société internationale, nous aimerions vous rencontrer.

Pour une entrevue avec rendez-vous

TÉLÉPHONEZ: 664—1023

EXPLORATION

INDICATING HOW MUCH OR HOW MANY
EXPRESSIONS OF QUANTITY

Présentation

Often we want to tell the amount of something, such as "a lot, a little, enough," without being exact. In French, most such words for quantity are followed by **de (d')** rather than **de l', du, de la,** or **des.** Here are some useful expressions of quantity.

assez de	enough
beaucoup de	much, many, a lot
combien de	how much, how many
moins de	less, fewer
peu de	few, little
un peu de	a little
plus de	more
trop de	too much, too many

- Combien de pièces y a-t-il dans cette maison?
- Il y a beaucoup de magasins près d'ici.
- Est-ce que tu as eu trop de travail?
- Je n'ai pas gagné assez d'argent.
- Je voudrais avoir plus de temps libre.

A. **La vie est difficile.** Gérard is talking about the problems he's having this week. Tell what he says.

> MODÈLE   moins / temps libre
> **J'ai moins de temps libre.**

1. beaucoup / examens
2. peu / énergie
3. assez / travail
4. moins / argent
5. plus / devoirs
6. trop / responsabilités

B. **Comment est ta nouvelle vie?** A friend is asking Nadine, who has just moved to Jonquière, about her new life. Give Nadine's answers.

> MODÈLE   Est-ce que tu as des amis ici? (Oui . . . beaucoup)
> **Oui, j'ai beaucoup d'amis ici.**

1. Est-ce que tu as du temps libre? (non . . . peu)
2. Est-ce que tu as des classes intéressantes? (oui . . . assez)
3. Est-ce que tu as des devoirs à faire? (oui . . . trop)
4. Est-ce qu'il y a beaucoup de garçons dans ta classe? (non . . . pas beaucoup)
5. Est-ce que tu as plus de responsabilités à la maison? (non . . . moins)
6. Est-ce que tu as moins de travail à faire? (non . . . plus)

C. **Premier travail.** Lynne wants to tell her French pen pal about the advantages and disadvantages of her job. Translate the sentences for her.

1. I have a lot of work.
2. I have less time now.
3. I'm earning more money.
4. I have too many responsibilities.
5. I don't have enough free time.
6. I have many new friends.

Communication

A. Votre vie. Using an expression of quantity, make questions to ask other students about each topic.

> EXEMPLE travail
> Est-ce que tu as moins de travail cette semaine?

devoirs   temps libre   BONS PROFESSEURS   problèmes
ARGENT   examens
amis sympathiques   classes intéressantes

B. Opinions. What do you think of the following situations? Complete each statement using an appropriate expression of quantity.

> EXEMPLE Il y a six personnes dans le canot. Il y a _____.
> Il y a trop de personnes dans le canot.

1. Il y a cinquante-cinq étudiants dans la classe de Madame Lebrun. Il y a _____.
2. Claude veut acheter un disque qui coûte soixante-dix-huit francs, mais il a seulement cinquante francs. Il n'a pas _____.
3. Il y a seulement un coca pour cinq personnes. Il n'y a pas _____.
4. Avec ses soixante-quinze francs, Hélène a acheté des livres, une affiche, et des pâtisseries. Maintenant, elle a _____.
5. Madame Lafitte travaille de neuf heures du matin à cinq heures du soir. Après, elle fait le marché, la cuisine, et le ménage. Elle a _____.
6. Il y a six garçons et sept filles qui veulent jouer au basket-ball. Il y a _____.

C. Votre ville. Using expressions of quantity, describe the following aspects of your town or region.

> EXEMPLE parcs
> Il n'y a pas assez de parcs dans notre ville.

1. théâtres
2. activités pour les jeunes
3. clubs sportifs
4. piscines

5. cafés
6. choses intéressantes à faire
7. grands magasins
8. stades

Qu'est-ce que les jeunes Canadiens-Français pensent de leur vie? Des reporters ont posé les questions suivantes aux jeunes Canadiens-Français. Voilà leurs réponses.

1. Qu'est-ce que les jeunes Canadiens-Français veulent?

   Ils veulent réussir dans leur vie personnelle (32% ont choisi cette réponse), mais ils veulent aussi gagner de l'argent et être utiles à la société.

2. Comment sont leurs relations avec leur famille?

   En général, leurs relations avec leurs parents sont bonnes. Mais ils préfèrent parler de leurs problèmes avec leur mère.

3. Quelles professions préfèrent-ils?

   Beaucoup de jeunes Canadiens-Français choisissent les professions libérales (médecin, avocat, etc.). Mais aujourd'hui, il y a plus de jeunes qui veulent travailler dans l'agriculture.

4. Et après le lycée, qu'est-ce qu'ils vont faire?

   Beaucoup de jeunes choisissent d'aller à l'université ou dans les écoles techniques parce qu'ils veulent réussir dans la vie.

5. Est-ce que les parents canadiens donnent de l'argent à leurs enfants pour leurs besoins personnels?

   Oui, mais beaucoup de jeunes Canadiens-Français travaillent pour avoir un peu d'argent qu'ils peuvent utiliser comme ils veulent.

Et vous, quelles sont vos réponses à ces questions?

EXPLORATION

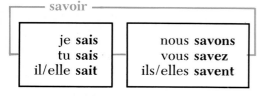

TALKING ABOUT WHAT YOU KNOW OR KNOW HOW TO DO
THE VERB *SAVOIR*

Présentation

To indicate you know something or know how to do something, use the
verb **savoir.** It is irregular and has the following forms:

savoir

je **sais**	nous **savons**
tu **sais**	vous **savez**
il/elle **sait**	ils/elles **savent**

- Je sais jouer au hockey.
- Savez-vous parler français?
- Il sait beaucoup de choses.

Passé
composé : J'ai
su, etc.

① Guillaume, savez-vous qui est Léopold Senghor?
Oui, c'est un poète. Il a aussi été président du Sénégal.

② Savez-vous pourquoi Lavoisier est célèbre?
Oui, Lavoisier est le père de la chimie moderne.

③ Savez-vous qui est Ravel?
Mais oui, je sais. C'est un musicien français.

④ Et est-ce que vous savez qui est Paul McCartney?
Non, je ne sais pas. Ce n'est pas dans notre livre.

Préparation

A. **Est-ce que tu sais jouer au tennis?** Some friends would like to
play tennis and want to find out who knows how. Answer their
questions.

> MODÈLE   Lucien? (oui)
> **Oui, Lucien sait jouer au tennis.**

1. Et toi? (oui)
2. Et vous? (non)
3. Et Claudine? (oui)
4. Et Hélène et Richard? (non)
5. Et Patrice? (non)

B. Possessions. People's possessions often reveal their interests. Tell what these people know how to do.

MODÈLE

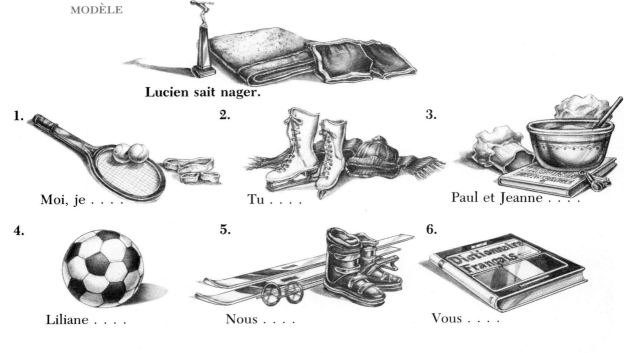

Lucien sait nager.

1.

Moi, je . . . .

2.

Tu . . . .

3.

Paul et Jeanne . . . .

4.

Liliane . . . .

5.

Nous . . . .

6.

Vous . . . .

Communication

A. Petit quiz. What professions do these TV characters represent? Use **je sais** or **je ne sais pas** in your answer.

> EXEMPLE   Kojak
> Je sais qui c'est. C'est un agent de police.
> Je ne sais pas qui c'est.

1. Steve McGarrett?
2. Hawkeye Pierce?
3. Barney Miller?
4. Margaret Houlihan?
5. Laverne?
6. Ponch?

B. Qu'est-ce que tu sais faire? Using the words and phrases below, make up questions to find out what your classmates know how to do.

> EXEMPLE   faire la cuisine
> Est-ce que tu sais faire la cuisine?

1. piloter un avion
2. faire la cuisine
3. jouer au golf
4. jouer au tennis
5. faire du ski
6. faire du patinage
7. nager
8. danser
9. chanter

PERSPECTIVES

Choix d'une profession

Marianne va bientôt finir ses <u>études</u> à l'école secondaire. Elle parle de   studies
ses projets à son père.

MONSIEUR LEBRUN	Est-ce que tu as choisi ta future profession?
MARIANNE	Oui, papa.
MONSIEUR LEBRUN	Alors, qu'est-ce que c'est?
MARIANNE	Je voudrais être mécanicienne.
MONSIEUR LEBRUN	Mécanicienne . . . ? Tu n'es pas sérieuse, j'espère.
MARIANNE	<u>Si</u>! Je suis très sérieuse. Yes!
MONSIEUR LEBRUN	Mais <u>voyons</u>, Marianne; ce n'est pas une Come on! profession pour une fille!
MARIANNE	Pourquoi pas?
MONSIEUR LEBRUN	Les filles ne savent pas <u>réparer</u> des machines. repair
MARIANNE	Ah oui? Et qui a réparé ton vélo hier?

COMPRÉHENSION

Indicate whether the following statements are true (**vrai**) or false (**faux**).
If a statement is false, reword it to make it true.

1. Marianne parle de ses études avec sa mère.
2. Elle a décidé d'être professeur.
3. Son père est d'accord avec son choix.
4. Il pense que ce n'est pas une bonne profession pour une fille.
5. Il pense que les filles ne savent pas réparer des machines.
6. C'est Marianne qui a réparé le vélo de son père.

COMMUNICATION

A. **Quelle est sa profession?** The following people are talking about their jobs. Based on what they say, identify their professions.

1. Fabien: "C'est moi qui répare votre voiture quand elle ne marche pas."
2. Sylvie: "Vous ne savez peut-être pas mon nom, mais j'ai déjà joué dans beaucoup de films. J'espère être très célèbre un jour."
3. Gérard: "Je travaille dans un grand magasin. Alors, si vous avez besoin d'acheter quelque chose, n'oubliez pas que nous avons beaucoup de choix dans notre magasin."
4. Marcel: "Vous pensez peut-être que je passe mon temps à jouer, mais pour moi, c'est du travail. Si je ne joue pas bien, les autres joueurs de notre équipe ne sont pas contents. Un jour, je vais jouer dans le 'Super Bowl.'"
5. Véronique: "J'ai fait des études difficiles. Mais maintenant je fais un travail que j'aime, et je suis contente de pouvoir aider les enfants qui sont malades. Je travaille dans un grand hôpital, et je gagne beaucoup d'argent."

APPRENEZ LE METIER QUI VOUS PLAIT

Conducteur routier : Vous aimez conduire et voyager? Préparez-vous à ce métier agréable et bien payé

Hôtesse de l'air : Pour que votre rêve devienne réalité, préparez-vous activement aux tests et entretiens organisés par les compagnies aériennes.

Secrétaire assistant(e) vétérinaire : Vous adorez les animaux? Alors soignez-les et vivez près d'eux

Electricien en équipement auto : Installez les auto-radios, les lecteurs de cassettes ; vérifiez et dépannez les équipements électriques.

CAP Employé banque : Sans diplôme ni expérience professionnelle, accédez à une situation sérieuse et bien payée

Programmeur : Dialoguez avec l'ordinateur en choisissant ce métier passionnant et rémunérateur.

B. **Objections.**   Imagine that you are being unfairly accused of not having done certain things. How would you defend yourself? Give as many responses as you can.

> EXEMPLE   —Tu n'as pas fait tes devoirs.
> —Mais si, j'ai fini mes devoirs!
> J'ai fini mes devoirs à l'école.
> Mais on n'a pas de devoirs ce soir!
> Mais si, j'ai travaillé pendant trois heures cet après-midi.

1. Tu n'as pas fini ton dîner.
2. Tu n'es jamais content(e).
3. Tu n'as pas fait ton lit.
4. Tu n'as pas fait la vaisselle.
5. Tu n'es pas assez sérieux/sérieuse.
6. Tu ne peux pas gagner ta vie.
7. Tu ne veux jamais travailler.
8. Tu n'obéis jamais.

C. **Dans vingt ans.**   Imagine what your life is going to be like in twenty years. Describe your home, your family, your job, your activities, etc.

> EXEMPLE   Je suis avocat(e). J'habite dans un joli appartement.

VOCABULAIRE DU CHAPITRE

NOUNS RELATED TO HOUSING
l'appartement (*m*) apartment
la chambre bedroom
la cheminée fireplace
l'étage (*m*) floor, level
le garage garage
le jardin garden
la pièce room
la salle à manger dining room
la salle de bains bathroom
la salle de séjour living room
le sous-sol basement

OCCUPATIONS
l'acteur (*m*), l'actrice (*f*) actor, actress
l'agent de police (*m* or *f*) police officer
l'avocat (*m*), l'avocate (*f*) lawyer
le coiffeur (*m*), la coiffeuse (*f*) hair stylist
le dentiste (*m*), la dentiste (*f*) dentist
l'infirmier (*m*), l'infirmière (*f*) nurse
l'ingénieur (*m* or *f*) engineer
le mécanicien (*m*), la mécanicienne (*f*)
    mechanic
le musicien (*m*), la musicienne (*f*)
    musician
l'ouvrier (*m*), l'ouvrière (*f*) worker
le secrétaire (*m*), la secrétaire (*f*)
    secretary
le technicien (*m*), la technicienne (*f*)
    technician
le vendeur (*m*), la vendeuse (*f*)
    salesperson

OTHER NOUNS
l'école secondaire secondary school
les études (*f*) studies
le grand magasin department store
la machine machine
la profession profession
la rentrée first day of school, return
l'usine (*f*) factory

VERBS
choisir to choose
déménager to move (to a new residence)
discuter to talk about, discuss
finir to finish
obéir (à) to obey
réparer to repair
réussir (à) to succeed
savoir to know, to know how to

EXPRESSIONS OF QUANTITY
assez de enough
beaucoup de much, many, a lot
combien de how much, how many
moins de less, fewer
peu de few, little
un peu de a little
plus de more
trop de too much, too many

OTHER WORDS
futur future
Si! Yes! (to disagree with a negative
    statement)
Voyons! Come on! Let's see!

ONZIÈME CHAPITRE

Looking and Feeling Good

11

INTRODUCTION

Santé et Publicité

Tout le monde veut être en bonne santé, n'est-ce pas? Les publicités suivantes <u>montrent</u> que les Français <u>partagent</u> cet intérêt.

show/share

Le sport et la santé marchent ensemble.

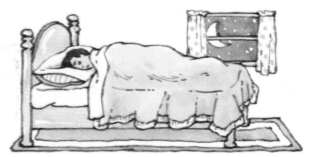

Le <u>sommeil</u>, c'est la santé. sleep

L'eau minérale, c'est de la santé en <u>bouteille</u>.

Le lait, ce n'est pas seulement pour les enfants. bottle

Choisissez les <u>produits</u> naturels, choisissez la santé.

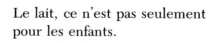

Pour rester en bonne santé, <u>il faut</u> manger trois repas <u>par</u> jour.

products/it is necessary, one must/each

COMPRÉHENSION

Match each illustration with the appropriate advertising slogan.

1. Pour être en bonne santé, il faut bien manger.
2. Bon lit, bon sommeil, bonne santé.
3. Si vous voulez être en bonne santé, mangez des produits naturels.
4. Le jus d'orange c'est bon pour les enfants. Pour leurs parents aussi.
5. Le lait, c'est de la santé en bouteille.

COMMUNICATION

Et vous? Everyone does certain things to stay in good health. What do you do?

> ### Vocabulaire
>
> **l'habitude** (*f*) habit   **raisonnable** reasonable
> **régulier** regular   **à pied** on foot

1. Est-ce que vous mangez trois repas par jour?
2. Est-ce que vous mangez un bon petit déjeuner le matin?
3. Est-ce que vous mangez à des heures régulières?
4. Est-ce que vous mangez assez de fruits et de légumes?
5. Est-ce que vous avez l'habitude de prendre des vitamines?
6. Est-ce que vous allez chez le dentiste une fois par an?
7. Est-ce que vous allez chez le médecin une fois par an?
8. Est-ce que vous allez au lit à une heure raisonnable?
9. Est-ce que vous faites souvent du sport ou de la gymnastique?
10. Est-ce que vous faites quelquefois des promenades à pied ou en vélo?

EXPLORATION

 TALKING ABOUT PHYSICAL CHARACTERISTICS
PARTS OF THE BODY

Présentation

To talk about health, well-being, and physical activities, you have to know the words for parts of the body. Listen to Monsieur Mécanique, a French-speaking robot, describe the parts of his body.

J'ai un estomac électronique.

J'ai deux bras et quatre mains.

J'ai deux jambes mais seulement trois pieds. C'est parce qu'un technicien répare un de mes pieds.

Vocabulaire

Monsieur Mécanique is made up of the following parts:

la bouche mouth	**la gorge** throat	**les oreilles** (*f*) ears
le bras arm	**la jambe** leg	**le pied** foot
les cheveux (*m*) hair	**la main** hand	**la tête** head
l'estomac (*m*) stomach	**le nez** nose	**les yeux** (*m*) eyes

Sometimes Monsieur Mécanique doesn't feel well.

Mais j'ai de la chance. Si j'ai mal à la tête, je répare le circuit.

Je n'ai jamais mal à la gorge, parce que ma gorge, c'est un transistor.

To talk about aches and pains, the expression **avoir mal à** + a part of the body is used.

avoir mal à la tête	to have a headache
avoir mal aux oreilles	to have an earache
avoir mal à l'estomac	to have a stomachache

- J'ai mal à la tête. — I have a headache.
- Il a mal aux oreilles. — He has an earache.
- Nous avons mal aux pieds. — Our feet hurt.
- Avez-vous mal au bras? — Does your arm hurt?

Préparation

A. Le malade imaginaire. Alain, who doesn't want to go to school, is complaining to his mother about all his aches and pains. What does he say?

MODÈLE   la tête
J'ai mal à la tête.

1. la gorge
2. les oreilles
3. l'estomac
4. le bras
5. les yeux
6. la jambe

B. Le cousin de Monsieur Mécanique. Monsieur Mécanique is describing his cousin. Tell what he says.

Mon cousin a deux têtes...

C. Chez le médecin. Jacques and his twin brother André ache all over, and the doctor is trying to find out what is wrong. What does he ask them?

MODÈLE   tête
Est-ce que vous avez mal à la tête?

1. oreilles
2. gorge
3. bras
4. pieds
5. estomac
6. yeux

D. Aïe! Notre pauvre équipe! Your favorite pro hockey team has had a rough game, and the trainer is telling the coach what is wrong with the players. What does he say?

MODÈLE **Il a mal aux yeux.**

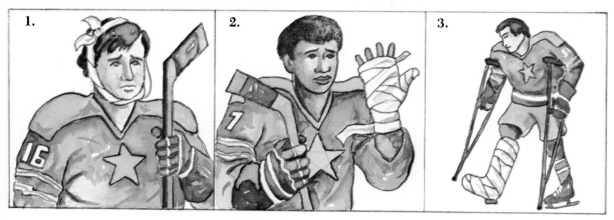

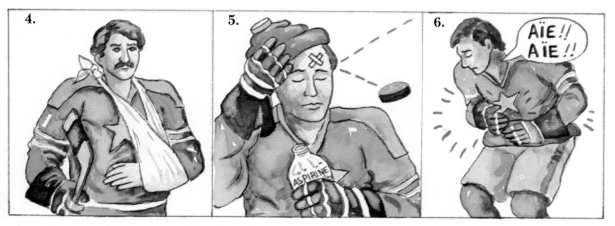

A. **Imagination sans limites.** Create your own robot or creature from outer space and describe it to another student or group of students.

B. **Êtes-vous en bonne santé?** Indicate whether you have certain aches and pains often, sometimes, or never.

EXEMPLE   les dents
Je n'ai jamais mal aux dents.

jamais   quelquefois   souvent

1. la tête
2. les pieds
3. les dents
4. l'estomac
5. les oreilles
6. les yeux
7. les jambes
8. la gorge

En France comme aux États-Unis, on lutte contre le tabac, l'alcool, les drogues. Voici un exemple de publicité contre le tabac.

Quel slogan préférez-vous?

1. Si vous aimez la vie, ne choisissez pas le tabac.
2. Drogue et santé ne vont pas ensemble.
3. L'alcool est votre ennemi. Ne jouez pas avec!
4. La drogue, c'est l'ennemi numéro un des jeunes.
5. Un nez, une gorge, une vie; trois raisons de ne pas choisir le tabac.

Et maintenant, pouvez-vous inventer d'autres slogans contre la drogue, l'alcool, ou le tabac?

LE TABAC OU LA SANTE

A VOUS DE CHOISIR.

L'ALCOOL et LA VOITURE ne marchent pas ensemble.

LA DROGUE L'ennemi numéro un des jeunes

EXPLORATION

 DESCRIBING SOMEONE'S APPEARANCE
ADJECTIVES FOR DESCRIBING PEOPLE

Présentation

When we describe people, we usually talk about the color of their eyes and their hair.

To ask the color of someone's eyes or hair one says:

- De quelle couleur sont les yeux de Marianne?
- De quelle couleur sont ses cheveux?

Elle a les yeux **bleus.**	blue	
	verts	green
	bruns	dark
	gris	gray
	noirs	dark (black)

Elle a les cheveux **blonds.**	blond	
	châtains	brown
	gris	gray
	roux	red
	bruns	dark
	longs	long
	courts	short

We might also say that someone is *tall* (**grand**) or *short* (**petit**); and, by using the verb **mesurer,** tell how tall the person is.

Paul est très grand.	Il mesure 1 mètre, 90 (1,90 m).
Sa sœur est petite.	Elle mesure 1 mètre, 50 (1,50 m).

Height in most of the French-speaking world is measured in meters. **1 mètre, 90** ("**un mètre quatre-vingt-dix**") means 1 meter + 90 centimeters.

To say how much someone weighs, the verb **peser** is used. Weight is measured in **kilos,** which is short for **kilogrammes.**

- Jacques pèse soixante-deux kilos (62 kg).
- Et moi, je pèse cinquante kilos (50 kg).

Mon ami a les yeux bruns et les cheveux verts. Il est petit. Il mesure seulement vingt-cinq centimètres.

Voilà mon perroquet.

Préparation

A. Mauvaise mémoire. Gilbert has a hard time remembering what other people look like. Whenever he makes a comment about someone, his friend Robert corrects him. What does Robert say?

> MODÈLE Jean a les cheveux blonds. (Non, . . . châtains)
> **Non, Jean a les cheveux châtains.**

1. Lisette a les yeux bleus. (Non, . . . verts)
2. Raoul a les cheveux châtains. (Non, . . . bruns)
3. Marc a les yeux gris. (Non, . . . bleus)
4. Madame Lafitte a les cheveux gris. (Non, . . . blonds)
5. Philippe a les cheveux longs. (Non, . . . courts)
6. Marguerite a les cheveux châtains. (Non, . . . roux)
7. Claude a les yeux verts. (Non, . . . bruns)
8. Annick est grande. (Non, . . . petite)

B. Carte d'identité. Geneviève is applying for a new I. D. card. How would she answer the following questions?

> MODÈLE Quel est votre nom? (Geneviève Perrin)
> **Mon nom est Geneviève Perrin.**

1. Où habitez-vous? (à Bordeaux)
2. De quelle couleur sont vos cheveux? (châtains)
3. De quelle couleur sont vos yeux? (verts)
4. Combien pesez-vous? (48 kg)
5. Combien mesurez-vous? (1,50 m)

A. **Vos acteurs et vos actrices préférés.** Describe what your favorite movie star or television personality looks like.

> EXEMPLE   Il a les cheveux roux et les yeux bleus, etc.

B. **Qui est-ce?** Describe a person in your class. Other students will try to guess who you are describing.

> EXEMPLE   Elle a les cheveux bruns et les yeux noirs.
> Qui est-ce?

C. **Rapport de police.** Imagine that you have witnessed a robbery. Describe the suspect's appearance including size (**grand/e, petit/e**), weight, height, hair and eye color, and features (**grand ou petit nez,** etc.).

> EXEMPLE   Elle mesure entre 1,55 m et 1,60 m, etc.

Interlude/Culture

Le système métrique est utilisé en France et dans beaucoup d'autres pays du monde. Voici les mesures de quelques étudiants français.

Pierre 1,68 m	Hélène 1,50 m	Suzanne 1,59 m
82 kg	45 kg	54 kg

Voici les formules pour passer d'un système à l'autre.

$$1 \text{ mètre} = 39.37 \text{ } inches$$
$$1 \text{ kilo} = 2.2 \text{ } pounds$$

Et maintenant, pouvez-vous passer d'un système à l'autre?

1. Combien mesurent Pierre, Hélène, et Suzanne en pieds (*feet*) et en pouces (*inches*)?

2. Combien pèsent-ils en livres (*pounds*)?

3. Combien les étudiants américains suivants pèsent-ils en kilos et mesurent-ils en mètres?

Allen	Janet	Linda
6′ 7″	5′ 2″	5′ 7″
220 lbs.	115 lbs.	125 lbs.

EXPLORATION

 UNDERSTANDING AND TAKING SUGGESTIONS
VERBS LIKE *PRENDRE*

Présentation

The verb **prendre** means *to take* and is often used with items that one can eat or drink (for example, **prendre des médicaments, prendre un coca, prendre le petit déjeuner**). Many times we would say "have" in similar English sentences. **Prendre** is an irregular verb, and here are its forms:

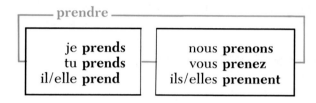

— prendre —

je **prends**	nous **prenons**
tu **prends**	vous **prenez**
il/elle **prend**	ils/elles **prennent**

Passé composé: j'ai **pris,** etc.

- N'oublie pas de prendre tes médicaments.
- À quelle heure prenez-vous vos repas?
- Est-ce que tu as pris tes vitamines?
- Prenez le temps de jouer de temps en temps.
- Qui a pris mon vélo?
- Est-ce que vous avez pris le train ou l'avion?

The verbs **apprendre**, *to learn*, and **comprendre**, *to understand*, are conjugated like **prendre**.

- Je ne comprends pas pourquoi je suis malade.
- Est-ce que vous comprenez ma question?
- Quand est-ce que tu as appris à nager?

Note that with **apprendre** you must use **à** before an infinitive.

- Annick apprend le français.
  but
- Annick apprend à nager.

Préparation

A. **Au restaurant.** Isabelle and her friends are eating out and are talking about what they are going to order. Tell what they say.

> MODÈLE Je prends du jambon. Et vous?
> **Nous prenons du jambon aussi.**

1. Je prends un bifteck. Et vous?
2. Je prends une salade. Et vous?
3. Je prends des haricots verts. Et vous?
4. Je prends des pommes de terre. Et vous?
5. Je prends du fromage. Et vous?
6. Je prends un dessert. Et vous?
7. Je prends du café. Et vous?

B. **Pour être en bonne santé.** Tell what the following people do to stay in good health.

> MODÈLE Pierre / des vitamines
> **Pierre prend des vitamines.**

1. Je / un bon petit déjeuner
2. Lucette / des médicaments
3. Nous / trois repas par jour
4. Vous / le temps de jouer
5. Mes copains / des vacances
6. Tu / le temps de faire du sport

C. **Qu'est-ce qu'ils ont appris?** The Cotin family has become interested in physical fitness. They each decided to take up a new sport. What sports did they learn to do?

MODÈLE

Ma petite sœur a appris à faire du vélo.

1.

Mon père . . . .

2.

J'. . . .

3.

Tu . . . .

4.

Vous . . . .

5.

Nous . . . .

6.

Mes frères . . . .

Communication

A. **Habitudes et préférences.** Answer the following questions by choosing one or several of the following responses. Remember that the "?" is an invitation to create your own answers.

1. Quand vous voyagez, qu'est-ce que vous prenez?
   (a) le train   (b) l'avion   (c) votre voiture   (d) ?
2. Quand vous allez au café, qu'est-ce que vous prenez?
   (a) du thé   (b) un jus de fruit   (c) du coca   (d) ?
3. Quand vous avez l'occasion de manger dans un bon restaurant, qu'est-ce que vous prenez?
   (a) du poisson   (b) un bifteck   (c) du rôti   (d) ?
4. Et comme légumes, qu'est-ce que vous prenez?
   (a) des petits pois   (b) des épinards   (c) des carottes   (d) ?
5. Et comme dessert, qu'est-ce que vous prenez?
   (a) de la glace   (b) des fruits   (c) de la tarte   (d) ?
6. Quand vous êtes malade, qu'est-ce que vous prenez?
   (a) de l'aspirine   (b) du thé chaud   (c) de la soupe au poulet
   (d) ?

B. **Questions/Interview.** Answer the following questions or use them to interview another student.

1. Est-ce que tu comprends bien le français?
2. Est-ce que tu prends souvent des vitamines?
3. Est-ce que tu prends ton déjeuner à l'école ou à la maison?
4. À quelle heure est-ce que tu prends ton petit déjeuner?
5. Est-ce que tu as envie d'apprendre à piloter un avion?
6. Est-ce que ta famille prend des vacances chaque année?
7. Est-ce que tu comprends bien en classe?
8. Est-ce que tu as déjà pris l'avion?
9. Est-ce que tu as déjà pris le train?
10. À quel âge est-ce que tu as appris à nager?

La vie d'un étudiant a aussi ses problèmes et ses tensions. Indiquez le degré de tension que les situations suivantes ont pour un étudiant de votre âge.

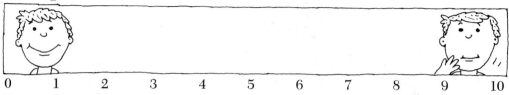

0   1   2   3   4   5   6   7   8   9   10

1. _____ Quand vous êtes malade
2. _____ Quand c'est la semaine des examens
3. _____ Quand vous avez trop de devoirs à faire
4. _____ Quand vous ne comprenez pas en classe
5. _____ Quand vous n'avez pas le temps de finir vos devoirs
6. _____ Quand vos classes ne sont pas intéressantes
7. _____ Quand votre télévision ne marche pas
8. _____ Quand vous avez des problèmes d'argent
9. _____ Quand vous êtes obligé(e) de manger à l'école
10. _____ Quand vous avez besoin de faire le ménage à la maison
11. _____ Quand vos amis ne sont pas d'accord avec vous
12. _____ Quand vous êtes obligé(e) de faire quelque chose que vous n'aimez pas

EXPLORATION

 REFERRING TO SOMETHING ALREADY MENTIONED
OBJECT PRONOUNS *LE, LA, LES*

Présentation

Just as we use subject pronouns to avoid repetition of names, we can also use object pronouns to refer to someone or something already mentioned. The direct object pronouns in French for *him, her, it,* or *them* are identical to the definite articles (**le** = *him* or *it;* **la** = *her* or *it;* and **les** = *them*). Note that **les** can refer to both masculine and feminine nouns.

Je prépare le dîner.	Je **le** prépare.
Nous regardons la télé.	Nous **la** regardons.
Elle aime les fruits.	Elle **les** aime.
Il adore les pâtisseries.	Il **les** adore.
Vous prenez vos médicaments.	Vous **les** prenez.

The pronouns **le** and **la** contract to **l'** before a vowel.

Elles aiment la musique moderne.	Elles l'aiment.
Vous n'écoutez pas souvent la radio.	Vous ne l'écoutez pas souvent.

When the verb is in the **passé composé,** the direct object pronoun comes before **avoir.**

Ils ont fini leur travail.	Ils l'ont fini.
Avez-vous gagné votre dernier match?	L'avez-vous gagné?
Nous n'avons pas regardé ce programme.	Nous ne l'avons pas regardé.
Je n'ai pas pris ton vélo.	Je ne l'ai pas pris.

The past participle agrees in number and in gender with the *preceding* direct object pronoun by adding **e** for the feminine singular, **s** for the masculine plural, and **es** for the feminine plural.

Le lait?
Je l'ai déjà acheté.

L'eau minérale?
Je l'ai déjà acheté**e**.

Les œufs?
Je les ai déjà acheté**s**.

Les pâtisseries?
Je les ai déjà acheté**es**.

Préparation

A. Habitudes.   Véronique and Martine have just met and find out that they have a lot in common. Tell what Véronique says.

> MODÈLE   J'aime le rock.
> **Moi aussi, je l'aime.**

1. Je regarde souvent la télé.
2. Je déteste les épinards.
3. J'écoute souvent la radio.
4. J'étudie la géographie.
5. Je comprends le français.
6. J'étudie les maths.
7. Je fais souvent le ménage.
8. Je déteste les documentaires.
9. J'aime le dernier film de Belmondo.
10. Je fais quelquefois la cuisine.
11. J'aime beaucoup l'été.
12. Je déteste l'hiver.

B. **As-tu fait ton travail?** Before letting Chantal go out with her friends, her mother wants to make sure that she has done all her work. Give Chantal's answers.

> MODÈLE Est-ce que tu as fait le ménage?
> **Oui, je l'ai fait.**

1. Est-ce que tu as fait ton lit?
2. Est-ce que tu as fait tes devoirs?
3. Est-ce que tu as acheté le pain?
4. Est-ce que tu as préparé les sandwiches?
5. Est-ce que tu as trouvé ton livre?
6. Est-ce que tu as aidé ton petit frère?
7. Est-ce que tu as réparé ton vélo?
8. Est-ce que tu as mangé ton déjeuner?

C. **Qu'est-ce qui ne va pas?** The school counselor is trying to figure out why Vincent is not doing well in school. Using direct object pronouns, give his answers to the counselor's questions.

> MODÈLE Est-ce que vous aimez vos classes? (Oui, . . .)
> **Oui, je les aime.**

1. Est-ce que vous aimez vos professeurs? (Oui, ...)
2. Est-ce que vous aimez l'école? (Oui, ...)
3. Est-ce que vous faites toujours vos devoirs? (Non, ...)
4. Est-ce que vous regardez souvent la télévision? (Oui, ...)
5. Est-ce que vous aidez vos parents à la maison? (Oui, ...)
6. Est-ce que vous oubliez quelquefois vos livres à la maison? (Oui, ...)
7. Est-ce que vous aimez l'histoire? (Non, ...)
8. Est-ce que vous aimez les autres étudiants? (Oui, ...)

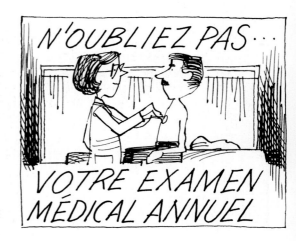

D. C'est vendredi soir! The president of the French club is checking to make sure that everything is ready for the party the club has planned. What answers do the club members give her?

>MODÈLE Est-ce que vous avez préparé les sandwiches?
>**Oui, nous les avons préparés.**

1. Est-ce que vous avez invité Anne-Marie?
2. Est-ce que vous avez acheté les boissons?
3. Est-ce que vous avez apporté vos disques?
4. Est-ce que vous avez préparé le café?
5. Est-ce que vous avez apporté vos chansons?
6. Est-ce que vous avez acheté les pâtisseries?
7. Est-ce que vous avez choisi les affiches?
8. Est-ce que vous avez invité le professeur de français?

A. **Questions/Interview.** Answer the following questions or use them to interview another student. Use the appropriate direct object pronoun in each answer.

> EXEMPLE Quand est-ce que tu fais tes devoirs?
> Je les fais le soir, après le dîner.

1. Quand est-ce que tu regardes la télévision?
2. Quand est-ce que tu écoutes tes disques?
3. Est-ce que tu aimes la musique classique?
4. Est-ce que tu invites quelquefois tes copains à la maison?
5. Est-ce que tu aides souvent tes parents à la maison?
6. Est-ce que tu fais souvent la vaisselle?
7. Est-ce que tu fais quelquefois la cuisine?
8. Est-ce que tu partages ta chambre avec ton frère ou ta sœur?
9. Est-ce que tu prends ton déjeuner à l'école ou à la maison?
10. Quand est-ce que tu fais tes devoirs?

B. **Souvent ou rarement?** Make statements that tell how often you do each of the following. Use the appropriate direct object pronoun in each of your statements.

> EXEMPLE Prendre le train?
> Je ne le prends jamais.

1. Faire le ménage?
2. Faire mes devoirs?
3. Préparer le dîner?
4. Écouter la radio?
5. Comprendre le professeur?
6. Faire les courses?
7. Faire le marché?
8. Faire la vaisselle?
9. Prendre l'avion?
10. Faire mon lit?

PERSPECTIVES

Chez le médecin

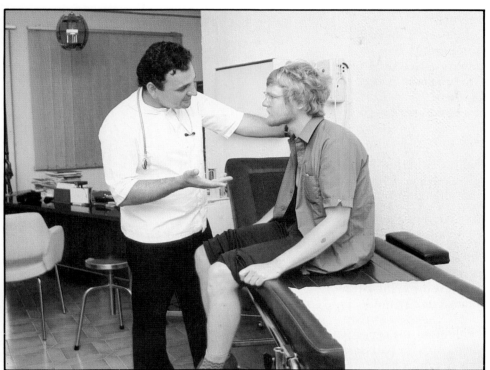

Monsieur Laurent est malade. Il va chez le médecin.

LE MÉDECIN	Comment allez-vous aujourd'hui?
M. LAURENT	Pas trop bien . . . . J'ai mal <u>partout</u>.
LE MÉDECIN	Vous avez de la <u>fièvre</u>?
M. LAURENT	Oui, un peu. J'ai 38 le matin et 39 le soir.*
LE MÉDECIN	Est-ce que vous prenez des médicaments?
M. LAURENT	Oui, de l'aspirine parce que j'ai très mal à la tête. C'est <u>grave</u>, docteur?
LE MÉDECIN	Mais non! Vous avez un bon <u>rhume</u>. <u>C'est tout</u>.
M. LAURENT	Qu'est-ce que je peux faire, docteur?
LE MÉDECIN	<u>Pas grand-chose</u>. Restez à la maison et continuez à prendre de l'aspirine.

everywhere

fever

$F = 9/5 \, C° + 32$

$38° \, C = 100.4° \, F$

$39° \, C = 102.2° \, F$

serious

cold/that's all

not much

*Normal body temperature is 37° Celsius (98.6° Fahrenheit).

COMPRÉHENSION

Answer the following questions based on the conversation between the doctor and M. Laurent.

1. Comment va Monsieur Laurent?
2. Où est-ce qu'il a mal?
3. Est-ce que M. Laurent a de la fièvre?
4. Quelle est sa température?
5. Quels médicaments est-ce qu'il prend? Pourquoi?
6. Est-ce qu'il a une maladie grave?
7. Quelle maladie a-t-il?
8. Quand on a un rhume, qu'est-ce qu'il faut faire?

COMMUNICATION

A. **Mauvais conseils.** Charles Hatan believes he's a medical expert and likes to give advice. Unfortunately he has some strange ideas. How would you change his suggestions to make them good advice?

> EXEMPLE   Ne faites jamais de sport.
>   Faites souvent du sport; c'est bon pour la santé.

1. Allez au lit à trois heures du matin.
2. Ne prenez jamais de vitamines.
3. Ne faites jamais de gymnastique.
4. N'allez jamais chez le médecin.
5. N'allez jamais chez le dentiste.
6. Mangez seulement un repas par jour.
7. Mangez beaucoup de pâtisseries.
8. Mangez des légumes seulement quand c'est nécessaire.

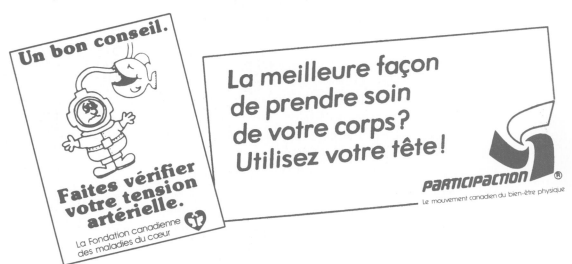

B. Je suis malade! Imagine that you are sick and that you are talking to the doctor. How would you answer the doctor's questions?

LE MÉDECIN   Comment allez-vous?
VOUS   _____
LE MÉDECIN   Où est-ce que vous avez mal?
VOUS   _____
LE MÉDECIN   Est-ce que vous avez de la fièvre?
VOUS   _____
LE MÉDECIN   Est-ce que vous prenez des médicaments?
VOUS   _____
LE MÉDECIN   Est-ce que vous mangez bien?
VOUS   _____
LE MÉDECIN   Je pense que ce n'est pas grave. Vous pouvez aller à l'école demain.
VOUS   _____

C. Qui suis-je? Pretend that you are a well-known sports figure, politician, or television or movie personality. Other students will ask you yes-or-no questions to find out who you are.

EXEMPLE   Êtes-vous acteur? Êtes-vous grand?
Avez-vous les cheveux blonds? Avez-vous les yeux bleus?
Êtes-vous Robert Redford?

Les enfants du monde

Les pires aspects de la pauvreté dans le monde peuvent être bannis d'ici la fin de ce siècle...

UNICEF
FAITS ET CHIFFRES

VOCABULAIRE DU CHAPITRE

NOUNS RELATING TO THE BODY
la bouche mouth
le bras arm
les cheveux (*m*) hair
l'estomac (*m*) stomach — *le ventre*
la gorge throat
la jambe leg
la main hand
le nez nose
l'oreille (*f*) ear
le pied foot
la tête head
les yeux (*m*) eyes
l'œil (*m*) eye

OTHER NOUNS
l'aspirine (*f*) aspirin
la bouteille bottle
la couleur color
la fièvre fever
l'habitude (*f*) habit
l'intérêt (*m*) interest
le produit product
le rhume cold
le sommeil sleep
les vitamines (*f*) vitamins

ADJECTIVES DESCRIBING COLORS
blond blond
brun dark, brown
châtain brown (chestnut)
gris gray
noir black
roux red
vert green

OTHER ADJECTIVES
court short
grave serious
raisonnable reasonable
régulier, régulière regular

VERBS
apprendre to learn
comprendre to understand
mesurer to measure
montrer to show
partager to share
peser to weigh
prendre to take, to have

ADVERBS
partout everywhere

EXPRESSIONS
à pied on foot
avoir mal à to have a pain or an ache in
C'est tout. That's all.
il faut it is necessary, one must
par jour per day
pas grand-chose not much

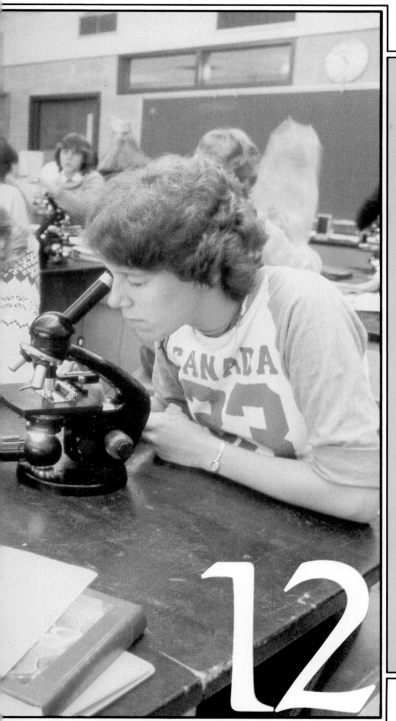

DOUZIÈME CHAPITRE

School Life

12

INTRODUCTION

Tu as réussi?

Nous sommes au lycée Victor Hugo. Entre midi et une heure quarante-cinq, les <u>élèves</u> mangent, et ils ont une longue <u>récréation</u>. Ils ont le temps de jouer et de parler ensemble.

students/lunch break, recess

FRANÇOIS	Quelle <u>note</u> tu as eu à l'examen de <u>chimie</u>?	grade/chemistry
ÉTIENNE	J'ai eu huit sur vingt. Mon père va être furieux. Et toi, tu as eu la <u>moyenne</u>?*	passing grade
FRANÇOIS	Oui, j'ai bien réussi. J'ai eu seize sur vingt.	
ÉTIENNE	Tu es <u>vachement</u> <u>fort</u>. Tu as étudié la <u>leçon</u> d'histoire pour cet après-midi?	very (slang)/strong/ lesson
FRANÇOIS	Non, mais on a une heure d'<u>étude</u> après la <u>récré</u>.	study hall/short form for **récréation**

*French students are graded on a twenty-point system. Ten is passing.

COMPRÉHENSION

Answer the following questions based on the conversation between François and Étienne.

1. Est-ce qu'Étienne est fort en chimie?
2. Quelle note est-ce qu'Étienne a eu à l'examen?
3. Est-ce qu'il a eu la moyenne?
4. Est-ce que son père va être content?
5. Et François, est-ce qu'il a réussi à l'examen?
6. Quelle autre classe est-ce qu'Étienne et François ont cet après-midi?
7. Est-ce que François a étudié son histoire?
8. Quand va-t-il étudier sa leçon d'histoire?

COMMUNICATION

Les classes. Qu'est-ce qu'on peut étudier dans une école française ou canadienne?

On peut étudier . . .

la chimie

l'algèbre (m)

le français

la musique

la géographie

l'éducation civique

l'algèbre (f)	algebra	**le français**	French
l'allemand (m)	German	**la géographie**	geography
l'anglais (m)	English	**la géométrie**	geometry
la biologie	biology	**l'histoire** (f)	history
la chimie	chemistry	**le latin**	Latin
le dessin	drawing	**les mathématiques** (f)	mathematics
l'éducation civique (f)	government, civics	**la musique**	music
l'éducation physique (f)	physical education	**la peinture**	painting
l'espagnol (m)	Spanish	**la physique**	physics
		le russe	Russian

A. **Et vous, quelles classes avez-vous?** Tell what classes you are taking this year and at what time.

> EXEMPLE J'ai une classe de chimie à huit heures.

B. **Et l'an prochain?** Tell what classes you are going to take next year. Give your reasons why.

> EXEMPLE Je vais étudier l'algèbre parce que j'aime les maths.

Suggestions

j'aime le professeur   je voudrais être médecin (etc.)
je suis obligé(e)   je voudrais aller à l'université
j'aime les sciences   c'est une classe intéressante
le prof est sympa   ?

EXPLORATION

TALKING ABOUT CONTINUING ACTIONS
DEPUIS **WITH THE PRESENT TENSE**

Présentation

As you have learned, the **passé composé** is used to describe past actions. When, however, an action that began in the past is still continuing in the present, the present tense is used with **depuis.** The meaning of **depuis** is similar to *for* or *since*. Note that **depuis** is placed before the expression of time.

- J'étudie le français depuis un an.   I have been studying French for one year.
- Il est malade depuis une semaine.   He has been sick for a week.
- Nous habitons ici depuis juin.   We've been living here since June.

To ask how long someone has been doing something, begin your question with **depuis quand** or **depuis combien de temps.**

- Depuis quand étudiez-vous le français?
- Nous étudions le français depuis neuf mois.

- Depuis combien de temps fais-tu de l'algèbre?
- Depuis deux ans.

A. Depuis quand? Several French exchange students are talking about how long they've been studying English. Tell what they say.

> MODÈLE   un an
> **J'étudie l'anglais depuis un an.**

1. deux ans
2. quelques semaines
3. trois ans
4. six mois
5. quatre ans
6. cinq mois

B. Ça ne va pas bien. A number of students are not feeling well, and the school nurse is checking to see how long they have been sick. What does she ask?

> MODÈLE   mal à la tête
> **Depuis quand avez-vous mal à la tête?**

1. mal aux oreilles
2. mal aux yeux
3. mal aux jambes
4. mal aux bras
5. mal à l'estomac
6. mal à la gorge

C. À la bibliothèque. Some friends are at the library and are telling how long they have been working. What do they say?

> MODÈLE   Jeanne / deux heures
> **Jeanne travaille depuis deux heures.**

1. Je / une heure
2. Étienne / deux heures et demie
3. Nous / quinze minutes
4. François et Serge / une demi-heure
5. Tu / une heure et quart
6. Thérèse / trois heures

Communication

A. Questions/Interview. Answer the following questions or use them to interview another student.

1. Depuis quand es-tu à cette école?
2. Depuis quand étudies-tu le français?
3. Depuis quand habites-tu dans cette ville?
4. Est-ce que tu sais nager? Si oui, depuis quand?
5. Est-ce que tu sais jouer au tennis? Si oui, depuis quand?
6. Est-ce que tu as un vélo ou un vélomoteur? Si oui, depuis quand?

B. Depuis quand? Which of the following courses are you taking? Tell how long you have been studying each.

EXEMPLE   J'étudie le russe depuis un an.

1. l'allemand
2. l'espagnol
3. l'algèbre
4. la physique
5. la chimie
6. la biologie
7. la géométrie
8. la peinture
9. l'anglais
10. la musique
11. le latin
12. le dessin

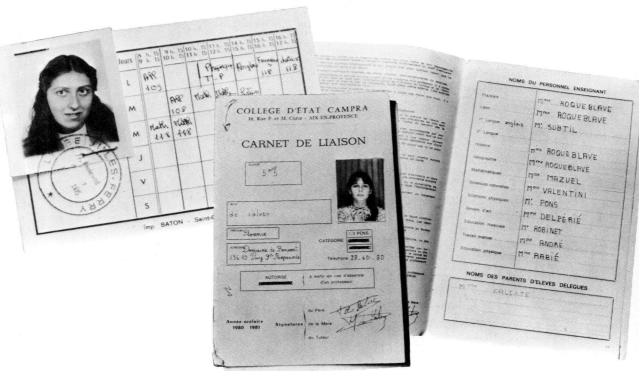

Voici une description du système d'éducation en France. Étudiez la description et ensuite répondez aux questions suivantes.

ENSEIGNEMENT ÉLÉMENTAIRE ET SECONDAIRE

Âge	Classe			Diplômes
18	term.	classes terminales		Baccalauréat
17				Brevet de Technicien
16	1ere	LYCÉE	LYCÉE D'ENSEIGNEMENT PROFESSIONNEL	Certificat d'Aptitude Professionnelle (CAP)
15	2e			Brevet d'Études Professionnelles (BEP)
14	3e	LYCÉE ou COLLÈGE D'ENSEIGNEMENT GÉNÉRAL		
13	4e			
12	5e			
11	6e			
10	C.M.2	Cycle moyen		
9	C.M.1			
8	C.E.2	Cycle élémentaire	ÉCOLE PRIMAIRE	
7	C.E.1			
6	C.P.	Cycle préparatoire		
5				
4		ÉCOLE PRÉ-ÉLÉMENTAIRE		
3				
2				

(enseignement obligatoire: de 16 à 6 ans)

1. De quel âge à quel âge les jeunes Français sont-ils obligés d'aller à l'école?
2. En France, à quel âge les enfants commencent-ils leurs études? Et aux États-Unis?
3. En général, quel âge ont les élèves qui vont au collège?
4. Quel choix ont les élèves qui ont fini leurs études au collège?
5. Quel âge ont les élèves qui sont dans les classes terminales?
6. À quel âge passe-t-on le Baccalauréat?

Vocabulaire

enseignement schooling
brevet diploma
le Baccalauréat (le "bac") lycée diploma
CAP (Certificat d'Aptitude Professionnelle) required certificate for entrance into trades such as **coiffeur, mécanicien,** etc.
collège first part of secondary education

terminale last year of lycée
moyen middle

EXPLORATION

🔹 **TALKING ABOUT WHAT WE READ**
THE VERB *LIRE*

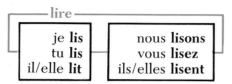
Présentation

To talk about what you read (or don't read), you have to use the verb **lire** (*to read*). **Lire** is an irregular verb, and here are its forms:

lire	
je **lis**	nous **lisons**
tu **lis**	vous **lisez**
il/elle **lit**	ils/elles **lisent**

Passé composé: j'ai **lu,** etc.

- Elle lit ce livre depuis une semaine.
- Qu'est-ce que tu lis?
- J'ai déjà lu ce livre.
- Lisez vingt pages pour demain.

Vocabulaire

To talk about things you read, the following vocabulary is useful:

des bandes dessinées (*f*)	comics
un conte	story
un journal	newspaper
un poème	poem
une revue	magazine
un roman	novel

A. Sondage d'opinion.   An interviewer is taking a survey of people's reading habits. Give his questions.

> MODÈLE   le journal
> **Est-ce que vous lisez le journal?**

1. des revues françaises
2. des romans
3. des livres intéressants

4. des bandes dessinées
5. des poèmes
6. des revues sportives

B. Qu'est-ce que tu lis?   Several students are talking about what they and others are reading. Tell what they say.

> MODÈLE   Richard / un roman
> **Richard lit un roman.**

1. je / des bandes dessinées
2. tu / le journal
3. mes copains / une revue française

4. Hélène / des poèmes
5. vous / un bon livre
6. nous / un conte

C. On a déjà lu ça.   Madame Nemo wants to find out which students have read *Le Tour du monde en 80 jours*. Give the students' answers to her questions.

> MODÈLE   Est-ce que Robert a lu ce livre? (non)
> **Non, il n'a pas lu ce livre.**

1. Et toi, Janine, est-ce que tu as lu ce livre? (oui)
2. Et vous, Jacques et Pierre, est-ce que vous avez lu ce livre? (oui)
3. Et Jeanne et Louise, est-ce qu'elles ont lu ce livre? (non)
4. Et toi, Richard, est-ce que tu as lu ce livre? (non)
5. Et Marc et Élise, est-ce qu'ils ont lu ce livre? (oui)

Communication

A. **Qu'est-ce que vous aimez lire?** Tell how often you read each of the following.

jamais   rarement   quelquefois   souvent

EXEMPLES   Je ne lis jamais de revues sportives.
Je lis souvent des revues sportives.

1. le journal
2. des bandes dessinées
3. des romans d'aventure
4. des revues sportives
5. des revues pour les jeunes
6. des revues françaises
7. des poèmes
8. le journal de mon école
9. le journal du dimanche
10. des contes

B. **Questions/Interview.** Answer the following questions or use them to interview another student.

1. Est-ce que tu aimes lire?
2. Qu'est-ce que tu aimes lire?
3. Est-ce que tu lis souvent des romans?
4. Est-ce que tu lis quelquefois le journal?
5. Est-ce que tu lis les bandes dessinées dans le journal?
6. Quelle est ta bande dessinée préférée?
7. Combien de livres lis-tu par mois?
8. Quelles revues est-ce que tu lis?
9. Est-ce que tu as déjà lu des revues françaises?
10. Est-ce que tu lis quelquefois des poèmes?

French students, like American students, often use slang words when talking about school. See if you can guess the meaning of the underlined words in the illustrations below.

EXPLORATION

 TALKING ABOUT THE PAST
THE PASSÉ COMPOSÉ **WITH** ÊTRE

Présentation

As you have already seen, the **passé composé** is used to talk about past events. Although it is generally formed by using **avoir** with the past participle, there are a few verbs that always require **être** instead of **avoir**. You already know some of the verbs in this category.

aller	**arriver**
rentrer	**rester**

When using these verbs in the **passé composé,** the past participle always agrees with the subject of the verb in gender and in number.

When the *subject* is *masculine* . . .

je	suis	allé	nous	sommes	allés
tu	es	allé	vous	êtes	allé
			vous	êtes	allés
il	est	allé	ils	sont	allés

When the *subject* is *feminine* . . .

je	suis	allée	nous	sommes	allées
tu	es	allée	vous	êtes	allée
			vous	êtes	allées
elle	est	allée	elles	sont	allées

- Chantal n'est pas allée en classe hier.
- Nous sommes rentrés à minuit.
- À quelle heure êtes-vous arrivés à l'école?
- Je suis restée à la maison pour étudier.

Note that the meaning of the **passé composé** with these verbs is the same as it is with **avoir** verbs. **Je suis allé** is much like *I went, I have gone,* or *I did go* in English.

 Préparation

A. Vendredi dernier. Several friends are telling where they went last Friday night. Tell what they say.

> MODÈLE Paulette / match de football
> **Paulette est allée au match de football.**

1. Je / chez ma tante
2. Jacqueline / au cinéma
3. Tu / au concert
4. Marc et Étienne / au restaurant
5. Nous / dans les magasins
6. Élise et Anne / au café
7. Robert / au match de basket
8. Nous / au théâtre

PALAIS DES CONGRÈS
27 JUIN AU 11 JUILLET 1981
A 20H30 SAUF DIMANCHE

THÉÂTRE NATIONAL
OPERA
DE PARIS
ADMINISTRATEUR GÉNÉRAL   BERNARD LEFORT

LES ÉTOILES ET LE BALLET
DANS
LE LAC DES CYGNES

B. Vive la neige! Everyone is late for school because of a big snowstorm. Gilles wants to find out what time other people arrived at school. What does he ask?

> MODÈLE Marianne
> **À quelle heure est-ce que Marianne est arrivée?**

1. ton frère
2. tu
3. vous
4. Lucette
5. Julie et Vincent
6. le professeur d'anglais
7. Daniel et Henri
8. Barbara et Anne

C. **Visite de cousins canadiens.** Valérie is talking about the recent visit of some Canadian relatives. Tell what she says.

> MODÈLE Nos cousins / arriver hier
> **Nos cousins sont arrivés hier.**

1. Je / aller à l'aéroport
2. Mon frère / rester à la maison
3. L'avion / arriver à trois heures
4. Nous / aller manger au restaurant.
5. Nous / rentrer à neuf heures

Communication

A. **Interview.** Make questions to find out if other students did the following things yesterday after school.

> EXEMPLE rester à l'école pour étudier
> Est-ce que tu es resté(e) à l'école pour étudier?

1. rester à l'école pour faire du sport
2. rentrer tout de suite à la maison
3. rester à la maison pour regarder la télé
4. aller à la piscine
5. aller au cinéma
6. aller à un match

B. **Résultats.** Based on the results of your interview, tell what other students did yesterday.

> EXEMPLE Valérie n'est pas restée à la maison.
> Elle est allée au cinéma.

Patrick, a French *lycée* student, has written his weekly class schedule. After looking over his schedule, answer the questions below.

	LUNDI	MARDI	MERCREDI	JEUDI	VENDREDI	SAMEDI
8h – 9h	MATHS	MATHS	FRANÇAIS	MATHS	GÉOGRAPHIE	PHYSIQUE
9h – 10h	FRANÇAIS	ÉDUCATION PHYSIQUE	ALLEMAND	ÉTUDE	PHYSIQUE	FRANÇAIS
10h – 11h	ANGLAIS	ANGLAIS	ÉTUDE	TRAVAUX PRATIQUES DE PHYSIQUE ET CHIMIE	ANGLAIS	HISTOIRE
11h – 12h	FRANÇAIS	ÉTUDE	ÉTUDE		ÉDUCATION PHYSIQUE	ÉTUDE
12h	DÉJEUNER					
3h⁴⁵ – 4h⁴⁵	ALLEMAND	HISTOIRE	APRÈS-MIDI LIBRE	MATHS	ALLEMAND	
4h⁴⁵ – 5h⁴⁵	MATHS	GÉOGRAPHIE		ÉDUCATION PHYSIQUE	FRANÇAIS	
5h⁴⁵ – 6h⁴⁵	ÉTUDE	ÉTUDE			ÉTUDE	

1. Combien de classes différentes est-ce que Patrick a? Et vous?
2. Combien de fois par semaine va-t-il à sa classe de français? Et vous?
3. Est-ce que sa classe d'allemand est toujours à deux heures?
4. Combien d'études a-t-il chaque semaine? Et vous?
5. Quels jours et à quelle heure a-t-il sa classe de maths? Et vous?
6. Est-ce que Patrick étudie les sciences? Et vous?
7. Est-ce que Patrick a des classes le samedi matin? Et vous?
8. Est-ce qu'il a des classes le mercredi après-midi? Et vous?

EXPLORATION

GIVING EMPHASIS
THE EMPHATIC PRONOUNS

══Présentation ══════════════════════

You have already been using the pronoun **moi** when you wanted to call attention to yourself or to emphasize that you were the one doing something (**Moi, j'aime la musique classique.**). You have also used the pronoun **toi** when you wanted to ask another student a question (**Et toi?**). This type of pronoun is called the emphatic or stress pronoun. Like other pronouns, these pronouns help you avoid repeating nouns. Note there is an emphatic pronoun for each subject pronoun.

Emphatic pronouns	moi	toi	lui	elle	nous	vous	eux	elles
Subject pronouns	je	tu	il	elle	nous	vous	ils	elles

These pronouns are used to put emphasis on the subject of a sentence and also in short phrases where there is no verb.

- Moi, j'étudie l'algèbre.
- Lui, il étudie la biologie. Et toi?
- Pas moi!

These pronouns may be used after any of the prepositions you know (**pour, sans, chez,** etc.).

- Restez près de moi.
- Est-ce que tu peux faire ça pour lui?
- Ils vont aller au match avec nous.
- Elle habite à côté de chez toi.
- Ils rentrent chez eux.
- N'allez pas au cinéma sans nous!

These pronouns are sometimes used with the preposition **à** and the verb **être** to show ownership or possession.

- Ces livres sont à moi.
- Ils ne sont pas à toi.
- Est-ce que ce crayon est à vous?

Préparation

A. **Préférences.** Several friends are talking about the school subjects they like. Tell what they say.

> MODÈLE tu / français
> **Toi, tu es fort en français.**

1. je / latin
2. nous / anglais
3. vous / algèbre
4. tu / russe
5. tu / géométrie
6. je / histoire
7. nous / maths
8. vous / allemand

B. **Et les autres?** Vincent is asking Daniel whether some of their friends are taking algebra next year. Tell what Daniel says.

> MODÈLE Thomas va étudier l'algèbre. Et Michelle?
> **Elle aussi.**

1. Et Jeannette et Marc?
2. Et Marianne et Paulette?
3. Et Jean-Luc?
4. Et Geneviève?
5. Et Jean et Robert?
6. Et ton frère?
7. Et ta cousine?
8. Et Pierre?

C. **L'Aventure.** Daniel doesn't think that other people are adventurous enough. What does he say about them?

> MODÈLE Ma mère? Faire l'ascension d'une montagne?
> **Pas elle!**

1. Mon petit frère? Traverser l'océan dans un canot?
2. Mes parents? Explorer l'Antarctique?
3. Michel et Nadine? Apprendre à piloter un avion?
4. Mon père? Participer à une course automobile?
5. Pauline et Anne? Traverser les États-Unis en vélo?
6. Ma grande sœur? Inventer quelque chose?

D. À qui est-ce? Madame Lanier is trying to find out to whom various objects left in the classroom belong. Give her students' answers.

> MODÈLE Ce livre est à Georges?
> **Il est à lui.**
>
> Ces livres sont à Jean?
> **Ils sont à lui.**

1. Ces livres sont à toi?
2. Ce vieux sandwich est à Julie?
3. Cette radio est à Jean-Luc?
4. Cette cassette est à toi?
5. Ce disque est à Paulette?
6. Ces photos sont à Serge et Raoul?
7. Ce cahier est à Michel?
8. Cette guitare est à Paul?

E. Qu'est-ce qu'on fait après l'école? Felix is asking his friends what they are going to do after school. What do they say?

> MODÈLE Robert va chez sa grand-mère? (non)
> **Non, il ne va pas chez elle.**

1. Tu rentres chez toi? (oui)
2. Jean va au match avec Monique? (non)
3. Tu veux manger chez moi? (oui)
4. Tu vas au match sans moi? (mais non)
5. Catherine rentre chez elle? (oui)
6. Tu étudies avec les copains? (oui)
7. Tu veux aller au cinéma avec nous? (non)

F. Le week-end. Madame Dumarais expects her family to help her on the weekend. What does she have them do?

> MODÈLE Jean / faire la vaisselle
> **Lui, il fait la vaisselle.**

1. Ton père et moi / faire les courses
2. Annick et Paul / faire le ménage
3. Claire / préparer une salade
4. Claire et Annick / faire un bon dessert
5. Ton père / faire un rôti de bœuf

Communication

A. Clichés. There are many clichés about what boys are like and what girls are like. Can the following clichés about one sex also refer to the other?

EXEMPLE   Les garçons sont sportifs. Et les filles?
Elles aussi!
Pas elles!

1. Les filles travaillent bien en classe. Et les garçons?
2. Les garçons sont embêtants. Et les filles?
3. Les filles obéissent toujours. Et les garçons?
4. Les garçons adorent les motos et les voitures de sport. Et les filles?
5. Les garçons sont forts en maths. Et les filles?
6. Les filles font bien la cuisine. Et les garçons?
7. Les filles aiment l'école. Et les garçons?
8. Les garçons aiment les sports d'équipe. Et les filles?
9. Les filles sont gentilles. Et les garçons?

B. Questions/Interview. Answer the following questions or use them to interview another student. Be sure to use the appropriate emphatic pronoun in your answers.

EXEMPLE   Est-ce que tu vas souvent chez tes amis?
Oui, je vais souvent chez eux.

1. Est-ce que tes amis habitent près de chez toi?
2. Est-ce que tu manges chez toi à midi?
3. Est-ce que tu passes tes vacances chez tes grands-parents?
4. Est-ce que tu peux parler avec ton professeur?
5. Est-ce qu'il y a un parc près de chez toi?
6. Est-ce que l'école est loin de chez toi?
7. Est-ce que tu étudies souvent avec tes amis?
8. Est-ce que tu vas quelquefois au cinéma avec tes amis?

PERSPECTIVES

Pourquoi pas nous?

Arielle, Gilles, Valérie, et leurs amis ne sont pas de très bons élèves. L'école, ils n'aiment pas beaucoup ça. Mais bientôt, <u>tout</u> va changer.

Arielle est <u>en train</u> d'écouter la radio. <u>L'animateur</u> propose aux élèves des lycées un grand <u>concours</u> sur l'écologie. Chaque semaine, il va <u>poser</u> une série de <u>questions</u>. Les participants téléphonent leurs <u>réponses</u>. La récompense: deux semaines aux <u>Îles</u> Galapagos pour la classe qui va gagner le concours.

"Pourquoi pas nous?" pense Arielle.

<u>Au début</u>, les autres élèves ne sont pas très enthousiastes. La première semaine, ils sont seulement cinq à la <u>réunion</u>. Mais la semaine suivante, ils sont sept, et la troisième semaine, tout le monde est présent. Ils forment des groupes de travail; ils consultent le dictionnaire et l'encyclopédie; ils prennent des notes.

everything

in the process of/ announcer

contest

ask

answers/islands

at first, in the beginning/meeting

Et après huit semaines d'anxiété, de fièvre, de travail, et de coopération, c'est la victoire: leur classe va aller passer quinze jours aux Galapagos.

Mais la vraie victoire, c'est l'enthousiasme qu'ils ont maintenant pour les études. "Maintenant c'est différent," explique Christophe. "Maintenant je sais que je peux réussir."

Extrait et adapté d'un article de *l'Express*

COMPRÉHENSION

Answer the following questions based on **Pourquoi pas nous?**

1. Quelle sorte d'élèves sont Arielle, Gilles, Valérie, et leurs amis?
2. Qu'est-ce que l'animateur du programme de radio propose aux élèves des lycées?
3. Quelle est la récompense pour l'équipe qui va gagner le concours?
4. Au début, est-ce que les autres élèves aiment ce projet?
5. Combien d'élèves sont présents à la réunion la première semaine?
6. Et la troisième semaine, combien d'étudiants sont présents?
7. Comment organisent-ils leur travail?
8. Quel est le résultat de leur huit semaines de travail?
9. Où vont-ils aller?
10. Qu'est-ce que Christophe comprend maintenant?

COMMUNICATION

A. **Concours.** Divide into teams and see which can answer the most questions correctly.

1. Qui est le Premier Ministre du Canada?
2. Est-ce que Paul Piché est un joueur de hockey ou un chanteur?
3. Dans quel pays est Moscou?
4. Qu'est-ce que les Français mangent pour le petit déjeuner?
5. Quel est le mot français pour "a cold"?
6. Quand est l'anniversaire de George Washington?
7. L'anniversaire de Suzanne est le 7 octobre. Quel est son signe du zodiaque?
8. Aujourd'hui il fait 30° C à Paris. Est-ce que c'est l'hiver ou l'été?
9. Est-ce que le Louvre est un musée ou une église?
10. Quelles sont les deux villes principales du Canada français?

B. **À vous de poser les questions.** Divide into teams and prepare at least ten questions to ask the members of the other team. (You must have the correct answers to your own questions.) Any questions the other team cannot answer is a point for yours.

C. **Huit heures dans la vie d'un(e) étudiant(e).** Using the questions below as a guide, tell what you did yesterday.

—À quelle heure est-ce que vous êtes allé(e) à l'école?
—À quelles classes est-ce que vous êtes allé(e) et à quelle heure?
—Êtes-vous allé(e) à la bibliothèque? Qu'est-ce que vous avez lu?
—Où et avec qui avez-vous mangé?
—À quelle heure est-ce que vous avez quitté l'école?
—Êtes-vous rentré(e) tout de suite chez vous?
—Si non, qu'est-ce que vous avez fait?
—Avez-vous regardé la télévision?
—Quand avez-vous fait vos devoirs?
—À quelle heure avez-vous commencé à étudier et à quelle heure avez-vous fini?
—À quelle heure est-ce que vous êtes allé(e) au lit?

FÊTE DU LIVRE
moi, je lis et vous?

D. **Questions/Interview.** Answer the following questions or use them to interview another student.

1. Aimes-tu l'école? Pourquoi ou pourquoi pas?
2. Quelle est ta classe préférée?
3. Combien de classes as-tu?
4. Combien d'études as-tu?
5. Qu'est-ce que tu fais pendant les études?
6. Qu'est-ce que tu aimes faire pendant la récréation?
7. Est-ce que tu préfères étudier chez toi ou à la bibliothèque?
8. Combien d'élèves est-ce qu'il y a dans tes classes?
9. À midi, est-ce que tu préfères manger à l'école, rentrer chez toi, ou apporter un sandwich?
10. Est-ce que tes professeurs sont gentils?

VOCABULAIRE DU CHAPITRE

SCHOOL SUBJECTS

l'algèbre (*f*) algebra
l'allemand (*m*) German
la biologie biology
la chimie chemistry
le dessin drawing
l'écologie ecology
l'éducation civique (*f*) government
l'espagnol (*m*) Spanish
la géométrie geometry
le latin Latin
la peinture painting
la physique physics
le russe Russian

THINGS YOU CAN READ

le conte story
les bandes dessinées (*f*) comics
le dictionnaire dictionary
l'encyclopédie (*f*) encyclopedia
le journal newspaper
la revue magazine
le roman novel

OTHER NOUNS

l'animateur (*m*) announcer
l'anxiété (*f*) anxiety, concern
le concours contest
la coopération cooperation
l'élève (*m* or *f*) pupil, student
l'étude (*f*) study hall
l'île (*f*) island
la leçon lesson
la moyenne passing grade
la note grade, mark
la récréation, la récré recreation, recess
la réunion meeting
la série series

PRONOUNS

tout everything

VERBS

expliquer to explain
lire to read
poser une question to ask a question
téléphoner to telephone

ADVERBS

vachement (slang) very

ADJECTIVES

enthousiaste enthusiastic
fort strong, good
furieux (*m*), **furieuse** (*f*) furious

EXPRESSIONS

au début at first, in the beginning
faire de + school subject to study
en train de in the process of

TREIZIÈME CHAPITRE

France at a Glance

13

La France en Europe

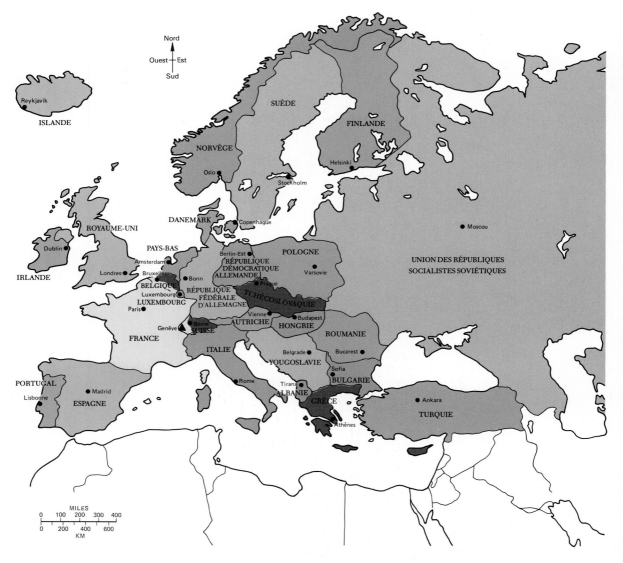

A. **Indiquez.** Use the map above to find the following information.

1. les pays d'Europe où on parle français
2. la capitale de la France et de la Belgique
3. la principale ville francophone de la Suisse
4. deux pays au sud de la France
5. deux pays au nord de la France
6. trois pays à l'est de la France

B. Commentaire. Use the words on the right to complete the sentences in each paragraph. Not all words are used, and no word is used more than once in each section.

Située entre le 42ᵉᵐᵉ et le 51ᵉᵐᵉ degré nord de latitude, la France occupe une zone tempérée à mi-chemin (*halfway*) _____ le Pôle Nord et l'équateur. Sa forme régulière et assez massive _____ souvent comparée _____ un hexagone.

entre   à
par   à l'
est
sont

La France est _____ des principaux pays d'Europe. Elle est située au sud de _____ Angleterre et de la Belgique, à l'ouest de l'Allemagne, de _____ Suisse et de l'Italie, _____ nord de l'Espagne et _____ Portugal.

un   du
une   de la
la   à l'
l'   au

La France possède 1700 kilomètres de côtes (*coasts*). Elle est bordée à l'ouest par l'Océan Atlantique, au nord-ouest par la Mer du Nord et la Manche, et au sud par _____ Mer Méditerranée. Les Alpes forment une frontière naturelle entre la France et l'Italie, et les Pyrénées _____ la France et l'Espagne. Au nord-est, _____ le Rhin qui sépare la France et l'Allemagne.

l'
la
forme
séparent
c'est
ce sont

La Géographie et le Climat de la France

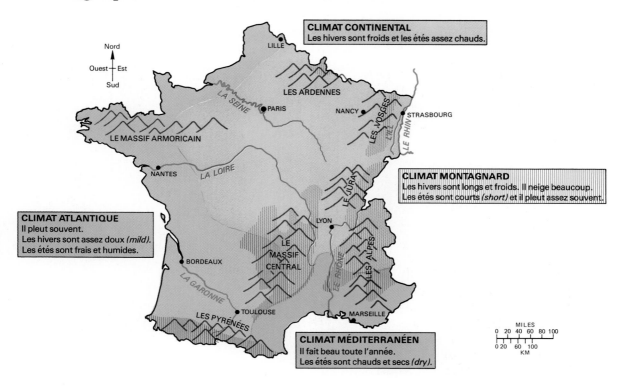

CLIMAT CONTINENTAL
Les hivers sont froids et les étés assez chauds.

CLIMAT MONTAGNARD
Les hivers sont longs et froids. Il neige beaucoup. Les étés sont courts (*short*) et il pleut assez souvent.

CLIMAT ATLANTIQUE
Il pleut souvent.
Les hivers sont assez doux (*mild*).
Les étés sont frais et humides.

CLIMAT MÉDITERRANÉEN
Il fait beau toute l'année.
Les étés sont chauds et secs (*dry*).

MILES
0 20 40 60 80 100
0 20 60 100
KM

A. **Faisons un peu de géographie.** Use the information on the map on the preceding page to answer the following questions.

1. Quel est le fleuve qui traverse Paris?
2. Quel est le nom des montagnes situées au nord-est de la France?
3. Sur quel fleuve la ville de Lyon est-elle située?
4. Quel est le fleuve qui sépare la France de l'Allemagne?
5. Quelles montagnes sont situées au centre de la France?
6. Quelle ville la Garonne traverse-t-elle?
7. Sur quel fleuve Tours est-il situé?
8. Quels sont les principaux ports situés sur la côte atlantique?
9. Quel est le principal port situé sur la Mer Méditerranée?
10. Sur quel fleuve Strasbourg est-il situé?

B. **La météorologie.** Using the map of the climate of France, indicate whether each of the following statements is **vrai** or **faux**.

1. Le climat de la France est assez varié.
2. La ville de Nantes a un climat chaud et sec.
3. Dans les Alpes, les étés sont courts et il y a beaucoup de neige en hiver.
4. Le climat de Strasbourg ressemble au climat de Marseille.
5. Dans le nord-est de la France, les hivers sont normalement longs et froids.
6. À Bordeaux il fait généralement assez froid en été.

Les Villes de France

A. Où est situé . . . ? Use the map above to tell whether each of the following statements about French cities is **vrai** or **faux.** If it is false, change the statement to make it true.

1. Strasbourg est situé dans l'ouest de la France.
2. Grenoble est situé dans les Alpes.
3. Lyon est assez près de la frontière suisse.
4. Nice est situé dans le sud-est de la France.
5. Toulouse est loin de Paris.
6. Cherbourg est situé sur la Mer Méditerranée.
7. Dijon est situé entre Paris et Lyon.
8. Bordeaux est situé dans le nord de la France.

B. Les grandes régions de la France. Use the map provided to tell where the following regions are located.

    EXEMPLE   La Normandie
                  La Normandie est située dans l'ouest de la France au
                  nord de la Bretagne.

1. La Bretagne	5. Le Poitou	9. La Bourgogne
2. La Normandie	6. L'Aquitaine	10. La Lorraine
3. La Picardie	7. Le Languedoc	11. L'Alsace
4. L'Île-de-France	8. La Provence	12. La Champagne

L'Agriculture

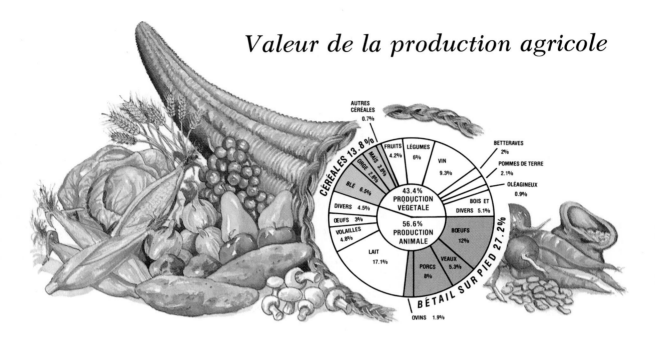

Valeur de la production agricole

Vocabulaire: **les betteraves** (*f*) sugar beets; **les oléagineux** (*m*) oil seeds; **le bois** wood; **le veau** veal, calf (*pl* **veaux**); **ovins** (*adj*) sheep; **les volailles** (*f*) poultry; **le blé** wheat; **l'orge** (*f*) barley; **le maïs** corn; **les céréales** grain

Quelques commentaires sur l'agriculture française

Les cultures et les forêts occupent 85% du territoire français. En comparaison avec les États-Unis, la plupart des fermes sont assez petites et de style familiale, c'est-à-dire, exploitées par le cultivateur et sa famille. Cependant, l'agriculture française est en train de changer: le nombre des fermes diminue mais leur superficie augmente, et elles sont de plus en plus mécanisées.

La France est le premier producteur agricole d'Europe (près de 27% de la production agricole du Marché Commun). Elle est le 5ème producteur mondial de blé, le 4ème de viande, le 3ème d'orge et de lait, le 1er de vin. À l'intérieur du Marché Commun, la France est le premier producteur de céréales, de vin, et de viande de bœuf. Elle occupe la deuxième place pour les fruits, les légumes, et les porcs.

(margin notes:) most / that is / worked / farmer / is decreasing / size / more and more / inside

La plupart des agriculteurs français pratiquent la "polyculture," c'est-à-dire, qu'ils <u>cultivent</u> ou <u>élèvent</u> différents produits agricoles. Certaines régions, cependant, sont très spécialisées. Dans le Bassin Parisien, par exemple, où la culture de blé domine, les fermes sont comparables aux fermes américaines par leur <u>taille</u> et par leurs méthodes de production.

grow / raise

size

LA PRODUCTION VÉGÉTALE

MILES
0 50 100 150 200 250

0 40 120 201 281 362
KM

Blé *(wheat)*

Vigne *(vineyards)*

Pomme de terre *(potatoes)*

Certains produits de l'agriculture française sont <u>réputés</u> pour leur <u>haute</u> qualité: les vins de Bourgogne, des côtes du Rhône, de Provence, de Bordeaux, et d'Alsace, par exemple, sans oublier le célèbre champagne (produit en Champagne, au nord-est de Paris); le beurre et les fromages de Normandie; les volailles de Bresse et du Périgord (c'est là où on fabrique le fameux <u>foie gras</u>); les bœufs de Charolais (qui sont maintenant exportés aux États-Unis).

well-known
high

goose liver
paste (pâté)

A. Nommez . . . Refer to the section you have just read to answer the following questions about French agriculture.

1. Identifiez la région de France où on trouve de grandes fermes modernes de types américains.
2. Nommez la culture principale de cette région.
3. Nommez une région réputée pour sa volaille.
4. Donnez la place de France à l'intérieur du Marché Commun pour sa production de céréales.
5. Indiquez quel type de production—animale ou végétale— occupe la première place dans la valeur de la production agricole française.
6. Comment l'agriculture française est-elle en train de changer?
7. Pour quels produits la Normandie est-elle réputée?

B. Mots-Croisés. Use the names of France's principal agricultural products to complete the following crossword puzzle. You may wish to refer to the charts, drawings, and readings of this section for the correct answer.

Horizontal

1. Le _____ fait 8% de la production animale en France.
2. Les _____ de Charolais sont réputés pour la qualité de leur viande.
3. Les _____ de Normandie sont réputés pour leur haute qualité.
4. Il faut du _____ pour faire du beurre.
5. La France est le 5ème producteur mondial de _____ .
6. Les jeunes bœufs sont des _____ .
7. Le _____ occupe la 2ème place dans la production des céréales en France.
8. Au dessert on mange du fromage et des _____ .

Vertical

9. Pour faire une omelette, il faut des _____ .
10. Les _____ font 13.8% de la production végétale en France.
11. Les _____ de Bresse et du Périgord sont réputées.

L'Industrie

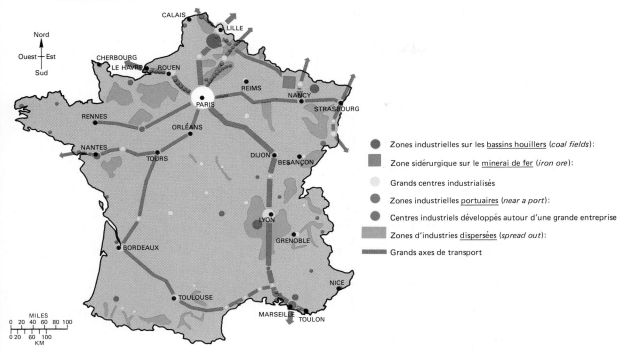

Quelques commentaires sur l'industrie française

La France est le 4ème pays industriel du monde libre après les États Unis, le Japon, et l'Allemagne. L'industrie emploie plus d'un tiers (⅓) de la population <u>active</u> et <u>fournit</u> 82% des exportations françaises. Un grand nombre d'industries sont sous le contrôle direct de l'État.

working / furnishes

L'industrie française a une production très <u>diversifiée</u> qui va de la <u>sidérurgie</u> à l'électronique et aux télécommunications. Comme aux États-Unis, les secteurs traditionnels de l'industrie (sidérurgie, textiles, produits chimiques) ont été affectés par la crise économique mondiale. Ces industries sont concentrées <u>surtout</u> dans le nord de la France.

varied
steel industry

primarily

Les industries nouvelles. Les industries nouvelles, <u>par contre</u>, sont très <u>prospères</u>, et elles occupent une place importante sur les marchés internationaux. C'est particulièrement vrai pour l'électronique et les télécommunications, <u>domaines</u> où la technologie française a apporté des innovations importantes.

on the other hand
prosperous

fields

Les transports. Les transports sont un autre domaine où la technologie française est <u>à la pointe du progrès</u>. Le T.G.V. (train à grande <u>vitesse</u>) peut <u>rouler</u> à 380 kilomètres à l'heure et sa vitesse <u>moyenne</u> est de 260 kilomètres à l'heure.

advanced / speed
go / average

Les métros français sont aussi très appréciés, et la plupart des métros récemment installés dans les grandes villes du monde sont de construction française. L'industrie aérospatiale est une des premières du monde et exporte plus de la moitié de sa production (avions commerciaux et militaires, hélicoptères, lance-fusées, etc.). Parmi les grandes réalisations, on peut mentionner l'avion supersonique Concorde, l'Airbus, et la fusée A-riane. L'industrie automobile française est la 4ème du monde et elle exporte la moitié de sa production. Les grands noms dans ce domaine sont Peugeot, Renault, Citroën, et Simca pour les automobiles et Michelin pour les pneus.

half
rocket launchers /
   technical accom-
   plishments

tires

La mode et les parfums.   Le nom de la France est toujours associé avec l'industrie de la mode, des parfums, et du cinéma. Elle continue à être un leader dans ces domaines, mais ils représentent seulement une petite partie des exportations françaises.

fashion

L'énergie.   La France n'est pas très riche en énergie et elle est obligée d'importer beaucoup de charbon, de gaz naturel, et de pétrole. C'est aussi pour cette raison que la France a choisi de développer son énergie nucléaire. Selon les prédictions, l'énergie nucléaire va fournir 70% de l'électricité consommée en France en 1990. La France est aussi à la pointe du progrès dans l'utilisation d'autres formes d'énergie: énergie solaire, énergie des marées, et moulins à vent.

coal / oil

according to

tides / windmills

Questions.   Use the preceding text and map to answer these questions about industry in France.

1. La France est-elle un pays industriel important?
2. Quelle place occupe-t-elle dans le monde libre?
3. Où sont situés les grands centres industriels?
4. Quels types d'industries la France possède-t-elle?
5. Quelles industries sont prospères et quelles industries sont en difficulté?
6. Dans quels domaines technologiques la France est-elle à la pointe du progrès? Pouvez-vous donner quelques exemples?
7. L'énergie nucléaire est-elle très développée en France? Pourquoi?
8. Quelles autres formes d'énergie utilise-t-on en France?
9. Qu'est-ce que c'est que le T.G.V.?
10. Quelle place la mode et les parfums occupent-ils dans l'industrie française?
11. Quels sont les grands noms de l'industrie automobile française?
12. Dans quelle région de France trouve-t-on la plupart des usines sidérurgiques?

Monuments et Sites historiques

Nord
Ouest — Est
Sud

AMIENS

REIMS

ST. MALO
MONT-SAINT-MICHEL
VERSAILLES • PARIS
BRETAGNE
CHARTRES
FONTAINEBLEAU
STRASBOURG
CARNAC
BLOIS
CHAUMONT
AZAY-LE-RIDEAU • AMBOISE
CHAMBORD
VÉZELAY
CHENONCEAUX
CHINON
AUTUN
CLUNY
PÉROUGES

VAISON-LA-ROMAINE
PONT-DU-GARD • ORANGE
NÎMES • ARLES
CARCASSONNE
AIGUES-MORTES

MILES
0 20 40 60 80 100
0 20 60 100
KM

Vestiges celtes:

Les grandes cathédrales:

Abbayes:

Châteaux:

Villes fortifiées:

Les ruines et édifices romains:

A. Où est . . . ? You are interested in visiting the places described below. Tell where they are located and what other monuments and sites of interest are found in the same region.

Le château de Chambord, construit pour François I, est un des chefs-d'œuvre de la Renaissance.

La cathédrale de Chartres, construite aux 12ème et 13ème siècles, est un magnifique exemple d'architecture gothique.

La cité de Carcassonne, complètement entourée de remparts, est un bon exemple des villes fortifiées du Moyen Âge.

La ville d'Arles, autrefois une importante cité romaine, possède de magnifiques arènes et un théâtre romain qui sont très bien conservés et qui sont encore utilisés aujourd'hui.

Construit un peu avant Jésus Christ, cet aqueduc romain est resté presque intact après deux mille ans. Le Pont-du-Gard est une des merveilles de l'Antiquité.

Construite sur une petite île, l'abbaye du Mont-St.-Michel comprend une partie romaine (11ème–12ème siècles) et une partie gothique (13ème–16ème siècles). Elle a été un important centre de pèlerinages religieux.

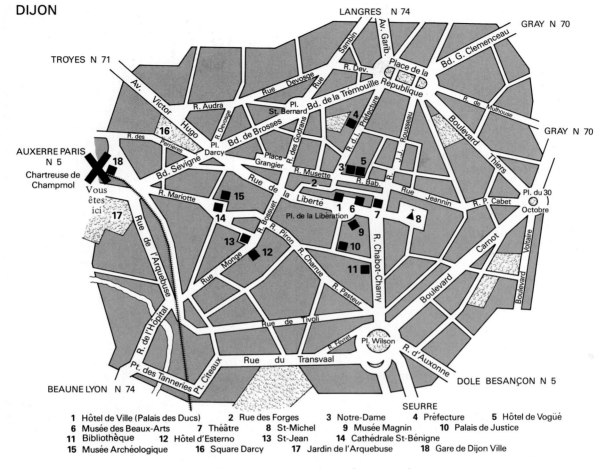

DIJON

TROYES N 71 · LANGRES N 74 · GRAY N 70 · GRAY N 70 · AUXERRE PARIS N 5 · Chartreuse de Champmol · Vous êtes ici · BEAUNE LYON N 74 · DOLE BESANÇON N 5 · SEURRE

1 Hôtel de Ville (Palais des Ducs)   2 Rue des Forges   3 Notre-Dame   4 Préfecture   5 Hôtel de Vogüé
6 Musée des Beaux-Arts   7 Théâtre   8 St-Michel   9 Musée Magnin   10 Palais de Justice
11 Bibliothèque   12 Hôtel d'Esterno   13 St-Jean   14 Cathédrale St-Bénigne
15 Musée Archéologique   16 Square Darcy   17 Jardin de l'Arquebuse   18 Gare de Dijon Ville

B. Dijon et ses monuments. Imagine you are working at the tourist bureau in the train station in Dijon and several visitors ask you for directions to various places of interest. Use the map above to give them directions.

> EXEMPLE Où est le Square Darcy?
> Prenez le Boulevard Sévigné et tournez à gauche quand vous arrivez à l'Avenue Victor Hugo.

1. Je voudrais aller à la bibliothèque.
2. Où est la Cathédrale St.-Bénigne, s'il vous plaît?
3. Et le Musée Archéologique, où est-il, s'il vous plaît?
4. Où est la Place de la République?
5. Où est le Palais des Ducs, s'il vous plaît?
6. Et la Préfecture, où est-elle?
7. Le Musée des Beaux-Arts est-il près du Palais des Ducs?

Activités et Projets

The following descriptions of French cities, including information about their monuments, location, and industry, are taken from a French encyclopedia. Read each description and then give three or more pieces of information about each city.

STRASBOURG, capitale d'Alsace, <u>chef-lieu</u> du département du Bas-Rhin, sur l'Ill et le Rhin, à 447 km à l'est de Paris; 233.500 habitants (Strasbourgeois). <u>Siège</u> du Conseil d'Europe. Université. Magnifique cathédrale (XIème–XVIème siècles). Port et centre industriel (produits <u>alimentaires</u>, tannerie, produits chimiques, électricité, métallurgie, machines, automobiles, etc.).

BORDEAUX, chef-lieu du département de la Gironde sur la Garonne, à 565 km au sud-ouest de Paris; 254.100 habitants. Université. Cathédrale Saint-André (XIIème–XIVème siècles). Théâtre de V. Louis (XVIIIème siècle). Beau <u>pont</u> de <u>pierre</u> de 486 mètres. Port très actif. Commerce de vin du Bordelais. Constructions mécaniques et navales, produits chimiques; raffineries de pétrole, <u>conserves</u>.

NANTES, chef-lieu du département de la Loire-Atlantique sur la Loire et l'Erdre; 246.200 habitants (Nantais). À 396 km au sud-ouest de Paris. Université. Important centre industriel: constructions navales, importantes industries alimentaires (<u>biscuiteries</u>, raffineries de sucre, conserves), métallurgie. <u>Château</u> des ducs de Bretagne (XVème–XVIIème siècles). La ville <u>a subi</u> de graves <u>bombardements</u> en septembre 1943.

LILLE, chef-lieu du département du Nord sur la Deule; 199.000 habitants (Lillois). À 223 km au nord de Paris. Académie, université. <u>Filatures</u> de coton et de <u>lin</u>; industries diverses.

NICE, chef-lieu du département des Alpes-Maritimes, sur la Côte d'Azur; 295.000 habitants (Niçois). À 933 km au sud-est de Paris. Grande <u>station touristique</u>. Port de commerce et de voyageurs. Industries métallurgiques, textiles, et alimentaires; fleurs.

GRENOBLE, chef-lieu du département de l'Isère, sur l'Isère et le Drac; 162.000 habitants (Grenoblois). À 557 km au sud-est de Paris. Académie, université. La vieille ville conserve plusieurs monuments: la cathédrale (XIIème–XIIIème siècles); des églises médiévales, l'hôtel de ville (XVIème siècle). Musées. Grand centre commercial: métallurgie; construction mécanique et électrique; industries alimentaires et textiles; centre de recherches nucléaires.

LYON, chef-lieu du département du Rhône; 535.800 habitants (Lyonnais). À 470 km au sud-est de Paris. Académie, université. Cathédrale gothique (XIIème–XIIIème siècles). Hôtel de ville (XVIIème siècle). Centre principal des industries de la <u>soie</u> et de la rayonne; automobiles; matériel électrique; produits chimiques et pharmaceutiques.

Glossary (right margin):
chief town
mills
linen

seat

food

resort

bridge/stone

canned goods

cookie manu-
facturers
castle

underwent/
bombings
silk

Extrait du Dictionnaire Encyclopédique Petit Larousse, Librairie Larousse, 17ème tirage.

A. **Échanges scolaires.** You have just found out that several French students are going to spend some time in your school. The only thing that you know about them before they arrive is where each person is from. Based on your knowledge of the geography and economy of France, discuss their town or region.

1. Jean-Paul Lorraine   Grasse, en Provence
2. Monique Gilbert   Strasbourg, en Alsace
3. Yves Dubois   Quimper, en Bretagne
4. Catherine Lacoste   Miribel, près de Lyon
5. Véronique Germain   Ambès, près de Bordeaux

B. **Et vice versa.** Imagine that these exchange students have already arrived at your school. Describe your city and region to them. In addition to talking about your city's location, climate, industries, and agriculture, include information about your school and the activities that you and your friends enjoy.

C. **Votre grand tour.** Imagine that you are taking a trip to France. Using the questions below as a guide, tell about the plans for your trip.

1. Pendant combien de temps allez-vous être en France?
2. Comment allez-vous voyager en France? en voiture? en vélo? en train?
3. Avec qui allez-vous voyager?
4. Quelles villes désirez-vous visiter et pourquoi?
5. Combien de temps allez-vous rester dans chaque ville?

D. **Études régionales.** Use the information provided in this section to write a composition describing a region of France as completely as possible. Give the region's location, industries, agriculture, monuments, and major cities.

E. **Un peu de publicité.** The advertisements on the following page are related to the topics discussed in this chapter. Indicate in which area of the French economy the product belongs, and tell what you know about it. Then indicate the key words used by the advertisers to sell their products.

> EXEMPLE   Crème des Prés est une marque de fromage français. Les fromages de Normandie sont réputés pour leur haute qualité.

F. **Projet publicité.** Look in French magazines and newspapers for advertisements for various products and services (cars, food, perfumes, clothing, televisions, stereos, travel). What key words are used by the advertisers to sell their products? Alone or with a group of students, try to create additional advertising slogans for the product. You might also want to compare French and American advertisements for the same product to see how the wording and visual presentations are similar or different.

Photo Identification

Abbreviations used: *t*, top; *c*, center; *b*, bottom; *l*, left; *r*, right; *i*, inset.

Chapitre Préliminaire x: *tl*, *bl*, Notre-Dame; *tc*, Arc de Triomphe; *c*, Eiffel Tower; *bc*, Clermont-Ferrand, Auvergne; *bcr*, Arc de Triomphe du Carrousel; *tr*, École Militaire, Paris; *br*, Quebec. 1: *tl*, Sacré-Cœur de Balata, Fort-de-France, Martinique; *i*, Aimé Césaire, poet and mayor of Fort-de-France; *cl*, Chateau Frontenac, Quebec; *bl*, Champs-de-Mars Metro station, Montreal; *tr*, Djerba, Tunisia; *cr*, Finance Ministry, Dakar, Senegal; *br*, Dakar. 2: Washington Square, N.Y.C. 4: *t*, Marché aux Puces, Paris; *i*, *b*, Montreal. 5: Montreal. 9: *t*, *Carte d'Orange*, a Metro and bus pass. 10: *t* (both), Clermont-Ferrand; *bl*, Quebec City; *br*, Lycée Jules Ferry, Paris. 11: *t*, Le Puy-Sainte-Réparde; *b*, Lycée Janson-de-Sailly, Paris. 12: *t* Moret-sur-Loing, Seine-et-Marne; *b*, Lycée Jules Ferry, Paris. 13: *Romeo and Juliet* with Norma Shearer and Leslie Howard.

Premier Chapitre 15: fortified city gate and bridge over the Loing, Moret-sur-Loing. 19: Lycée Janson-de-Sailly, Paris. 20: Bastille cinema, Paris. 35: Montreal.

Deuxième Chapitre 37: Paris supermarket. 38, 39: *t*, Montreal. 43: *tr*, Montreal; *c*, Paris Metro station; *b*, Haitian group. 51, 53: Montreal. 55: Lycée Chaptal, Paris.

Troisième Chapitre 59: Bridge over the Loing. 61: Moret-sur-Loing. 67: *tl*, *tr*, Paris lycées; *b*, U.S. 74: Paris 85: Montreal.

Quatrième Chapitre 87: Beach, Cassis (Provence).

Cinquième Chapitre 113: Chez Payri, St. Canadet (B.-du-Rh.). 114: Clermont-Ferrand. 121: Paris. 123: Aix-en-Provence. 130: Le Puy-Sainte-Réparde. 131: *tl*, *bl*, Pertuis, Vaucluse; *tr*, *br*, Paris. 137: L'Auberge des Cedres, Quebec.

Sixième Chapitre 139: Plaines-d'Abraham, Quebec. 140: Paris École. 157: Ottawa. 161: *t*, Clermont-Ferrand; *c*, St. Canadet; *b*, Rantigny (Oise). 162: *t*, Cassis (Provence); *l*, Clermont-Ferrand.

Septième Chapitre 171: Performance in Clermont-Ferrand. 182: Clock, Montreal Sports Complex. 183: *bl*, Gare du Nord, Paris; *r*, insurance agency, Le Puy-Sainte-Réparde.

Huitième Chapitre 191: les Calanques, Provence. 202: Montreal. 203: Quebec City. 205: Paris. 211: *l*, village near Montigny-sur-Loing (Seine-et-Marne); *r*, Clermont-Ferrand. 215: Travel agency, Aix-en-Provence. 216: Travel agency, Paris.

Neuvième Chapitre 219: George Catlin, (detail) *Chief of the Taensa Indians Receiving LaSalle*. 225: The Seine. 229: Swiss Alps. 230: Jacques-Louis David, *Le Sacre de Napoléon 1er à Notre Dame*, Louvre. 231: *b*, Dedication Ceremonies 1886; *ir*, Bartholdi. 242: Chambord Castle, Loire Valley. 243: St. Lawrence Ice Regatta.

Dixième Chapitre 245: Pont St. Michel, Paris. 256: *parfumerie*, Clermont-Ferrand. 258: Quebec City. 263: paramedics and fire department, St. Canadet par Le Puy-Sainte-Réparde.

Onzième Chapitre 265: Trocadero gardens. 285: discotheque, Aix-en-Provence. 286: Gare de Lyon, Paris.

Douzième Chapitre 291: Polyvalente Mont Rolland, Quebec. 292: *r*, Lycée Chaptal, Paris. 300: avenue Junot, Paris. 304: St. Hippolyte, Quebec. 309: Aer Lingus pilot. 310: Galapagos Islands. 313: Quebec City.

Treizième Chapitre 315: Vineyards around Riquewihr, Alsace, France. 317: Mushroom industry, in cave region near St.-Rémy, France. 325: *l*, Chambord Castle, Chambord, France; *r*, Chartres Cathedral, Chartres, France. 326: *tl*, Carcassonne, France; *tr*, Arles, France; *bl*, Pont du Gard, Nîmes, France; *br*, Aerial view of Mont-St.-Michel, France.

Verb Charts

REGULAR VERBS

	Present		Passé Composé	
parler	je **parle** nous **parlons**		j'ai **parlé** nous avons **parlé**	
	tu **parles** vous **parlez**		tu as **parlé** vous avez **parlé**	
	il **parle** ils **parlent**		il a **parlé** ils ont **parlé**	
finir	je **finis** nous **finissons**		j'ai **fini** nous avons **fini**	
	tu **finis** vous **finissez**		tu as **fini** vous avez **fini**	
	il **finit** ils **finissent**		il a **fini** ils ont **fini**	

IRREGULAR VERBS

	Present		Passé Composé
aller	je **vais** nous **allons**		je **suis allé**(e)
	tu **vas** vous **allez**		
	il **va** ils **vont**		
avoir	j'**ai** nous **avons**		j'**ai eu**
	tu **as** vous **avez**		
	il **a** ils **ont**		
être	je **suis** nous **sommes**		j'**ai été**
	tu **es** vous **êtes**		
	il **est** ils **sont**		
faire	je **fais** nous **faisons**		j'**ai fait**
	tu **fais** vous **faites**		
	il **fait** ils **font**		
lire	je **lis** nous **lisons**		j'**ai lu**
	tu **lis** vous **lisez**		
	il **lit** ils **lisent**		
pouvoir	je **peux** nous **pouvons**		j'**ai pu**
	tu **peux** vous **pouvez**		
	il **peut** ils **peuvent**		

	Present	*Passé Composé*
prendre	je **prends** nous **prenons**	j'ai pris
	tu **prends** vous **prenez**	
	il **prend** ils **prennent**	
savoir	je **sais** nous **savons**	j'ai su
	tu **sais** vous **savez**	
	il **sait** ils **savent**	
vouloir	je **veux** nous **voulons**	j'ai voulu
	tu **veux** vous **voulez**	
	il **veut** ils **veulent**	

VERBS WITH ÊTRE IN THE PASSÉ COMPOSÉ

aller	je **suis allé**(e)
arriver	je **suis arrivé**(e)
rentrer	je **suis rentré**(e)
rester	je **suis resté**(e)

When the subject is masculine . . .

je suis allé	nous sommes allés
tu es allé	vous êtes allé
	vous êtes allés
il est allé	ils sont allés

When the subject is feminine . . .

je suis allée	nous sommes allées
tu es allée	vous êtes allée
	vous êtes allées
elle est allée	elles sont allées

Vocabulaire français-anglais

The *Vocabulaire français–anglais* includes all vocabulary, including the vocabulary from the *Interludes*, from each chapter. The number following each entry indicates the chapter in which the word or expression is first introduced (P stands for *Chapitre préliminaire*). If a word is used in the text in more than one sense, each use is given, with the appropriate chapter reference.

Adjectives are given in the masculine, with the feminine endings noted. In the case of irregular adjectives, the feminine form is given in full.

Idiomatic expressions are listed under the main words in each idiom.

The following abbreviations are used:

adj. adjective; (*f*) feminine; (*m*) masculine; *pron.* pronoun

A

à   in **1**; on **4**; at **7**; by **8**
abandonner   to give up, leave behind **9**
l'accent (*m*)   accent **P**
accepter   to accept **9**
d'accord   agreed **4**
acheter   to buy **4**
l'acteur (*m*)   actor **10**
actif, active   active **9**
l'action (*f*)   action **7**
l'activité (*f*)   activity **4**
l'actrice (*f*)   actress **10**
adapté,-e   adapted **6**
adjugé,-e   sold (*at auction*) **9**
l'admiration (*f*)   admiration **6**
adorer   to really like **1**
l'aéroport (*m*)   airport **4**
l'affiche (*f*)   poster **2**
l'Afrique (*f*)   Africa **9**
l'âge (*m*)   age **3; Quel âge avez-vous?**   How old are you? **3**
l'agence (*f*)   agency **8**
l'agent (*m*)   agent **8**
l'agriculture (*f*)   farming, agriculture **10**

aider   to help **4**
aigu, aiguë   acute **P**
aimer   to like, love **1; aimer bien**   to enjoy **5**
l'album (*m*)   album **3**
l'alcool (*m*)   alcohol **11**
l'algèbre (*f*)   algebra **12; faire de l'algèbre**   to study algebra **12**
l'Algérie (*f*)   Algeria **P**
l'Allemagne (*f*)   Germany **8**
l'allemand (*m*)   German (*language*) **12**
aller   to go **4; Comment allez-vous?**   How are you? **P**
allô   hello (*on the telephone*) **2**
alors   then, so, okay **4; Non alors!**   Not that! **7**
les Alpes (*f*)   Alps **9**
l'ambassade (*f*)   embassy **7**
ambitieux, ambitieuse   ambitious **9**
américain,-e   American **3**
l'Amérique (*f*)   America **9**

l'ami (*m*), **l'amie** (*f*)   friend **3**
amusant,-e   funny, entertaining **3**
l'an (*m*)   year **8; avoir _____ ans**   to be _____ years old **3**
anglais,-e   English **1; l'anglais** (*m*)   English (*language*) **1; les Anglais**   the English (*people*) **9**
l'Angleterre (*f*)   England **8**
l'animateur (*m*)   (*radio*)   announcer **12**
animé,-e   animated **6; le dessin animé**   cartoon **6**
l'année (*f*)   year **4**
l'anniversaire (*m*)   birthday **4**
l'Antarctique (*f*)   Antarctica **9**
les Antilles (*f*)   Antilles **P**
l'anxiété (*f*)   anxiety, concern **12**
août (*m*)   August **4**

l'appartement (*m*)
apartment **10**
appeler Je m'appelle . . .
My name is . . . **P**;
**Comment vous
appelez-vous?** What
is your name? **P**
apporter to bring **4**
apprendre to learn **11**
l'apprentis (*m*)
apprentice **2**
après after, following **4**
l'après-midi (*m*)
afternoon **4**
l'aptitude (*f*) aptitude **12**
l'arbre (*m*) tree **3**
l'arc: l'Arc de Triomphe
Arch of Triumph (*in
Paris*) **8**
l'argent (*m*) money **1**
arriver to arrive, come **8**
l'arrondissement (*m*)
district **7**
l'artichaut (*m*) artichoke **5**
l'ascension (*f*) ascent **9**;
faire l'ascension (de) to
climb **9**
l'aspirine (*f*) aspirin **11**
assez rather **3**; enough
10; **assez de**
enough **10**
l'astrologue (*m*)
astrologer **4**
l'athlétisme (*m*) track
and field **6**
l'Atlantique (*m*) Atlantic
Ocean **9**
Attention! Be careful! **4**
au (à + le) 4
l'auberge (*f*) inn **8**;
l'auberge de jeunesse
youth hostel **8**
l'aubergiste (*m/f*)
innkeeper, director of a
hostel **8**
aujourd'hui today **2**
aussi also **1**
l'auto (*f*) car, automobile **3**
l'autobus (*m*) bus **9**
l'automne (*m*) autumn **8**

l'automobile (*f*) car **9**
autre other **4**; **autre
chose** something else **7**
aux (à + les) 4
l'avance (*f*) advance **10**
avant before **10**
avec with **2**
l'aventure (*f*) adventure **9**
l'avion (*m*) airplane **9**
l'avocat (*m*), **avocate** (*f*)
lawyer **10**
avoir to have **3**;
avoir _____ ans
to be _____
years old **3**; **avoir
besoin de** to need **5**;
avoir envie de to feel
like **9**; **avoir faim** to
be hungry **5**; **avoir
peur** to be afraid **9**;
avoir soif to be
thirsty **5**
avril (*m*) April **4**
azur,-e blue **8**

B

le bac (*m*) *colloquial for*
baccalauréat 12
le baccalauréat
baccalaureate
degree **12**
le bacon bacon **5**
le bain bath **10**; **la salle de
bains** bathroom **10**
la Balance Libra (*zodiac*) **4**
la banane banana **5**
la bande band; **la bande
dessinée** cartoon
strip **12**
la banque bank **4**
le base-ball baseball **6**
le basket *colloquial for* **le
basket-ball 6**
le basket-ball basketball **6**;
jouer au basket-ball
to play basketball **6**
beau, bel, belle beautiful

8; **Il fait beau.** It's
nice. (*weather*) **6**
beaucoup a great deal,
much, many, a lot **1**;
beaucoup de a great
deal, a lot of **10**
la Belgique Belgium **P**
le Bélier Aries (*zodiac*) **4**
le Bénin *formerly*
Dahomey **P**
le besoin need **5**; **avoir
besoin de** to need **5**
bête stupid **2**
le beurre butter **5**
la bibliothèque library **4**
bien well, fine **P**; **bien
sûr** of course **2**; **très
bien** very good, very
well **P**; **je veux bien**
that's fine **7**
bientôt soon **6**; **à bientôt**
so long **6**
le bifteck steak **5**
le billet ticket **8**
la biologie biology **12**
blanc, blanche white **10**
bleu,-e blue **11**
blond,-e blond **11**
le bœuf beef **5**, **le rôti de
bœuf** roast beef **5**
la boisson drink **5**
bon, bonne good **4**
bonjour hello **P**
la bouche mouth **11**
la boucherie butcher
shop **5**
la boulangerie bakery **5**
la bouteille bottle **11**
la boutique shop **P**
le bras arm **11**
brave brave, fine **6**
le brevet diploma **12**
brun,-e dark, brown **11**
Bruxelles Brussels **8**
le buffet buffet,
sideboard **P**
le bulletin report **6**; **le
bulletin météorologique**
weather report **6**
le bureau bureau **P**; desk **2**

C

ça   that; Ça va?
   How are things? **P**;
   Ça va bien.   Fine. **P**
le **café**   café 4; coffee 5
la **caféteria**   cafeteria 5
le **cahier**   notebook 2
Calédonie: la Nouvelle
   Calédonie   New
   Caledonia **P**
le **Cameroun: la République**
   unie du Cameroun
   United Republic of
   Cameroon **P**
le **camp**   camp 8
la **campagne**   country 4
le **camping**   camping 6;
   campsite 8; **faire du**
   camping   to go
   camping 6
le **Canada**   Canada **P**
canadien,-ne   Canadian 8
le **Cancer**   Cancer (*zodiac*) 4
le **candidat**   candidate 9
le **canot**   canoe, raft 9
le **Capricorne**   Capricorn
   (*zodiac*) 4
la **carotte**   carrot 4
la **carrière**   career 10
la **carte**   card 11
la **cassette**   cassette 12
le **catalogue**   catalogue 9
la **cathédrale**   cathedral 8
ce (*pron.*)   it, that 2;
   c'est   he is, it is, this
   is, that is 2; **ce sont**
   they are 2
ce, cet, cette (*adj.*)   this,
   that 6
célèbre   famous 2
la **célébrité**   celebrity 6
cent   hundred 9
le **centimètre**
   centimeter 11
centrafricaine: la
   République
   centrafricaine   Central
   African Republic **P**
les **céréales** (*f*)   cereals 5

la **cerise**   cherry 5
certain,-e   certain 8
le **certificat**   certificate 12
la **chaîne**   TV channel 7
la **chaise**   chair 2
la **chambre**   room 11
la **chance**   luck 4; **avoir de**
   la chance to be lucky 4
changer   to change 12
la **chanson**   song 11
chanter   to sing 2
le **chanteur, la chanteuse**
   singer 2
chaque   each, every 2
châtain,-e   brown,
   chestnut 11
chaud,-e   warm, hot; **Il**
   fait chaud.   It's warm,
   hot (*weather*). 6
le **chauffeur**   chauffeur,
   driver **P**
le **chef**   chef 5
la **cheminée**   fireplace 10
cher, chère   expensive,
   dear 6
les **cheveux** (*m*)   hair 11
chez   to, at someone's
   house or place of
   business 4
le **chien**   dog 3
la **chimie**   chemistry 12
le **chocolat**   chocolate 5
choisir   to choose 10
le **choix**   choice 7
la **chose**   thing 4; **autre**
   chose   something else
   7; **pas grand-chose**
   not much 11; **quelque**
   chose   something 9
le **ciné**   movies 7
le **cinéma**   movies, movie
   theater 1
cinq   five 2
cinquante   fifty 3
cinquième   fifth 7
circonflexe   circumflex **P**
le **circuit**   circuit 11
civique   civic 12;
   l'éducation civique
   government 12

la **classe**   class, school 1
le **classement**   rank,
   standing 7
classique   classical 1
le **cliché**   cliché 5
le **client, la cliente**
   customer 5
le **coca**   cola drink 5
le **coiffeur, la coiffeuse**
   hair stylist 10
la **colle** (*slang*)   detention 12
le **collège**   first part of
   French secondary
   education 12
la **colonie**   colony 8; **une**
   colonie de vacances
   summer camp 8
combien   how much 2;
   combien de   how
   many 3
la **comédie**   comedy 7
comme   like, as 2
commencer   to begin,
   start 6
comment   how, what **P**
le **commentaire**
   commentary,
   comment 8
la **commission**
   commission 10
la **communication**
   communication 6
la **compagnie**   company 8
la **compétition**
   competition 6
compliqué,-e
   complicated 3
la **compréhension**
   comprehension 1
comprendre   to
   understand 11
le **concert**   concert 4
le **concours**   contest 12
la **confiture**   jam 5
confortable   comfortable 9
le **Congo**   Congo **P**
la **connaissance: faire la**
   connaissance de   to
   become acquainted
   with, meet 8

le conseil   advice 8
consulter   to consult 7
le conte   story 12
content,-e   happy 3
continuer   to continue 4
contre   against 6
la coopération
    cooperation 12
le copain   pal, friend 4
la Corse   Corsica P
la côte   coast: la Côte
    d'Ivoire   Ivory Coast P
le côté   side 8; à côté de
    next to, alongside, at
    the side of 8
le couchage: le sac de
    couchage   sleeping
    bag 9
la couleur   color 11
le courage   courage 9
courageux, courageuse
    courageous, brave 9
la course   race 9; faire des
    courses   to go
    shopping 6
court,-e   short 11
le couscous   couscous (a
    North African grain
    dish) 5
le cousin, la cousine   cousin 3
coûter   to cost 2
le crayon   pencil 2
la crémerie   dairy 5
le croissant   crescent
    roll 5
la cuisine   kitchen 10;
    cooking 5; faire la
    cuisine   to do the
    cooking 5
la curiosité   curiosity 2
le cycle   cycle 12

D

le Dahomey   Dahomey
    (now known as
    Bénin) P

dans   in 2
danser   to dance 1
la date   date 4
de   of 2; from 3; some
    3; any 5; by 7; to 9;
    for 9
le début   beginning; au
    début   at first 12
décembre (m)
    December 4
décider   to decide 4
le degré   degree 11
déjà   already 9
le déjeuner   lunch, mid-day
    meal 5; le petit
    déjeuner   breakfast 5
demain   tomorrow P
déménager   to move 10
demi, -e; une demi-heure
    a half hour 7
la dent   tooth; avoir mal
    aux dents   to have a
    toothache 11
le dentiste, la dentiste
    dentist 10
depuis   since 12; for 12;
    depuis quand   for how
    long 12
le député   deputy (a French
    lawmaker) 7
dernier, dernière   last 7
derrière   behind 8
des (de + les) 2
la description
    description 10
désirer   to want, wish 2
désireux, désireuse
    desirous 10
le dessin   drawing 6; le
    dessin animé   cartoon
    (movie) 7
dessiner   to draw; la
    bande dessinée   comic
    strip 12
la destination   destination 9
le détective   detective 1
détester   to hate,
    dislike 1
deux   two 2
deuxième   second 7

devant   in front of 8
développer   to develop 6
deviner   to guess 9
les devoirs (m)   homework 6;
    faire des devoirs   to
    do homework 6
le dictionnaire   dictionary 12
la différence   difference 1
difficile   difficult 2
la difficulté   difficulty 4
le dimanche   Sunday 4
le dîner   dinner P
le diplôme   diploma 12
la direction   direction,
    supervision 8
le disco   disco music 2
discuter   to talk, discuss 10
le disque   record 2
la distance   distance 8
la distraction   distraction 2
dit: Comment dit-on . . . ?
    How does one
    say . . . ? P
dix   ten 2
dixième   tenth 7
le docteur   doctor 11
le documentaire
    documentary 7
le dollar   dollar 2
donner   to give 6
le dos   back; le sac à dos
    backpack, knapsack 9
douze   twelve 2
douzième   twelfth 7
la drogue   drug(s) 11
droit   straight 8; tout
    droit   straight
    ahead 8
la droite   right 8; à droite
    to the right 8
du (de + le)   4
dur,-e   hard 8
dynamique   dynamic 2

E

l'eau (f)   water 5

l'école (f) school 1
l'écologie (f) ecology 12
économique economical 8
écouter to listen to 1
l'éducation (f)
education 6;
l'éducation civique
government 12;
l'éducation physique
physical education,
gym 1
l'église (f) church 4
électronique
electronic 11
élégant,-e elegant 3
élémentaire
elementary 12
l'élève (m/f) pupil,
student 12
elle she 1; her 12; it 1
elles they 1; them 12
embêtant,-e annoying 3
embêter to annoy 4
l'émotion (f) emotion 6
en in 4; by 8; to 3
les enchères (f) auction 9
encore still, another 3
l'encyclopédie (f)
encyclopedia 12
l'énergie (f) energy 4
énergique energetic 4
l'enfant (m/f) child 3
l'ennemi (m) enemy 9
l'enseignement (m)
education, teaching 12
ensemble together 8
ensuite then 12
l'enthousiasme (m)
enthusiasm 12
enthousiaste
enthusiastic 5
entraîner to train 10
entre between 8
l'entrevue (f)
interview 10
l'envie (f) desire 9; avoir
envie de to feel
like 10
l'épicerie (f) grocery
store 5

les épinards (m) spinach 4
l'équipe (f) team 6
l'équipement (m)
equipment 9
l'Espagne (f) Spain 8
l'espagnol (m) Spanish
(language) 12
espérer to hope 2
l'esprit (m) spirit 6
l'estomac (m) stomach 11;
avoir mal à l'estomac
to have a stomach-
ache 11
et and P
l'étage (m) floor (of a
building) 10
l'état (m) state 7
les États-Unis (m) United
States P
l'été (m) summer 8
été past participle of
être 9
l'éternité (f) eternity 12
être to be 2; être
obligé(e) de to have
to 4
l'étude (f) study 10;
study period 12
l'étudiant (m)
l'étudiante (f)
student 3
étudier to study 1
eu past participle of
avoir 9
l'Europe (f) Europe 2
eux them 12
l'examen (m) exam 2
excellent,-e excellent 4
l'exemple (m) example 1
l'expédition (f)
expedition 9
l'expérience (f)
experience 9
l'explorateur (m)
explorer 9
l'exploration (f)
exploration 9
explorer to explore 9
extrait,-e excerpted 6

F

facile easy 2
la faim hunger 5;
avoir faim to be
hungry 5
faire to do 4; to engage
in (a sport) 6; to go
6; to make 6; to study
12; Quel temps est-ce
qu'il fait? What's the
weather like? 6; see
also algèbre, ascension,
camping, connaissance,
courses, cuisine,
devoirs, lit, marché,
ménage, pique-nique,
promenade, sport,
tour, vaisselle, vélo,
voyage; also faire and
expressions of weather:
see beau, chaud, froid,
mauvais, soleil, vent;
also faire and names
of sports: see
athlétisme,
gymnastique, jogging,
lutte, patinage, ski
fait past participle of
faire 9
la famille family 3
fatigant,-e tiring 6
fatigué,-e tired 3
fatiguer to tire 4
faut: il faut it is
necessary, one must 11
faux false 1
la fenêtre window 2
fermer to close P
la fête holiday 2; feast day,
saint's day 4
le feuilleton serial program,
series 7
février (m) February 4
la fièvre fever 11
la fille girl 8;
daughter 10
le film movie 7
la fin end 8

finir to finish 10
la fois time 7; **une fois** 6
fonder to found 9
la fondue fondue (*a melted cheese dish*) 5
le football soccer 1; **le football américain** football 6; **jouer au football** to play soccer 6
former to form 12
formidable great, fantastic 2
la formule formula 11
fort,-e strong, good 12
la fraise strawberry 5
le franc franc 2
le français French (*language*) 1; **français,-e** French 3
la France France P
le frère brother 3
le frigo refrigerator 4
froid cold 6; **faire froid** to be cold (*weather*) 6
le fromage cheese 5
le fruit fruit 4
furieux, furieuse furious 12
futur,-e future 10

G

le Gabon Gabon P
gagner to win 6; to earn 6
les Galápagos Galapagos Islands 12
le garage garage 10
le garçon waiter 5; boy 8
la gare railroad station 4
la gauche left 8; **à gauche** to the left 8
les Gémeaux Gemini (*zodiac*) 4
généalogique genealogical 3
général,-e general 1
gentil,-le nice 9

la géographie geography 1
la géométrie geometry 9
la glace ice cream 5; ice 6; **le patinage sur glace** ice-skating 6
le golf golf 6; **jouer au golf** to play golf 6
le golfe gulf 9
la gorge throat 11
goûter to taste 6
grand,-e big, tall 3
grand-chose: pas grand-chose not much 11
la grand-mère grandmother 8
les grands-parents (*m*) grandparents 3
grave grave P; serious 11
grillé,-e grilled; **le pain grillé** toast 5
gris,-e gray 11
le groupe group 2
la Guinée Guinea 5
la guitare guitar 3
la Guyane Guyana P
la gymnastique gymnastics; **faire de la gymnastique** to exercise, do gymnastics 6

H

habiter to live 1
l'habitude (*f*) habit 1
l'Haïti (*f*) Haiti P; **haïtien,-ne** Haitian 8
le hamburger hamburger 5
les haricots (*m*) beans; **les haricots verts** green beans 5
la Haute Volta Upper Volta P
hein? okay? 6
le héros hero 6
l'heure (*f*) hour 7; time 7; **Quelle heure est-il?** What time is it? 7

heureux, heureuse happy 9
hier yesterday 9
l'histoire (*f*) history 1
historique historical 9
l'hiver (*m*) winter 8
le hockey hockey 6; **jouer au hockey** to play hockey
la Hollande the Netherlands 8
l'homme (*m*) man 7
l'hôpital (*m*) hospital 4
l'horoscope (*m*) horoscope 4
horrible awful, horrible 5
l'hôtel (*m*) hotel 4
l'hôtelier (*m*) hotel manager 5
huit eight 2
huitième eighth 7

I

ici here 2
idéal,-e ideal 7
l'idée (*f*) idea 4
identifier to identify 9
l'identité (*f*) identity 11
idiot,-e stupid 7
il he, it 1; **il y a** there is, there are 3; **Y a-t-il . . . ?** Is there, are there . . .? 7
l'île (*f*) island 7
l'illustration (*f*) illustration 5
ils (*m*) they 1
imaginaire imaginary 11
l'imagination (*f*) imagination 11
important,-e important 6
impossible impossible 9
impulsif, impulsive impulsive 9
indiquer to indicate 11
l'Indochine (*f*) Indochina P

l'infirmier (*m*), l'infirmière (*f*) nurse 10
l'information (*f*) information 2; les informations news broadcast 7
l'ingénieur (*m*) engineer 10
l'instant (*m*) instant, moment 9
intelligent,-e intelligent 3
intéressant,-e interesting 3
l'intérêt (*m*) interest 11
l'interlude (*m*) interlude 1
international,-e international 5
interplanétaire interplanetary 9
l'interprétation (*f*) interpretation 9
l'interprète (*m/f*) interpreter 4
l'interview (*f*) interview 7
l'intervieweur (*m*) interviewer 5
inventer to invent 9
l'invité (*m*) guest 5
inviter to invite 4
irrésistible irresistible 2
l'Italie (*f*) Italy 4

J

jamais: ne . . . jamais never 1
la jambe leg 11
le jambon ham 11
janvier (*m*) January 4
le jardin garden 6
je I P
le jeu game 1
le jeudi Thursday 4
jeune young 7; les jeunes (*m*) young people 1
la jeunesse youth 8
le jogging jogging 6; faire

du jogging to jog 6
joli,-e pretty, good-looking 3
jouer to play 4; to play a game 6; *see also* base-ball, basket-ball, football, hockey, tennis, volley-ball
le joueur player 6
le jour day 2
le journal newspaper 12; diary 9
juillet (*m*) July 4
juin (*m*) June 4
le jus juice 5
jusqu'à up to, as far as 8
juste fair 5

K

le kilo *abbreviation of* kilogramme 11
le kilogramme kilogram (*2.2 pounds*) 11
le kilomètre kilometer (*.62 miles*) 3
km *abbreviation of* kilomètre 3

L

l' (*see* la *and* le)
la the 1; her, it 11
là there 3
le lac lake 9
le lait milk 5
latin,-e Latin 7; le latin Latin (*language*) 12
le the 1; him, it 11
la leçon lesson 12
la lecture reading 10
la légende legend 7
le légume vegetable 4
les the 1; them 11
la lettre letter 3
leur,-s their 5
libéral,-e liberal 10

la liberté liberty 9
libre free 6
la limite limit 11
la limonade lemonade 5
lire to read 12
Lisbonne Lisbon 8
le lit bed 7; faire le lit to make the bed 10
le livre book P
local,-e local 6
loin far 8
Londres London 8
long, longue long 9
lu *past participle of* lire 12
lui him 12; he (*emphatic*) 12
le lundi Monday 4
la lutte: faire de la lutte to wrestle 6
lutter to struggle, fight 9
le Luxembourg Luxembourg P
le lycée French secondary school 3

M

m' (*see* me)
ma my 3
la machine machine 10
madame Mrs., ma'am P
mademoiselle miss P
le magasin store 2; le grand magasin department store 10
le magazine magazine 6
mai (*m*) May 4
la main hand 11
maintenant now 2
mais but 1
la maison house, home 3
mal bad P; avoir mal à to have an ache 11
malade sick 9; les malades sick people 10
la maladie sickness 9

malgache: la République malgache Malagasy Republic **P**

manger to eat **4**; **la salle à manger** dining room **10**

marché: faire le marché to go shopping **6**

marcher to go **4**; to run (*mechanical*) **3**; **marcher bien** to go along well **4**; to walk **9**

le mardi Tuesday **4**

le Maroc Morocco **P**

mars (*m*) March **4**

martiniquais,-e from Martinique **5**

la Martinique Martinique **8**

le match match, game **4**

le mathématicien mathematician **2**

les mathématiques (*f*) mathematics **3**

les maths *abbreviation of* **mathématiques 1**

le matin morning **4**

la Mauritanie Mauritania **P**

mauvais,-e bad **8**; **Il fait mauvais.** The weather is nasty. **6**

le mécanicien, la mécanicienne mechanic **10**

mécanique mechanical **11**

le médecin doctor **9**

le médicament medicine **9**

la Méditerranée Mediterranean Sea **8**

le membre member **9**

même even **P**

la mémoire memory **3**

le ménage: faire le ménage to do the housework **6**

la mer sea **8**

merci thank you **P**

le mercredi Wednesday **4**

la mère mother **3**

mes my **3**

mesdames *plural of*

madame ladies **6**

messieurs *plural of* **monsieur** gentlemen **6**

la mesure measurement **11**

mesurer to measure **11**

la météo weather report **6**

météorologique meteorological, pertaining to weather **6**

le mètre meter (*39.37 inches*) **11**

métrique metric **11**

le Mexique Mexico **8**

midi noon **4**; **l'après-midi** (*m*) afternoon **4**

le milieu middle **9**

minéral,-e mineral **5**

le ministre minister **7**; **le premier ministre** Prime Minister **7**

minuit (*m*) midnight **7**

la minute minute **9**

le modèle model **1**

moderne modern **11**

modeste modest **2**

moi me, I (*emphatic*) **1**; **chez moi** at my house **12**

moins less, minus **2**

le mois month **4**

mon my **3**

le monde world **9**; **faire le tour du monde** to go around the world **9**; **tout le monde,** everybody **2**

monsieur (*m*) Mr., sir **P**

la montagne mountain **4**

montrer to show **11**

le monument monument **8**

la mort death **9**

Moscou Moscow **8**

le mot word **12**

la moto motorcycle **2**

le moulin windmill **7**

moyen,-ne middle **12**

la moyenne passing grade **12**

le muscle muscle **6**

le musée museum **8**

le musicien, la musicienne musician **10**

la musique music **1**

N

n' (*see* **ne**)

nager to swim **4**

naturel,-le natural **9**

le naufragé shipwrecked person **9**

nautique: faire du ski nautique to go water skiing **6**

ne: ne . . . jamais never **1**; **ne . . . pas** not **P**; **n'est-ce pas?** don't they? **11**; haven't you? isn't it? isn't that so? **8**

nécessaire necessary **11**

la neige snow **12**

neiger to snow **6**

neuf nine **9**

neuvième ninth **7**

le nez nose **11**

noir,-e black **11**

le nom name **5**

le nombre number **8**

non no **P**

nos our **5**

la note grade **12**

notre our **5**

nous we **1**; us **12**

nouveau, nouvel, nouvelle new **8**

novembre (*m*) November **4**

la nuit night **8**

le numéro number **2**

O

obéir to obey **10**

l'obligation (*f*) obligation **6**

obligé,-e obliged 4; **être obligé(e) de** to have to 4

l'occasion (*f*) opportunity 8

l'occupation (*f*) occupation 6

l'océan (*m*) ocean 9

octobre (*m*) October 4

l'œuf (*m*) egg 5

olympique Olympic 8

l'omelette (*f*) omelette 5

on (*pron.*) one 8; you 2; we 4; they 7

l'oncle (*m*) uncle 3

onze eleven 2

onzième eleventh 7

l'opéra (*m*) opera (house) 8

l'opinion (*f*) opinion 12

l'opportunité (*f*) opportunity 10

optimiste optimistic 2

l'orange (*f*) orange 5

l'oreille (*f*) ear 11

l'organisation (*f*) organization 10

organiser to organize 4

ou or 1

où where 3

oublier to forget 4

oui yes **P**

l'ours (*m*) bear 7

l'ouverture (*f*) opening 8

l'ouvrier (*m*); **l'ouvrière** (*f*) worker 10

ouvrir to open **P**

P

la page page 12

le pain bread 5; **le pain grillé** toast 5

le palais palace 8

la panique panic 9

papa (*m*) father, dad 10

la papaye papaya 5

par per, for 11; **par exemple** for example 8

le parc park 10

parce que because 3

les parents (*m*) parents, relatives 3

parfait,-e perfect 3

parler to speak, to talk 1

partager to share 11

le partenaire partner 6

le participant participant 12

partout everywhere 11

pas: ne . . . pas not **P**; not 1; *see* **n'est-ce pas?**

le passé past 9

le passeport passport 8

passer to spend (*time*) 4; to pass 8

passionnant,-e exciting 7

patient,-e patient 3

le patinage skating; **le patinage sur glace** ice-skating 11; **faire du patinage** to go skating 6

la pâtisserie pastry shop 5; **les pâtisseries** pastries 5

pauvre poor 2

le pays country 8

la pêche fishing 6

la peinture painting 12

pendant during **P**

penser to think 9

le père father 3

la période period 4

permanent,-e permanent 10

le perroquet parrot 11

le personnage character 9

la personne person 10

personnel,-le personal 10

peser to weigh 11

pessimiste pessimistic 2

petit,-e small 2; **le petit déjeuner** breakfast 5; **les petits pois** (*m*) peas 5

peu (de) little 10; **un peu (de)** a little 10

la peur fear 9; **avoir peur** to be afraid 9

la photo photograph 3

la physique physics 12 **l'éducation physique** physical education 1

la pièce room 10

le pied foot; **à pied** by, on foot 11

piloter to pilot 9; to drive 9

le pion (*slang*) monitor, proctor 12

le pique-nique picnic 4; **faire un pique-nique** to go on a picnic 4

la piscine swimming pool 4

la place city square 4; place 8

la plage beach 4

le plaisir pleasure 8

plaît: s'il vous plaît please **P**

le plat dish, course (*at dinner*) 5

pleut: Il pleut. It's raining. 6

pleuvoir to rain; **Il pleut.** It's raining. 6

plus plus 2; more 9; **plus de** more 10

le poème poem 9

le poète poet 6

la poire pear 5

pois: les petits pois (*m*) peas 5

le poisson fish 5

poli,-e polite 3

la police police 7

la pomme apple 5; **la pomme de terre** potato 5

pop pop (music) 2

le popcorn popcorn 9

le porc pork 5

le porridge porridge 5

la porte door 8

le portrait portrait 2

le Portugal   Portugal 8
poser: poser une question
   to ask a question 12
la possession   possession 3
la possibilité   possibility 8
possible   possible 4
la poste   post office 4
Pouah!   Yuk! 4
le pouce   inch 11
le poulet   chicken 5
pour   for 4; to 4; in order
   to 5
pourquoi   why 4
pourtant   however 9
pousser   to push 9
pouvoir   to be able, can 9
pratique   practical 8
pratiquer   to practice 8
la précaution   precaution 8
la préférence   preference 1
préférer   to prefer 2
premier, première   first 7
prendre   to take 11; to
   have (*something to eat
   or drink*) 11
la préparation   preparation 1
préparatoire
   preparatory 12
préparer   to prepare 4
près de   near 8
présent,-e   present 12
la présentation
   presentation 1
la presse   press
   (*newspapers*) 6
pressé,-e   hurried, in a
   hurry 5
prêt,-e   ready 6
primaire   primary 12
principal,-e   principal,
   main 9
le printemps   spring 8
pris   *past participle of*
   prendre 11
le prix   price 9
le problème   problem 2
prochain,-e   next 4
le produit   product 11
le prof   *colloquial for*
   professeur 12

le professeur   teacher,
   professor 1
la profession   profession 10
professionnel,-le
   professional 12
le programme   program 7
le projet   plan 4;
   project 8
la promenade   walk 6; trip
   9; **faire une promenade**
   to take a walk 6; **faire
   une promenade en
   canot**   to take a canoe
   trip 9; **faire une
   promenade en vélo**
   to take a bike trip 9
proposer   to propose,
   suggest 8
prouver   to prove 9
la Provence   Provence 8
les provisions (*f*)
   provisions, food
   supplies 9
prudent,-e   prudent,
   cautious 4
pu   *past participle of*
   pouvoir 9
le public   public 10
la publicité   advertising 7

Q

quand   when 2; **Depuis
   quand . . .?**   For how
   long . . .? 12
quarante   forty 3
le quart   a quarter (fourth)
   7; *time* + **et quart** a
   quarter past the hour;
   time + **moins le quart**
   a quarter to the hour 7
le quartier   neighborhood 7
quatorze   fourteen 2
quatorzième   fourteenth 7
quatre   four 2
quatre-vingts   eighty 9
quatre-vingt-dix   ninety 9
quatrième   fourth 7

que   what 2; that 6; **est-ce
   que** (*introduces a
   question*) 8; **Qu'est-ce
   que . . .?**   What . . .?
   2; **parce que**   because
   8; **Qu'est-ce que c'est?**
   What is it? 2
le Québec   Quebec 2
québécois,-e   from
   Quebec, Quebec
   (*adj.*) 6
quel, quelle   what 4; **Quel
   âge avez-vous?**   How
   old are you? 3; **Quelle
   heure est-il?**   What
   time is it? 7; **Quel
   temps est-ce qu'il fait?**
   What is the weather
   like? 6
quelque   some 10;
   quelque chose
   something 7
quelquefois   sometimes 1
la question   question 7
qui   who, whom 2
quinze   fifteen 2
quinzième   fifteenth 7
quitter   to leave 9
le quiz   quiz 10

R

la race   race 6
la radio   radio 1
le raisin   grape 5
la raison   reason 4
raisonnable
   reasonable 11
le rapport   relationship 11
rarement   rarely 1
la réaction   reaction 1
la réalité   reality 7
réciter   to recite 9
la récompense   reward 6
la récré   *colloquial for* **la
   récréation** 12
la récréation   recreation 6;
   break, free time 12
refuser   to refuse 9

regarder to look at, watch **P**
la région region **9**
régulier, régulière regular **11**
la relation relation(ship) **9**
la religion religion **6**
rencontrer to meet **10**
le rendez-vous meeting **10**
la rentrée first day of school, return **10**
rentrer to return, go back **6**; to go back home **7**
la réparation repair **6**
réparer to repair, fix **10**
le repas meal **5**
répéter to repeat **P**
répondre to answer **9**
la réponse answer **6**
le reportage (news) report, reporting **7**
le reporter reporter **2**
représenter to show **5**
la république republic **P**
la responsabilité responsibility **4**
responsable responsible **8**
ressembler to resemble **5**
le restaurant restaurant **4**
la restauration restoration **8**
rester to stay **3**; to remain **11**
le résultat result **4**
retracer to retrace **9**
la réunion meeting **12**
la Réunion Réunion (Island) **P**
réussir to succeed, do well **10**; **réussir à un examen** to pass a test **10**
le rêve dream **6**
le revenu income **10**
revoir: au revoir good-bye **P**
la révolution revolution **9**
la revue magazine **12**
le Rhône Rhone river **8**

le rhume cold **11**
riche rich **2**
risquer to risk **9**; **risquer de** to run the risk of **4**
la rivalité rivalry **3**
la rivière river **1**
le rock rock music **1**
le rôle role **9**
le roman novel **12**
rôti,-e roasted, roast **5**; **le rôti** roast **5**; **le rôti de bœuf** roast beef **5**
rouge red **7**
la route route **9**
roux red (*to describe hair*) **11**
la rue street **3**
le russe Russian (*language*) **12**
la Russie Russia **8**

S

sa his, her, its **3**
le sac sack **9**; **le sac de couchage** sleeping bag **9**; **le sac à dos** knapsack **9**
le safari safari **9**
Sagittaire (*m*) Sagittarius (*zodiac*) **4**
le saint saint **P**
sais: *see* **savoir 10**; **Je ne sais pas.** I don't know. **P**
la saison season **8**
la salade salad, salad greens **5**
la salle room **2**; **la salle de bains** bathroom **10**; **la salle de classe** classroom **9**; **la salle à manger** dining room **10**; **la salle de séjour** living room **10**
Salut! Hi! **P**
le samedi Saturday **4**
le sandwich sandwich **4**
sans without **9**

la santé health **6**
savoir to know, know how **10**; **Je ne sais pas.** I don't know. **P**
la science **1**
sculpter to sculpt **9**
sécher: sécher une classe (*slang*) to cut a class **12**
secondaire secondary **10**
secrétaire (*m/f*) secretary **10**
seize sixteen **2**
seizième sixteenth **7**
séjour: la salle de séjour living room **10**
la semaine week **4**
le Sénégal Senegal **P**
sénégalais,-e Senegalese, native of Senegal **5**
sept seven **2**
septembre (*m*) September **4**
septième seventh **7**
la série series **12**
sérieux, sérieuse serious **9**
le serpent snake **P**
ses his, hers, its **3**
seul,-e alone **9**
seulement only **3**
sévère strict **2**
si if **4**; **s'il vous plaît** please **P**; **Mais si!** Yes! (*in answer to a negative question*) **10**
le signe sign **4**
sincère sincere **2**
la situation situation **4**
six six **2**
sixième sixth **7**
le ski skiing **6**; **faire du ski** to go skiing; **faire du ski nautique** to go water skiing **6**
le slogan slogan **11**
le snack snack **9**
social,-e social **6**
la société society **10**
la sœur sister **3**
la soif thirst **5**; **avoir soif** to be thirsty **5**

le soir evening 4
  sois *imperative form of*
    être 8
  soixante sixty 9
le soleil sun 6; faire du
    soleil to be sunny 6
la solitude solitude 9
la solution solution 8
les Somalis Somalia P
le sommeil sleep 11
  son his, hers, its 3
le sondage public opinion
    poll 12
la sorte sort, kind 5
la soupe soup 5
  sous under 8
le sous-sol basement 6
le souvenir souvenir 8
  souvent often 1
  soviétique Soviet 8
  soyez *imperative form of*
    être 8
la speakerine announcer 7
  spécial,-e special 8
la spécialité specialty 5
le spectacle show 7
le spectateur spectator 1
le sport sport, sports 1;
    faire du sport to
    participate in sports
    or athletics 6; la
    voiture de sport
    sports car 1
  sportif, sportive athletic
    7; la revue sportive
    sports magazine 12
le stade stadium 4
la statue statue 9
  stéréo stereo 11
  stupide stupid 2
le style style 3
le stylo pen 2
  substantiel,-le
    substantial 8
le succès success 10
la suggestion suggestion 7
la Suisse Switzerland P;
    suisse Swiss 8
  suite: tout de suite right
    away 6
  suivant,-e following 8

le supermarché
    supermarket 4
  suprême supreme 6
  sur on 3; huit sur vingt
    eight out of twenty 12
  sûr,-e sure 8; bien sûr
    of course 2
  survivre to survive 9
  sympa *colloquial for*
    sympathique 3
  sympathique likable,
    nice, friendly 2
la symphonie symphony 12
le système system 10

T

  ta your 3
le tabac tobacco 11
la table table 2
le tableau chalkboard 2
  Tanger Tangiers 9
la tante aunt 3
la tarte tart 5
le Taureau Taurus
    (*zodiac*) 4
le Tchad Chad P
le technicien, la technicienne
    technician 10
  technique technical 10
la télé *abbreviation of*
    télévision 1
  téléphoner to
    telephone 10
  télévisé,-e televised 7
la télévision television P
la température
    temperature 6
le temps time 3; weather
    6; de temps en temps
    from time to time 3;
    Depuis combien de
    temps . . . ? For how
    long . . . ? 12; Quel
    temps est-ce qu'il fait?
    What's the weather
    like? 6; tout le temps
    all the time 8

le tennis tennis 1; jouer au
    tennis to play
    tennis 6
la tension tension 11
la tente tent 9
  terminal,-e terminal,
    final 7
la terrasse terrace 6
  terre: la pomme de terre
    potato 5
  terrible terrible, awful 6
le territoire territory 9
  tes your 3
la tête head 11; avoir mal
    à la tête to have a
    headache 11
le thé tea 5
le théâtre theatre 6
  timide shy 2
le Togo Togo P
  toi you (*emphatic*) P
la tomate tomato 5
  ton your 3
  toujours always 1
le tour tour 9; faire le tour
    du lac to go around
    the lake 9; faire le
    tour du monde to
    take a trip around the
    world 9
la tour tower 8
  tourner to turn 8
  tout everything 12; tout
    de suite right away 6;
    tout droit straight
    ahead 8; tout le
    monde everybody 2;
    tout le temps all the
    time 8
le train train 8; en train de
    in the process of 11;
    voyager en train to
    travel by train 8
le transistor transistor 11
le travail work 4
  travailler to work 1
  travaux *plural of*
    travail 12
  traverser to cross 9
  treize thirteen 2
  treizième thirteenth 7

trente thirty **3**
trentième thirtieth **7**
très very **P**; **très bien**
  fine, very good **P**
tricoter to knit **6**
**triomphe: l'Arc de
  Triomphe** the Arch
  of Triumph (*in Paris*) **8**
triste sad **2**
trois three **1**
troisième third **7**
trop too, too much **6**;
  trop de too much,
  too many **10**
trouver to find **6**
tu you **P**
la Tunisie Tunisia **P**
typique typical **5**

U

un, une a, an, one **2**
uni,-e united; **les
  États-Unis** (*m*) the
  United States **P**
l'union (*f*) union **8**
l'université (*f*)
  university **10**
l'usine (*f*) factory **10**
utile useful **10**
utiliser to use **10**

V

va *see* **aller**; **Ça va?**
  How are things? **P**;
  Ça va bien. Fine. **P**
les vacances (*f*) vacation **1**
vachement very
  (*slang*) **12**
la vaisselle dishes **6**; **faire
  la vaisselle** to do the
  dishes **6**
varié,-e varied **1**
la variété variety **7**
veinard lucky (*slang*) **12**

le vélo bicycle **3**; **faire une
  promenade en vélo** to
  take a bicycle trip **6**;
  faire du vélo to go
  biking **6**
le vélomoteur moped **3**
le vendeur, la vendeuse
  salesperson **10**
le vendredi Friday **4**
le vent wind **6**; **faire du
  vent** to be windy **6**
la vente sale **9**; **la vente
  aux enchères**
  auction **9**
Verseau (*m*) Aquarius
  (*zodiac*) **4**
vert,-e green **11**; **les
  haricots verts** green
  beans **5**
la viande meat **5**
la victoire victory **6**
la vie life **2**
vieil (*see* **vieux**)
la Vierge Virgo (*zodiac*) **4**
vieux, vieil, vieille old **8**
la ville city, town **3**; **en
  ville** in town **8**
le vin wine **5**
vingt twenty **2**
vingtième twentieth **7**
la visite visit **4**
visiter to visit **8**
la vitamine vitamin **11**
Vive . . .! Hurray
  for . . . ! **12**
le vocabulaire vocabulary **3**
voici here is, here are **11**
voilà here is, here are **3**
voir to see **7**
la voiture car **2**
le volley-ball volleyball
  6; **jouer au volley-ball**
  to play volleyball **6**
Volta: la Haute Volta
  Upper Volta **P**
vos your **3**
votre your **P**
voudrais: Je voudrais . . .
  I would like to . . . **4**;
  see **vouloir**

vouloir to want (to),
  wish **7**; **vouloir bien**
  to be willing, agree **7**;
  Je voudrais . . . I
  would like to . . . **4**
voulu *past participle of*
  vouloir 9
vous you **P**
le voyage trip **4**; **faire
  un voyage** to take a
  trip **4**
voyager to travel **3**
Voyons! Come on! **Let's
  see! 10**
vrai,-e true **1**

W

le week-end weekend **1**

Y

y: il y a there is, there
  are **3**; **y a-t-il** is there,
  are there **7**
les yeux (*m*) eyes **11**

Z

le zodiaque zodiac **4**

Vocabulaire anglais-français

This includes the vocabulary for each *Vocabulaire du chapitre*, as well as items from the *Explorations*.

A

a, an un, une **2**
able: to be able pouvoir **9**
to accept accepter **9**
ache: to have an ache avoir mal à . . . **11**
active actif, active **9**
activity l'activité (*f*) **8**
actor l'acteur (*m*) **10**
actress l'actrice (*f*) **10**
admiration l'admiration (*f*) **6**
adventure l'aventure (*f*) **9**
advertising la publicité **7**
afraid: to be afraid avoir peur **9**
Africa l'Afrique (*f*) **9**
after après **4**
afternoon l'après-midi (*m*) **4**
again encore **3**
against contre **6**
age l'âge (*m*) **3**
to agree vouloir bien **7**
agreed d'accord **4**
ahead: straight ahead tout droit **8**
airplane l'avion (*m*) **8**
airport l'aéroport (*m*) **4**
album l'album (*m*) **3**
algebra l'algèbre (*f*) **12**
all tout **12**; **That's all.** C'est tout. **11**; **all the time** tout le temps **8**
alone seul,-e **9**
alongside à côté de **8**
also aussi **1**
always toujours **1**
ambitious ambitieux, ambitieuse **9**

American américain,-e **3**
and et **1**
announcer (radio) l'animateur (*m*) **12**
to annoy embêter **4**
annoying embêtant,-e **3**
Antarctica l'Antarctique (*f*) **9**
anxiety l'anxiété (*f*) **12**
apartment l'appartement (*m*) **10**
apple la pomme **5**
April avril (*m*) **4**
arm le bras **11**
around: to go around fair le tour de **9**
to arrive arriver **8**
as comme **2**; **as far as** jusqu'à **8**
to ask (*a question*) poser une question **12**
aspirin l'aspirine (*f*) **11**
at à **1**; **at the home of** chez **4**; **at the side of** à côté de **8**
athletic sportif, sportive **7**
athletics: to participate in athletics faire du sport **6**
August août (*m*) **4**
aunt la tante **3**
autumn l'automne (*m*) **8**

B

bacon le bacon **5**
banana la banane **5**
band le groupe **2**
bank la banque **4**

baseball le base-ball **6**
basement le sous-sol **10**
basketball le basket-ball, le basket **6**
bathroom la salle de bains **10**
to be être **2**; **to be afraid** avoir peur **9**; **to be hungry** avoir faim **9**; **to be thirsty** avoir soif **9**; **to be** + *expressions of weather: see* **cold, hot, nice, sunny, warm, windy**; **to be _____ years old** avoir _____ ans **3**
beach la plage **4**
beans: green beans les haricots verts (*m*) **5**
because parce que **3**
bed le lit **7**
bedroom la chambre **10**
beef le bœuf **5**
to begin commencer **6**
beginning: in the beginning an début **12**
Belgium la Belgique **8**
between entre **8**
bicycle le vélo **3**
big grand,-e **3**
biology la biologie **12**
birthday l'anniversaire (*m*) **4**
black noir,-e **11**
blonde blond,-e **11**
book le livre **2**
bottle la bouteille **11**
boy le garçon **8**
brave brave **6**; courageux, courageuse **9**

bread   le pain **5**
break (*recreation*)   la récréation, la récré **12**
breakfast   le petit déjeuner **5**
to bring   apporter **4**
brother   le frère **3**
brown   brun,-e **11**; **chestnut brown** châtain,-e **11**
but   mais **1**
butter   le beurre **5**
to buy   acheter **4**

C

café   le café **4**
camp: work camp   le camp de travail **8**; **summer camp**   la colonie de vacances **8**
camping   le camping **6**; **to go camping**   faire du camping **6**
can   pouvoir **9**
canoe   le canot **9**
car   la voiture **1**; **sports car**   la voiture de sport **1**
careful: Be careful!   Attention! **4**
carrot   la carotte **4**
cartoons (*movie*)   les dessins animés **7**
cassette   la cassette **2**
cathedral   la cathédrale **8**
cereals   les céréales (*f*) **5**
chair   la chaise **2**
chalkboard   le tableau **2**
channel (*TV*)   la chaîne **7**
cheese   le fromage **5**
chemistry   la chimie **12**
cherries   les cerises (*f*) **5**
chestnut brown   châtain,-e **11**
chicken   le poulet **5**
child   l'enfant (*m/f*) **3**
chocolate   le chocolat **5**

choice   le choix **7**
to choose   choisir **10**
church   l'église (*f*) **4**
city   la ville **3**
class   la classe **1**
classical   classique **1**
to climb   faire l'ascension de **9**
club   le club **2**
coffee   le café **5**
cola (*drink*)   le coca **5**
cold (*weather*); **It's cold.** Il fait froid. **6**; (*head*) **cold**   le rhume **11**
color   la couleur **11**
to come   arriver **8**
Come on!   Voyons! **10**
comedy   la comédie **7**
comics   les bandes dessinées (*f*) **12**
competition   la compétition **6**
complex   compliqué,-e **3**
to compose   composer **2**
concern   l'anxiété (*f*) **12**
concert   le concert **4**
to consult   consulter **7**
contest   le concours **12**
to continue   continuer **4**
to cook   faire la cuisine **5**
cooking: to do the cooking faire la cuisine **5**
cooperation   la coopération **12**
corner   le coin **8**; **on the corner of**   au coin de **8**
to cost   coûter **2**
country (*nation*)   le pays **8**; (*countryside*) la campagne **4**
courage   le courage **6**
courageous   courageux, courageuse **9**
course (*at dinner*)   le plat **5**
course: of course   bien sûr **2**
couscous   le couscous **5**
cousin   le cousin, la cousine **3**

crescent rolls   les croissants (*m*) **5**
to cross   traverser **9**

D

to dance   danser **1**
dark (*color*)   brun,-e **11**
date   la date **4**; **What's today's date?**   Quelle est la date aujourd'hui? **4**
day   le jour **2**; **first day of school**   la rentrée **10**; **per day**   par jour **11**; **What day is it today?** Quel jour est-ce aujourd'hui? Quel jour sommes-nous? **4**
deal: a great deal beaucoup **1**
dear   cher, chère **1**
death   la mort **9**
December   décembre (*m*) **4**
to decide   décider **9**
dentist   le (la) dentiste **10**
department store   le grand magasin **10**
desk   le bureau **2**
dessert   le dessert **5**
destination   la destination **9**
to develop   développer **6**
dictionary   le dictionnaire **12**
difference   la différence **6**
difficult   difficile **2**
difficulty   la difficulté **4**
dinner   le dîner **5**
to discuss   discuter **10**
dish (*at a meal*)   le plat **5**
dishes: to do the dishes faire la vaisselle **6**
to dislike   détester **1**
to do   faire **4**
doctor   le médecin **9**
documentary   le documentaire **7**

dog le chien **3**
dollar le dollar **2**
door la porte **2**
drawing le dessin **12**
dream le rêve **6**
to dream rêver **2**
drink la boisson **5**
to drive piloter **9**
during pendant **4**
dynamic dynamique **4**

E

each chaque **8**
to earn gagner **6**
ears les oreilles (*f*) **11**
easy facile **2**
to eat manger **4**
ecology l'écologie (*f*) **12**
education: physical education l'éducation physique (*f*) **1**
eggs les œufs (*m*) **5**
eighty quatre-vingts **9**
elegant élégant,-e **3**
to eliminate éliminer **6**
else: something else autre chose **7**
emotion l'émotion (*f*) **6**
encyclopedia l'encyclopédie (*f*) **12**
end la fin **8**
enemy l'ennemi (*m*) **9**
energetic énergique **4**
energy l'énergie (*f*) **4**
engineer l'ingénieur (*m*) **10**
England l'Angleterre (*f*) **8**
English (*language*) l'anglais **1**; **the English** les Anglais **9**
enough assez (de) **10**
entertaining amusant,-e **3**
enthusiastic enthousiaste **12**
to equal (*in math*) font **2**

errands: to run errands faire des courses **6**
even même **6**
evening le soir **4**
everybody tout le monde **2**
everything tout **12**
everywhere partout **11**
examination l'examen (*m*) **1**
exciting passionnant **7**
to exercise faire de la gymnastique **6**
expedition l'expédition (*f*) **9**
expensive cher, chère **6**
experience l'expérience (*f*) **9**
to explain expliquer **12**
explorer l'explorateur (*m*) **9**
eye l'œil (*m*); **eyes** les yeux **11**

F

facing en face de **8**
factory l'usine (*f*) **10**
family la famille **3**
famous célèbre **2**
fantastic formidable **2**
far loin **8**; **as far as** jusqu'à **8**; **far from** loin de **8**
father le père **3**
fear la peur **9**
February février (*m*) **4**
to feel like avoir envie de **9**
fever la fièvre **11**
few peu de **10**
fewer moins de **10**
film le film **7**
to find trouver **6**
to finish finir **10**
fireplace la cheminée **10**
first le premier, la première **4**; **at first** au début **12**; **first day of school** la rentrée **12**

fish le poisson **5**
floor (*of a building*) l'étage (*m*) **10**
following suivant,-e **8**
fondue la fondue **5**
food supplies les provisions (*f*) **9**
foot le pied **11**; **on foot** à pied **11**
for pour **4**
to forget oublier **4**
fourth le quart **7**
franc le franc **3**
France la France **8**
free libre **6**
French français,-e **3**; (*language*) le français **1**; (*French people*) les Français (*m*) **5**
Friday vendredi (*m*) **4**
friend l'ami (*m*), l'amie (*f*) **3**; le copain **4**
friendly sympathique **2**; sympa **3**
from de **2**; **far from** loin de **8**
front: in front of devant **8**
fruit le fruit **4**
funny amusant,-e **3**
furious furieux, furieuse **12**
future futur,-e **10**

G

game le match **4**; le jeu **7**
garage le garage **10**
garden le jardin **10**
general: in general en général **1**
geography la géographie **1**
geometry la géométrie **12**
German (*language*) l'allemand (*m*) **12**
Germany l'Allemagne (*f*) **8**
girl la fille **8**

to give   donner 6
to give up   abandonner 9
to go   aller 4; to go around
    faire le tour 9; to go
    back   rentrer 6
golf   le golf 6
good   bon, bonne 6;
    fort,-e 12
good-bye   au revoir 1
good-looking   joli,-e 3
government (*school
    subject*)   l'éducation
    civique (*f*) 12
grade   la note 12; passing
    grade   la moyenne 12
grandmother   la grand-
    mère 3
grandparent   le grand-
    parent 3
grapes   les raisins (*m*) 5
gray   gris,-e 11
great   formidable 2; a
    great deal   beaucoup 1
green   vert,-e 11
group   le groupe 4
to guess   deviner 8
guitar   la guitare 3
gymnastics   la
    gymnastique 6; to do
    gymnastics   faire de
    la gymnastique 6

H

habit   l'habitude (*f*) 11
hair   les cheveux (*m*) 11
hair stylist   le coiffeur,
    la coiffeuse 10
half   demi,-e 7; half hour
    la demi-heure 7
hamburger   le
    hamburger 4
hand   la main 11
happy   content,-e 3;
    heureux, heureuse 9
hard   dur,-e 8
to hate   détester 1

to have   avoir 3; to have to
    être obligé(e) de 4; to
    have something (*to
    eat or drink*)
    prendre 11
he   il 1
head   la tête 11; to have
    a headache   avoir mal
    à la tête 11
health   la santé 6
to help   aider 4
her (*adj.*)   sa, son, ses 3;
    (*pron.*)   la (l') 11;
    (*emphatic*)   elle 12
here   ici 1; here is, here
    are   voilà 3
him   le (l') 11;
    (*emphatic*)   lui 12
his   sa, son, ses 3
history   l'histoire (*f*) 1
hit parade   le hit-parade 2
hockey   le hockey 6
holiday   la fête 4
Holland   la Hollande 8
home: at the home of
    chez 4
homework   les devoirs
    (*m*); to do homework
    faire des devoirs 6
to hope   espérer 2
hospital   l'hôpital (*m*) 4
hot   chaud 5; It is hot.
    Il fait chaud. 6
hot dog   le hot dog 4
hotel   l'hôtel (*m*) 4
hour   l'heure (*f*) 7;
    half hour   la demi-
    heure 7
house   la maison 3
housework: to do
    housework   faire le
    ménage 6
how: how much, how
    many   combien 2;
    combien de 10;
    how. . . ?
    comment. . . ? 5; How
    are you?   Comment
    allez-vous? Ça va? 1
however   pourtant 9

hundred   cent 9
hungry: to be hungry
    avoir faim 5
hurry: in a hurry
    pressé,-e 5
to hurt   avoir mal à 11

I

I   je 1; (*emphatic*)   moi 1
ice   la glace 6
ice cream   la glace 5
ice-skating   le patinage
    sur glace 6
idea   l'idée (*f*) 4
if   si 4
impulsive   impulsif,
    impulsive 9
in, into   à 1; dans 2;
    in front of   devant 8
instance   la fois 5
intelligent   intelligent,-e 3
interest   l'intérêt (*m*) 11
interesting
    intéressant,-e 3
interplanetary
    interplanétaire 9
interview   l'interview
    (*m*) 2
to invent   inventer 9
to invite   inviter 4
irresistible   irrésistible 2
is: isn't that so?   n'est-ce
    pas? 2
island   l'île (*f*) 12
it   il, elle 1; ce 2; le, la
    11; it is   c'est 2
its   sa, son, ses 3
Italy   l'Italie (*f*) 8

J

jam   la confiture 5
January   janvier (*m*) 4
to jog   faire du jogging 6
jogging   le jogging 6
juice   le jus 5

July juillet (*m*) **4**
June juin (*m*) **4**

K

kilometer le kilomètre (km) **3**
kind (*adj.*) gentil,-le **9**
kind la sorte **5**
to know savoir **10**; **to know how to** savoir **10**

L

lake le lac **9**
last dernier, dernière **7**
Latin le latin **12**
lawyer l'avocat (*m*), l'avocate (*f*) **10**
leader le leader **4**
to learn apprendre **11**
to leave quitter **9**; **to leave behind** abandonner **9**
left la gauche **8**; **to the left** à gauche **8**
leg la jambe **11**
less moins **2**; moins de **10**
lesson la leçon **12**
let's: Let's see! Voyons! **10**
letter la lettre **8**
level (*of a building*) l'étage (*m*) **10**
library la bibliothèque **4**
life la vie **3**
likable sympathique **2**; sympa **3**
like comme **2**
to like aimer **1**; **to really like** adorer **1**; **I would like . . .** Je voudrais. . . **4**
to listen to écouter **1**
little peu de **10**; **a little** un peu de **10**
to live (in) habiter (à) **1**
local local,-e **6**

long long, longue **9**
to look (at) regarder **1**; **to look like** ressembler **5**
lot: a lot beaucoup de **10**
to love aimer **1**
luck la chance **4**
lunch le déjeuner **5**

M

magazine la revue **12**
to make faire **6**; font (*in math*) **2**
many beaucoup de **10**; **how many** combien de **10**; **too many** trop de **10**
March mars (*m*) **4**
mark la note **12**
Martinique la Martinique **8**; **native of Martinique** martiniquais,-e **5**
match le match **4**
mathematics les mathématiques (*f*) **1**
May mai (*m*) **4**
me moi; **me too** moi aussi **1**
meal le repas **5**
to measure mesurer **11**
meat la viande **5**
mechanic le mécanicien, la mécanicienne **10**
medicine le médicament **9**
to meet faire la connaissance **8**
meeting la réunion **12**
middle: in the middle of au milieu de **9**
midnight minuit (*m*) **7**
milk le lait **5**
mineral water l'eau minérale (*f*) **5**
minus moins **2**
modest modeste **2**

Monday lundi (*m*) **4**
money l'argent (*m*) **1**
monument le monument **8**
moped le vélomoteur **3**
more plus de **10**
morning le matin **4**
month le mois **4**
mother la mère **3**
motorcycle la moto **1**
mountain la montagne **4**
mouth la bouche **11**
to move (*to a new residence*) déménager **10**
movies le cinéma **1**; le ciné **7**
much beaucoup **1**; beaucoup de **10**; **how much** combien de **10**; **too much** trop de **10**; **not much** pas grand-chose **11**
muscles les muscles (*m*) **6**
museum le musée **8**
music la musique **1**
musician le musicien, la musicienne **10**
must: one must il faut **11**
my ma, mon, mes **3**

N

name le nom **5**
nasty: It's nasty (*weather*). Il fait mauvais. **6**
natural naturel,-le **9**
near près de **8**
necessary: it is necessary il faut **11**
to need avoir besoin de **5**
never ne . . . jamais **1**
new nouveau, nouvel, nouvelle **8**
news les informations (*f*) **7**
newspaper le journal **12**
next prochain,-e **4**; **next to** à côté de **8**

nice sympathique 2;
sympa 3; gentil,-le 9;
It's nice (*weather*). Il
fait beau. 6
ninety quatre-vingt-dix 9
noon midi (*m*) 5
nose le nez 11
not ne . . . pas 1; **not
bad** pas mal 1; **not me**
pas moi 1; **Not that!**
Non alors! 4
notebook le cahier 2
novel le roman 12
November novembre
(*m*) 4
now maintenant 2
number le numéro 2
nurse l'infirmier (*m*),
l'infirmière (*f*) 10

O

to obey obéir (à) 10
ocean l'océan (*m*) 9
October octobre (*m*) 4
of de 2; **of course** bien
sûr 2
often souvent 1
okay alors 4; **okay?**
hein? 6; (*agreed*)
d'accord 4
old vieux, vieil, vieille 8;
to be ____ years old
avoir ____ ans 3
on sur 3; **on the corner of**
au coin de 8
once une fois 6
one (*adj.*) un, une 2;
(*pron.*) on 4
only seulement 3
opportunity l'occasion
(*f*) 8
optimistic optimiste 2
or ou 2
orange l'orange (*f*) 5
other autre 7
our notre, nos 5
over: over there là 3

P

painting la peinture 12
pal le copain, la
copine 4
panic la panique 9
papaya la papaye 5
parent le parent 3
to participate participer 9
partner le partenaire 6
to pass passer 4; (*an exam*)
réussir à 10
passing grade la
moyenne 12
passport le passeport 8
past le passé 9
pastry shop la
pâtisserie; **pastries**
les pâtisseries 5
patient patient,-e 3
pear la poire 5
peas les petits pois (*m*) 5
pen le stylo 2
pencil le crayon 2
per: per day par jour 11
perfect parfait,-e 3
perhaps peut-être 4
period la période 4
pessimistic pessimiste 2
photo safari le safari-
photo 9
photograph la photo 3
physics la physique 12
to pilot piloter 9
place la place 9; **at
someone's place**
chez 4
to play jouer 4; (*a sport*)
jouer 6; faire 6
player le joueur, la
joueuse 6
pleasure le plaisir 8
poem le poème 6
poet le poète 6
policeman l'agent de
police (*m*) 10
polite poli,-e 3
poor pauvre 2
pork le porc 5
porridge le porridge 5
possible possible 9

post office la poste 4
poster l'affiche (*f*) 2
potato la pomme de
terre 5
to practice pratiquer 8
to prefer préférer 2
to prepare préparer 4
pretty joli,-e 3
Prime Minister le
premier ministre 6
principal principal,-e 9
problem le problème 3
**process: to be in the
process of** être en
train de (d') 12
product le produit 11
profession la
profession 10
program le programme 7
project le projet 6
to propose proposer 8
prudent prudent,-e 4
pupil l'élève (*m/f*) 12
to push pousser 9

Q

quarter le quart 7
question la question 7;
to ask a question
poser une question 12
quite assez 3

R

race (*competitive*) la
course 9; la race 6
radio la radio 1
railroad station la gare 4
to rain pleuvoir 6; **It's
raining.** Il pleut.;
It's going to rain.
Il va pleuvoir. 6
rarely rarement 1

rather assez **3**
to read lire **12**
ready prêt,-e **6**
reason la raison **4**
reasonable raisonnable **11**
to recite réciter **6**
record le disque **2**
recreation la récréation, la récré **12**
red hair les cheveux roux **11**
refrigerator le frigo **4**
regular régulier, régulière **11**
relative le parent **3**
religion la religion **6**
to repair réparer **10**
report, reporting (*news*) le reportage **7**
to resemble ressembler **5**
responsibility la responsabilité **4**
responsible responsable **9**
restaurant le restaurant **4**
restoration la restauration **8**
result le résultat **4**
to retrace retracer **9**
return la rentrée **10**
reward la récompense **6**
right la droite **8; to the right** à droite **8**
right away tout de suite **6**
risk: to run a risk of risquer de **4**
roast le rôti **5; roast beef** le rôti de bœuf **5**
rock le rock **1**
rolls: crescent rolls les croissants (*m*) **5**
room la salle **2;** la pièce **10; dining room** la salle à manger **10; bathroom** la salle de bains **10; living room** la salle de séjour **10**
route la route **9**
to run marcher **3; to run a risk of** risquer de **4**
Russia la Russie **8**

Russian (*language*) le russe **12**

S

sad triste **2**
saint's day la fête **4**
salad la salade **5**
salesperson le vendeur, la vendeuse **10**
sandwich le sandwich **4**
Saturday samedi (*m*) **4**
school la classe **1;** l'école (*f*) **1; French secondary school** le lycée **3; secondary school** l'école secondaire **10; first day of school** la rentrée **10**
science les sciences (*f*) **1**
season la saison **8**
secretary le (la) secrétaire **10**
to see voir **7; Let's see!** Voyons! **10**
Senegal le Sénégal **5; native of Senegal** sénégalais,-e **5**
September septembre (*m*) **4**
serial (*program*) le feuilleton **7**
series le feuilleton **7;** la série **12**
serious sérieux, sérieuse **9;** grave **11**
to share partager **11**
she elle **1**
shipwrecked person le naufragé **9**
shopping: to go shopping faire des courses **6;** faire le marché **6**
short court,-e **11**
show le cinéma **1;** le spectacle **7**
to show montrer **11**
shy timide **2**
sick malade **9**
sickness la maladie **9**

side: at the side of à côté de **8**
to sing chanter **2**
singer le chanteur, la chanteuse **2**
sister la sœur **3**
situation la situation **4**
skating le patinage **6; ice-skating** le patinage sur glace **6; to go ice-skating** faire du patinage sur glace **6**
skiing le ski **6; water skiing** le ski nautique **6; to go water skiing** faire du ski nautique **6**
sleep le sommeil **11**
small petit,-e **3**
to snow neiger **6; It's snowing.** Il neige. **6; It's going to snow.** Il va neiger. **6**
so alors **4;** si **8; so long** à bientôt **1**
soccer le football **1**
social social,-e **6**
solitude la solitude **9**
solution la solution **8**
some des **2**
something quelque chose **7; something else** autre chose **7**
sometimes quelquefois **1**
soon bientôt **6**
sort la sorte **5**
souvenir le souvenir **8**
Soviet Union l'Union Soviétique (*f*) **8**
Spain l'Espagne (*f*) **8**
Spanish (*language*) l'espagnol (*m*) **12**
to speak parler **1**
specialty la spécialité **5**
to spend (*time*) passer **4**
spinach les épinards (*m*) **4**
spirit l'esprit (*m*) **6**
sports le sport **6; to participate in sports** faire du sport **6**
spring le printemps **8**

stadium   le stade **4**
to **stay**   rester **3**
steak   le bifteck **5**
stomach   l'estomac (*m*) **11**;
   to have a stomach-ache
   avoir mal à l'estomac **11**
store   le magasin **2**;
   department store   le
   grand magasin **10**
story   le conte **12**
straight: straight ahead
   tout droit **8**
strawberries   les fraises
   (*f*) **5**
street   la rue **3**
strict   sévère **2**
strong   fort,-e **12**
to **struggle**   lutter **9**
student   l'étudiant (*m*),
   l'étudiante (*f*) **1**;
   l'élève (*m/f*) **12**
studies   les études (*f*) **10**
to **study**   étudier **1**; faire
   de + *school subject* **12**
stupid   bête **2**; stupide **2**
to **succeed**   réussir (à) **10**
suggestion   la suggestion **8**
summer   l'été (*m*) **8**;
   summer camp   la
   colonie de vacances **8**
Sunday   dimanche (*m*) **4**
sunny: It's sunny.   Il fait
   du soleil. **6**
supermarket   le
   supermarché **4**
supreme   suprême **6**
sure   sûr,-e **8**
to **survive**   survivre **9**
to **swim**   nager **4**
swimming pool   la
   piscine **4**
Switzerland   la Suisse **8**

T

table   la table **2**
to **take**   prendre **11**; to
   take a trip   faire un
   voyage **4**

to **talk**   parler **1**; discuter **10**
tall   grand,-e **3**
tart   la tarte **5**
tea   le thé **5**
teacher   le professeur **1**
team   l'équipe (*f*) **6**
technician   le technicien,
   la technicienne **10**
to **telephone**   téléphoner **12**
televised   télévisé **7**
television   la télévision, la
   télé **1**; **television channel**
   la chaîne **7**
tennis   le tennis **1**
terrible   terrible **6**
test   l'examen (*m*) **1**
thank you   merci **1**
that (*adj.*)   ce, cet, cette **6**;
   (*pron.*)   ça **4**; ce **2**;
   (*relative pron.*)   qui **3**;
   that is   c'est **2**; **That's
   all.**   C'est tout. **11**; **Not
   that!**   Non alors! **4**
the   le, la, l', les **1**
theatre   le théâtre **8**
their   leur,-s **5**
them   les **11**; (*emphatic*)
   eux, elles **12**
then   alors **4**
there   là **3**; **there is, there
   are**   il y a **3**; voilà **3**
these (*adj.*)   ces **6**; **these
   are**   ce sont **2**
they   ils (*m*)   **1**; elles (*f*)
   1; on **4**; **they are**   ce
   sont **2**
thing   la chose **4**
to **think (about)**   penser (à) **9**
thirsty   avoir soif **5**
this (*adj.*)   ce, cet, cette **6**;
   (*pron.*)   ce **2**
those   ces **6**
thousand   mille **9**
throat   la gorge **11**; **to
   have a sore throat**
   avoir mal à la gorge **11**
Thursday   jeudi (*m*) **4**
ticket   le billet **8**
time (*hour*)   l'heure (*f*)
   7; la fois **5**; **from time**

to **time**   de temps en
   temps **3**; **What time is
   it?**   Quelle heure
   est-il? **7**
to **tire**   fatiguer **4**
tired   fatigué,-e **3**
to   à **1**; **to the right**   à
   droite **8**; **to the left**   à
   gauche **8**; **up to**
   jusqu'à **8**
toast   le pain grillé **5**
today   aujourd'hui **4**;
   What's today's date?
   Quelle est la date
   aujourd'hui? **4**
together   ensemble **8**
tomato   la tomate **5**
tomorrow   demain **4**; **See
   you tomorrow.**   À
   demain. **1**
too   trop **6**; **me too**   moi
   aussi **1**
tooth   la dent **6**; **to have
   a toothache**   avoir mal
   aux dents **11**
**track and field: to do track
   and field**   faire de
   l'athlétisme **6**
train   le train **8**
to **travel**   voyager **3**
trip   le voyage **4**; **to take
   a trip**   faire un
   voyage **4**
Tuesday   mardi (*m*) **4**
to **turn**   tourner **8**

U

uncle   l'oncle (*m*) **3**
to **understand**
   comprendre **11**
United States   les
   États-Unis (*m*) **8**
up: up to   jusqu'à **8**
us   nous **12**

V

vacation les vacances (*f*) **1**
varied varié,-e **6**
variety la variété **7**
vegetables les légumes (*m*) **4**
very très **1**; vachement (*slang*) **12**
victory la victoire **6**
to visit visiter **8**
vitamins les vitamines (*f*) **11**
volleyball le volley-ball **6**
voyage le voyage **4**

W

to walk marcher **9; to go for a walk** faire une promenade **6**
to want désirer **2**; vouloir **7**
warm chaud **5; It's warm.** Il fait chaud. **6**
to watch regarder **1**
water l'eau (*f*) **5; mineral water** l'eau minérale **5**
water skiing le ski nautique **6**

we nous **1**; on **1**
weather le temps **6; What is the weather like?** Quel temps est-ce qu'il fait? **6**
Wednesday mercredi (*m*) **4**
week la semaine **4**
weekend le week-end **1**
to weigh peser **11**
well bien **1**
western (*film*) le western **7**
what (*adj.*) quel, quelle **4; What . . . ?** Qu'est-ce que . . . ? **2**; *see* **time, date, weather**
when quand **2**
where où **2**
who qui **2**
why pourquoi **6**
willing: to be willing vouloir bien **7**
to win gagner **6**
window la fenêtre **2**
windy: It's windy. Il fait du vent. **6**
winter l'hiver (*m*) **8**
to wish désirer **2**; vouloir **7**
with avec **2**
without sans **9**
work le travail **4; work camp** le camp de travail **8**

to work travailler **1**; (*machine or instrument*) marcher **3**
worker l'ouvrier (*m*), l'ouvrière (*f*) **10**
world le monde **9; to go around the world** faire le tour du monde **9**
would: I would like . . . Je voudrais . . . **4**
to wrestle faire de la lutte **6**

Y

year l'an (*m*) **3; to be ___ years old** avoir ___ ans **3**
yes (*to disagree with a negative statement*) si **10**
yet encore **3**
you tu **1**; vous **1**; (*emphatic*) toi **1**
young jeune **2; young people** les jeunes (*m*) **1**
your ta, ton, tes **3**; votre, vos **5**
Yuk! Phouah! **4**

Index